大连职业技术学院资助出版

汽车发动机故障诊断技术

张宪辉　编著

化学工业出版社
·北京·

本书系统介绍了汽车发动机故障类型和故障诊断方法，全书共 5 章，分别从汽车发动机的故障诊断知识、汽车发动机机械故障诊断、电控发动机传感器故障诊断和执行器故障诊断等全方面论述和剖析了发动机故障诊断的思路、方法和技巧，并结合发动机典型故障案例，详细解析了汽车发动机故障诊断技术在实践中的具体应用。作为学习汽车发动机故障诊断技术的前提和基础，本书还全面介绍了电控汽油发动机主要的传感器和执行器（系统）的原理和作用。

本书可作为汽车维修人员用书，也可以作为高职和中职院校的学习和教学用书。

图书在版编目（CIP）数据

汽车发动机故障诊断技术/张宪辉编著. —北京：化学工业出版社，2019.6
 ISBN 978-7-122-34057-3

Ⅰ.①汽⋯　Ⅱ.①张⋯　Ⅲ.①汽车-发动机-故障诊断　Ⅳ.①U472.43

中国版本图书馆 CIP 数据核字（2019）第 044771 号

责任编辑：韩庆利　　　　　　　　　　　　装帧设计：刘丽华
责任校对：宋　玮

出版发行：化学工业出版社（北京市东城区青年湖南街 13 号　邮政编码 100011）
印　　装：大厂聚鑫印刷有限责任公司
787mm×1092mm　1/16　印张 14¾　字数 331 千字　2019 年 7 月北京第 1 版第 1 次印刷

购书咨询：010-64518888　　　售后服务：010-64518899
网　　址：http://www.cip.com.cn

凡购买本书，如有缺损质量问题，本社销售中心负责调换。

定　价：68.00 元　　　　　　　　　　　　　　　　　　　　　版权所有　违者必究

前 言

随着现代汽车发动机技术的日新月异，发动机在机械结构和电控系统等各方面都得到不断更新和丰富。新部件、新原理、新系统、新控制等诸多的新变化，使得汽车维修技术人员在进行发动机故障诊断排查的过程中经常不知所措、无从下手。为了使广大汽车维修技术人员能够适应和胜任汽车维修工作，我们着手撰写了本书。

在汽车维修工作中，"七分诊断三分维修"无疑很好地诠释了"故障诊断"在汽车维修过程中的重要分量和关键地位。鉴于此，我们在撰写本书时，以现代电控汽油发动机为主要阐述对象，基于发动机的工作原理和控制理论，将"故障诊断"作为本书的重点和核心，分别从汽车发动机的故障诊断知识、发动机机械系统故障诊断、电控发动机传感器故障诊断和执行器故障诊断等全方面论述和剖析了发动机故障诊断的思路、方法和技巧，并通过对发动机典型故障的解析，举案说法，进一步讲解了汽车发动机故障诊断技术在实践中的具体应用。

本书不仅系统介绍了汽车发动机的故障诊断技术，而且作为前提和基础，也全面介绍了电控汽油发动机主要的传感器和执行器（系统）的原理和作用，因此，本书不但适合具有一定基础的汽车维修技师使用，也可以作为汽车维修入门人员和中高职院校的学习和教学用书。

本书由大连职业技术学院张宪辉编著。本书在撰写过程中融入了作者在多年从事汽车维修工作中总结的实践经验，参考了大量各类车型的维修手册和维修资料，并引用部分典型汽车维修案例进行了故障诊断技术的应用分析。同时，本书的构思、设计和撰写也得到了许多同行的热心帮助，在此一并表示感谢！

由于水平有限，书中不妥之处在所难免，恳请广大读者批评指正。

编著者

目 录

第1章 汽车发动机故障诊断知识概述 ··· 1

1.1 汽车发动机故障症状与分类 ·· 1
1.1.1 汽车发动机故障症状 ··· 1
1.1.2 汽车发动机故障分类 ··· 1
1.2 汽车发动机故障诊断流程 ·· 2
1.3 汽车发动机故障分析方法 ·· 4
1.3.1 故障树分析法 ··· 4
1.3.2 鱼骨图分析法 ··· 6
1.3.3 故障诊断流程图分析法 ··· 6
1.3.4 故障诊断流程表分析法 ··· 6
1.3.5 故障征兆表分析法 ··· 9
1.4 汽车发动机故障诊断方法 ·· 9
1.4.1 人工经验诊断法 ·· 9
1.4.2 仪器设备诊断法 ·· 11
1.4.3 车载诊断系统诊断法 ·· 11

第2章 汽车发动机机械故障诊断 ·· 16

2.1 发动机异响故障诊断 ·· 16
2.1.1 发动机异响的特征 ··· 16
2.1.2 发动机异响的类型 ··· 16
2.1.3 发动机异响的危害 ··· 17
2.1.4 影响发动机异响的主要因素 ·· 17
2.1.5 发动机异响的鉴别方法及诊断原则 ······························· 17
2.1.6 发动机主机机械异响的分析、检查 ······························· 19
2.1.7 发动机附件异响的分析与检查 ····································· 21
2.2 发动机气缸压力与密封性故障诊断 ··· 25
2.2.1 静态气缸压力检测 ··· 25
2.2.2 检测条件 ··· 26
2.2.3 检测方法 ··· 26
2.2.4 检测技术要求 ··· 26
2.2.5 气缸密封性检测的分析、判断、处理 ···························· 26

- 2.3 曲轴箱通风系统故障诊断 ··· 27
  - 2.3.1 曲轴箱通风系统作用 ·· 27
  - 2.3.2 曲轴箱通风系统组成及工作原理 ·· 28
  - 2.3.3 曲轴箱通风系统故障诊断 ·· 30
- 2.4 发动机进气真空故障诊断 ·· 31
  - 2.4.1 测量发动机进气管真空度的意义 ·· 31
  - 2.4.2 测量进气管真空度所用的仪器 ·· 31
  - 2.4.3 测量进气管真空度的方法 ·· 32
  - 2.4.4 检测结果分析 ·· 33
- 2.5 发动机润滑系统故障诊断 ·· 34
  - 2.5.1 润滑系统的作用 ·· 34
  - 2.5.2 润滑系统组成及原理 ·· 34
  - 2.5.3 润滑系统故障诊断 ·· 36
- 2.6 发动机冷却系统故障诊断 ·· 39
  - 2.6.1 冷却系统功用 ·· 39
  - 2.6.2 冷却系统组成 ·· 39
  - 2.6.3 冷却系统工作原理 ·· 40
  - 2.6.4 冷却系统故障诊断 ·· 41
- 2.7 发动机排气压力故障诊断 ·· 42
  - 2.7.1 发动机排气管系统组成及原理 ·· 42
  - 2.7.2 测量排气系统压力的意义 ·· 44
  - 2.7.3 测量排气压力的方法 ·· 44
  - 2.7.4 排气系统压力异常的故障诊断 ·· 45
- 2.8 发动机失火故障诊断 ·· 45
  - 2.8.1 发动机失火的概念及分类 ·· 45
  - 2.8.2 发动机失火的危害 ·· 46
  - 2.8.3 发动机失火的故障现象 ·· 46
  - 2.8.4 发动机失火的原因 ·· 46
  - 2.8.5 发动机失火的监测方法 ·· 46
  - 2.8.6 发动机失火的故障排除方案 ·· 47
- 2.9 发动机尾烟故障诊断 ·· 49
  - 2.9.1 发动机正常排烟颜色 ·· 49
  - 2.9.2 发动机异常排烟颜色 ·· 49
  - 2.9.3 发动机异常排烟的故障诊断 ·· 49

第3章 电控发动机传感器故障诊断

- 3.1 冷却液温度传感器 ·· 52
  - 3.1.1 位置 ·· 52

  3.1.2 作用 ··· 52
  3.1.3 电路与信号特点 ·· 54
  3.1.4 故障类型与症状 ·· 55
  3.1.5 故障诊断 ··· 55
 3.2 进气温度传感器 ·· 57
  3.2.1 位置 ··· 57
  3.2.2 作用 ··· 57
  3.2.3 电路与信号特点 ·· 58
  3.2.4 故障类型与症状 ·· 59
  3.2.5 故障诊断 ··· 60
 3.3 空气流量计 ·· 61
  3.3.1 位置 ··· 61
  3.3.2 作用 ··· 61
  3.3.3 电路与信号特点 ·· 61
  3.3.4 故障类型与症状 ·· 62
  3.3.5 故障诊断 ··· 63
 3.4 进气歧管绝对压力传感器 ··· 65
  3.4.1 位置 ··· 65
  3.4.2 作用 ··· 65
  3.4.3 电路与信号特点 ·· 66
  3.4.4 故障类型与症状 ·· 67
  3.4.5 故障诊断 ··· 67
 3.5 大气压力传感器 ·· 69
  3.5.1 位置 ··· 69
  3.5.2 作用 ··· 69
  3.5.3 电路与信号特点 ·· 70
  3.5.4 故障类型与症状 ·· 70
  3.5.5 故障诊断 ··· 70
 3.6 增压压力传感器 ·· 70
  3.6.1 位置 ··· 70
  3.6.2 作用 ··· 71
  3.6.3 电路与信号特点 ·· 71
  3.6.4 故障类型与症状 ·· 72
  3.6.5 故障诊断 ··· 72
 3.7 节气门位置传感器 ··· 72
  3.7.1 位置 ··· 72
  3.7.2 作用 ··· 73
  3.7.3 电路与信号特点 ·· 74

- 3.7.4 故障类型与症状 …… 78
- 3.7.5 故障诊断 …… 78
- 3.8 加速踏板位置传感器 …… 80
  - 3.8.1 位置 …… 80
  - 3.8.2 作用 …… 80
  - 3.8.3 电路与信号特点 …… 80
  - 3.8.4 故障类型与症状 …… 81
  - 3.8.5 故障诊断 …… 82
- 3.9 曲轴位置传感器 …… 83
  - 3.9.1 位置 …… 83
  - 3.9.2 作用 …… 84
  - 3.9.3 电路与信号特点 …… 85
  - 3.9.4 故障类型与症状 …… 87
  - 3.9.5 故障诊断 …… 88
- 3.10 凸轮轴位置传感器 …… 90
  - 3.10.1 位置 …… 90
  - 3.10.2 作用 …… 91
  - 3.10.3 电路与信号特点 …… 92
  - 3.10.4 故障类型与症状 …… 92
  - 3.10.5 故障诊断 …… 92
- 3.11 爆震传感器 …… 93
  - 3.11.1 位置 …… 93
  - 3.11.2 作用 …… 93
  - 3.11.3 电路与信号特点 …… 94
  - 3.11.4 故障类型与症状 …… 95
  - 3.11.5 故障诊断 …… 95
- 3.12 氧传感器 …… 97
  - 3.12.1 位置 …… 97
  - 3.12.2 作用 …… 97
  - 3.12.3 电路与信号特点 …… 99
  - 3.12.4 故障类型与症状 …… 102
  - 3.12.5 故障诊断 …… 102
- 3.13 燃油压力传感器 …… 107
  - 3.13.1 位置 …… 107
  - 3.13.2 作用 …… 108
  - 3.13.3 电路与信号特点 …… 109
  - 3.13.4 故障类型与症状 …… 110
  - 3.13.5 故障诊断 …… 110

第4章 电控发动机执行器故障诊断 113

4.1 怠速控制阀 113
- 4.1.1 位置 113
- 4.1.2 作用 114
- 4.1.3 类型与结构 114
- 4.1.4 电路原理 114
- 4.1.5 故障类型与症状 115
- 4.1.6 故障诊断 116

4.2 电子节气门 117
- 4.2.1 位置 118
- 4.2.2 作用 118
- 4.2.3 结构 118
- 4.2.4 电路原理 118
- 4.2.5 工作模式 119
- 4.2.6 故障诊断 120

4.3 喷油器 121
- 4.3.1 位置 121
- 4.3.2 作用 121
- 4.3.3 类型与结构 122
- 4.3.4 电路原理 122
- 4.3.5 故障类型与症状 123
- 4.3.6 故障诊断 124

4.4 燃油泵 130
- 4.4.1 位置 131
- 4.4.2 作用 131
- 4.4.3 类型与结构 132
- 4.4.4 电路原理 134
- 4.4.5 故障类型与症状 137
- 4.4.6 故障诊断 138

4.5 点火线圈 142
- 4.5.1 电控点火系统基本组成与原理 142
- 4.5.2 作用 143
- 4.5.3 类型与结构 143
- 4.5.4 电路原理 145
- 4.5.5 故障类型与症状 151
- 4.5.6 故障诊断 151

4.6 VVT机油控制阀 155

4.6.1　VVT系统的作用 ……………………………………………………………… 155
　4.6.2　VVT系统的类型 ……………………………………………………………… 155
　4.6.3　连续可变DVVT的组成 …………………………………………………… 155
　4.6.4　连续可变DVVT控制原理 ………………………………………………… 158
　4.6.5　故障原因与症状 ………………………………………………………………… 160
　4.6.6　故障诊断 ………………………………………………………………………… 161
4.7　EGR阀 ……………………………………………………………………………… 164
　4.7.1　EGR系统的作用与机理 ……………………………………………………… 164
　4.7.2　EGR系统的基本组成 ………………………………………………………… 165
　4.7.3　电子式EGR阀的类型与工作原理 ………………………………………… 165
　4.7.4　电子式EGR系统的控制策略 ……………………………………………… 167
　4.7.5　故障类型与症状 ………………………………………………………………… 168
　4.7.6　故障诊断 ………………………………………………………………………… 169
4.8　EVAP吹洗电磁阀 ………………………………………………………………… 170
　4.8.1　EVAP系统的作用 …………………………………………………………… 170
　4.8.2　EVAP系统的类型 …………………………………………………………… 171
　4.8.3　EVAP系统工作原理 ………………………………………………………… 172
　4.8.4　EVAP系统的监测策略 ……………………………………………………… 173
　4.8.5　故障类型与症状 ………………………………………………………………… 174
　4.8.6　故障诊断 ………………………………………………………………………… 175
4.9　三元催化器 ………………………………………………………………………… 177
　4.9.1　作用 ……………………………………………………………………………… 177
　4.9.2　位置与结构 ……………………………………………………………………… 178
　4.9.3　工作原理 ………………………………………………………………………… 178
　4.9.4　效能监测 ………………………………………………………………………… 179
　4.9.5　故障原因及影响因素 …………………………………………………………… 180
　4.9.6　故障诊断 ………………………………………………………………………… 180
4.10　涡轮增压器 ………………………………………………………………………… 182
　4.10.1　作用 …………………………………………………………………………… 183
　4.10.2　组成 …………………………………………………………………………… 183
　4.10.3　工作原理 ……………………………………………………………………… 183
　4.10.4　故障类型与症状 ……………………………………………………………… 188
　4.10.5　故障诊断 ……………………………………………………………………… 188

第5章　电控发动机典型故障诊断 …………………………………………………… 190

5.1　发动机无法启动 …………………………………………………………………… 190
　5.1.1　启动无反应 ……………………………………………………………………… 190
　5.1.2　启动转速正常，发动机不着火运行 ………………………………………… 192

5.2 发动机启动困难 …………………………………………………………… 196
　　5.2.1 冷车启动困难 ………………………………………………………… 197
　　5.2.2 热车启动困难 ………………………………………………………… 200
　　5.2.3 始终启动困难 ………………………………………………………… 203
5.3 发动机怠速运转异常 ………………………………………………………… 207
　　5.3.1 发动机无冷车高怠速 ………………………………………………… 207
　　5.3.2 发动机怠速过高 ……………………………………………………… 211
　　5.3.3 发动机怠速不稳 ……………………………………………………… 215
5.4 发动机动力不足/加速不良 ………………………………………………… 219

➡ **参考文献** …………………………………………………………………… 224

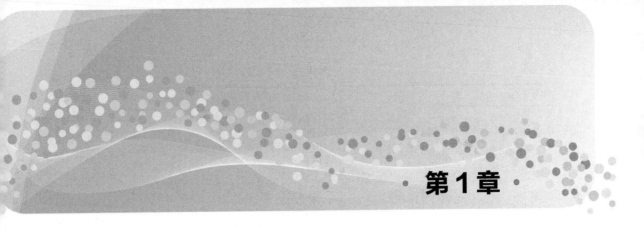

第1章

汽车发动机故障诊断知识概述

作为汽车动力系统的核心，发动机是汽车上运行频率最高的总成之一，也是发生故障几率较高的汽车总成。发动机在使用过程中出现故障，既有设计制造、材料选择、自然老化等方面的主观因素，也有工作条件、使用操作以及维护维修等方面的客观因素，所以，由于故障生成因素的多样性，使得发动机呈现出的故障症状也多种多样。

1.1 汽车发动机故障症状与分类

1.1.1 汽车发动机故障症状

汽车发动机故障症状就是在发动机运行过程中能够观察和感觉到的异常状况。汽车发动机的故障症状多种多样，例如：启动不着、启动困难、怠速不稳、加速不良、异响、异味、渗漏、过热、排气烟色异常等。

这些可见性的故障症状能够给人发出明确警示，容易引起人们的重视和关注。人们也往往可以通过这些可见性的故障症状来判断汽车发动机的工作状况。当然，能够准确描述和分析故障特征是故障确诊的基础。

1.1.2 汽车发动机故障分类

汽车发动机的故障多种多样，根据分类目的的不同，故障可按表1-1-1所示进行分类。

表1-1-1 汽车发动机故障分类一览表

序号	故障分类方式	故障类别	故障类别描述（举例）	说明
1	机械与电控/气	①机械故障	发动机机械零件等发生的故障，例如：气门弯曲等	某些情况下机械故障和电控故障彼此联系、相互影响
		②电控/气故障	发动机电控系统部件、线路等出现的故障，例如：冷却液温度传感器线路断路等	

续表

序号	故障分类方式	故障类别	故障类别描述（举例）	说明
2	丧失工作能力的程度	①局部故障	例如：一个火花塞失火，造成发动机缺缸	通常发动机上多见的都是局部故障
		②完全故障	例如：发动机发生曲轴抱轴故障，发动机无法工作	
3	故障发生的后果	①轻微故障	例如：进气歧管轻微漏气，发动机运行基本不受影响	一般而言，故障严重程度越重，越容易发现和诊断
		②一般故障	例如：节温器打不开	
		③严重故障	例如：正时皮带断裂，气门顶弯	
		④致命故障	例如：发动机进水、连杆弯曲、缸体破裂	
4	故障发生的性质	①自然故障	例如：水泵老化、渗漏	通常人为故障诊断难度更大
		②人为故障	例如：线路错接、元件安装位置错误等	
5	故障发生的速度	①突发性故障	例如：发动机启动不着车，燃油泵不运转	渐进性故障更易于查询故障规律
		②渐进性故障	例如：燃油滤清器堵塞，油压逐渐降低	
6	故障表现的稳定程度	①持续性故障	也称硬性故障，是一直存在的故障。例如：喷油器线圈断路导致缺缸	由于故障出现的不确定性，间歇性故障的监测和诊断比持续性故障困难
		②间歇性故障	也称偶发故障，是受外界因素（如温度、受潮、振动、电磁干扰、后加装设备等）影响而有时存在、有时又自动消失的故障。例如：曲轴位置传感器插头接触不良	
7	故障显现程度	①可见性故障	例如：机油渗漏	潜在性故障更具隐蔽性，往往会演变成突发性故障
		②潜在性故障	例如：正时皮带老化，随时存在断裂可能	

1.2 汽车发动机故障诊断流程

尽管发动机的故障情况众多繁杂，但在针对每一个故障进行诊断时，都可以采用相似的故障诊断流程，如图1-2-1所示。

虽然流程图中列出了很多步骤，但在实际的故障诊断过程中并不一定需要完成所有步骤。需要强调的是：诊断的第一步永远都是"问询"，最后一步永远都是"修复后验证"。流程图中各诊断步骤的具体内容如下。

(1) 问询

问询就是尽可能多地向车主了解有关汽车故障的相关情况。譬如：故障的症状是什么？何时出现该故障？故障出现时的条件（天气、温度、道路条件等）？故障是持续性的还是间隙性的？持续多长时间？多长时间发生一次？车辆检修经历等。为了确认车主报修的故障，技术人员必须要熟悉相应系统的正常工作情况，必要时还要通过查阅用户手册和维修手册等资料来获取所需的信息。

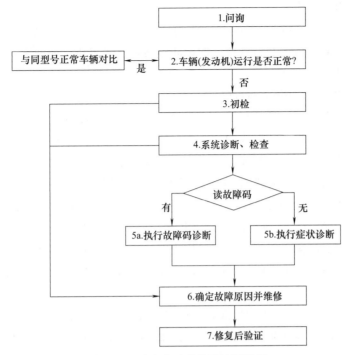

图 1-2-1 汽车发动机故障诊断流程

 提示

"问询"是进行汽车发动机故障诊断最首要、最基本的第一步,详实全面的问询可以为后续的故障诊断明确方向,缩小范围,有助于故障诊断的准确性和高效率。

(2) 车辆(发动机)运行是否正常

由于车主不是汽车维修领域的专业技术人员,对车辆的技术状况不甚了解,所以,有可能出现车主报修的问题属于正常状态的情况发生。这就需要将车主的车辆与同型号功能正常的车辆进行对比,消除车主的疑惑和顾虑。

(3) 初检

通过"望、闻、听、切"的人工经验诊断方法对汽车发动机进行基本检查,诸如检查电路连接是否松脱,管路是否漏油、漏气,是否有异响,是否有异味,怠速是否正常等。必要时通过实车路试感知故障症状。

 提示

初检主要是通过对汽车发动机外观的观察和感知来发现故障原因。全面细致的初检可能会直接发现故障原因,从而快速排除故障;即使不能直接排除故障,也能为圈定故障范围提供帮助。

（4）系统诊断、检查

参照维修手册中"系统诊断流程"的指导，利用专用诊断仪等仪器设备读取故障码和数据流等信息，以此为依据制订系统化的诊断方案，并确定执行何种诊断类别。

（5）诊断类别

专用诊断仪读取的故障码（DTC）包括当前故障码和间歇/历史故障码。当前故障码代表了所示故障的存在，为硬性故障；间歇/历史故障码代表的是间歇性故障，是过去存在而当前不存在的故障。为此，为确认所查询的故障码是否为当前故障，应当在读取故障码且记录后清除故障码，并运行发动机或进行必要的路试，之后再次查询故障码，如果先前查询的故障码再次出现，说明该故障码所代表的故障为当前故障，如果故障码不再出现，则说明该故障码所代表的故障为历史故障，也是间歇性故障（偶发故障）。

① 执行故障码诊断 "执行故障码诊断"是针对当前故障码进行的诊断流程，应参照维修手册中的"故障码诊断列表"或"故障码诊断流程"进行故障诊断。

② 执行症状诊断 "执行症状诊断"是当仅有间歇/历史故障码或无故障码存在的条件进行的诊断流程。

对于仅有间歇/历史故障码的情况，可根据故障码生成的条件试图通过模拟故障发生的环境和条件使故障（或故障码）再现。建议采用如下方法和仪器设备来诊断故障，确定故障原因：

a. 评估和分析车主反映的故障症状和与故障相关的一切信息；

b. 科学运用专业知识和可用的故障诊断信息；

c. 查阅维修手册中关于"测试间歇性故障"的建议和指导；

d. 恰当使用带有数据捕获功能的专用诊断仪、汽车专用数字万用表、示波器等。

对于无故障码存在的情况，应参照维修手册中相应的"症状诊断流程"，按照诊断步骤或建议完成故障诊断。

（6）确定故障原因并维修

在确定根本故障原因后，应按照维修手册的指导完成故障维修。

（7）修复后验证

在故障维修完毕后，必须要执行"修复后验证"。通过确认故障码、症状已经消除或进行车辆路试等相关验证工作，确定故障已经彻底修复。

1.3 汽车发动机故障分析方法

汽车发动机的故障分析通常采用图、表等形式，针对故障现象，结合诊断和测试等手段，按一定流程进行分析和推理判断出故障原因和故障部位之所在。

汽车发动机故障的常见分析方法主要有以下几种。

1.3.1 故障树分析法

故障树分析法就是将系统故障形成的原因由总体至部分按树枝状逐级细化的分析方法，其构架如图 1-3-1 所示，每下一层级事件都是上一层级事件的原因，而上一层级事件则是下一层级事件的结果。故障树分析法是汽车故障诊断最常用的分析方法，主要用于对汽车故障的发生原因进行定性分析。

以图1-3-2为例，用故障树分析法进行汽车故障诊断，是将汽车最直接的故障现象作为分析目标，然后寻找直接导致这一故障发生的全部因素，再寻找造成本层级事件的下一层级全部直接因素，一直追查到那些基本的、无需再深究的因素为止，其结果是反映汽车故障因果关系的树枝状图形——故障树。

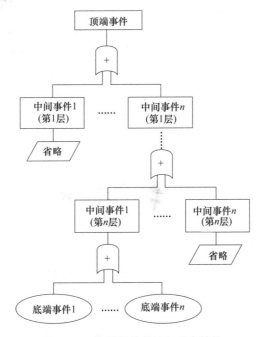

图1-3-1　故障树分析法的基本结构

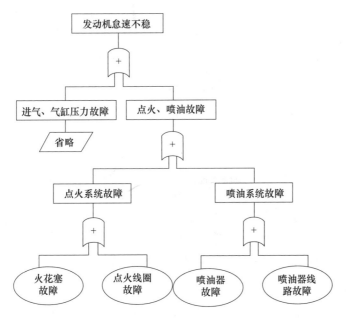

图1-3-2　利用故障树分析"发动机怠速不稳"的故障原因

1.3.2 鱼骨图分析法

鱼骨图,又名因果图,是一种发现问题"根本原因"的分析方法。鱼骨图分析法与故障树分析法相类似,都是从故障现象出发,层层细化故障因素,最终找出真正故障原因的方法,只是在图形结构上有所不同,如图1-3-3所示。

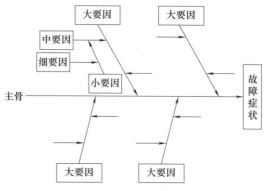

图1-3-3 鱼骨图分析法的基本结构

鱼骨图分析法也是汽车故障诊断最常用的分析方法之一,图1-3-4所示的是利用鱼骨图分析法进行"启动机运转,发动机不启动"故障原因分析的实例。

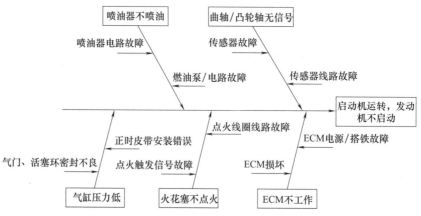

图1-3-4 利用鱼骨图分析"启动机运转,发动机不启动"的故障原因

1.3.3 故障诊断流程图分析法

故障诊断流程图分析法是根据汽车故障征兆和技术状况间的逻辑关系,编排科学合理的流程(根据故障的具体情况,可以"由简至繁",也可以"由主至次"),通过检测、分析和判断,最终确定真实故障原因、完成故障排除的故障分析方法。它是汽车故障诊断过程中检测思路、综合分析、逻辑推理和判断方法最常用的具体表达方式。图1-3-5以诊断发动机回火故障为例,展示了故障诊断流程图的结构和具体应用。

1.3.4 故障诊断流程表分析法

作为同一种故障分析方法的不同表达形式,汽车故障诊断流程图也可以用流程表的形式表示,这就是故障诊断流程表分析法。如表1-3-1所示的即为利用故障诊断流程表对发动机回火故障进行诊断分析的具体表达形式。

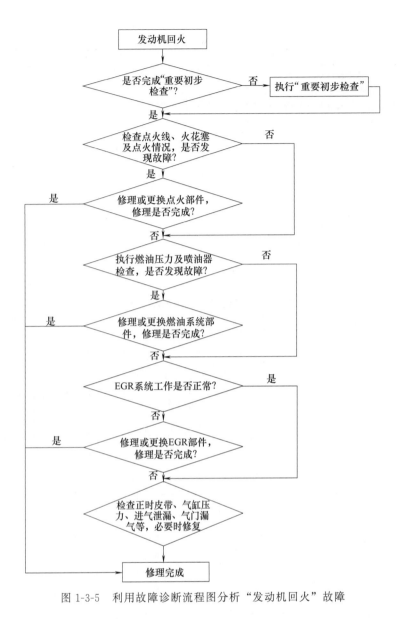

图 1-3-5 利用故障诊断流程图分析"发动机回火"故障

表 1-3-1 发动机回火故障诊断流程表

步骤	操 作	值	是	否
1	是否完成"重要初步检查"?	—	至步骤2	至"重要初步检查"
2	1. 检查点火线是否交错或多缸同时点火。 2. 用火花测试器检查各缸点火系统输出电压。 3. 检查火花塞是否过度磨损、电极烧损、间隙不正确或积炭严重。 是否发现故障?	—	至步骤3	至步骤4
3	必要时,修理或更换点火系统部件。 修理是否完成?	—	系统正常	至步骤
4	1. 检查燃油系统的操作。 2. 执行喷油器诊断程序,检查喷油器。 是否发现故障?	—	至步骤5	至步骤6
5	必要时,修理或更换燃油系统部件。 修理是否完成?	—	系统正常	至步骤6

续表

步骤	操作	值	是	否
6	1. 检查排气再循环(EGR)衬垫是否泄漏或配合过松。 2. 检查排气再循环阀的工作是否正确。 3. 检查进气歧管和排气歧管通道是否有铸造飞边。 是否发现故障？	—	至步骤7	至步骤8
7	必要时修理或更换部件。 修理是否完成？	—	系统正常	至步骤8
8	1. 检查正时皮带的安装和张紧力是否正确。 2. 检查发动机压力。 3. 检查进气歧管衬垫和排气歧管衬垫是否泄漏。 4. 检查气门是否卡滞或漏气。 5. 必要时修理或更换部件。 是否完成所有检查和校正？	—	系统正常	—

注：在诊断症状之前，先查阅维修通讯是否有更新版本。

表 1-3-2　发动机故障征兆表（部分）

		症状											参见页
		启动困难/无法启动/重新启动(除HA外)	发动机熄火	喘振/转速不稳/加速缓	点火爆震爆燃	动力不足/加速不良	急速过高急速过低	急速不稳游车	急速抖动	回急速慢/不能回急速	过热/水温过高	燃油消耗高	机油消耗高	电瓶无电(充电不足)	
	保修症状代码	AA	AB	AC	AC	AE	AF	AG	AH	AJ	AK	AL	AM	HA	
发动机控制	曲轴位置传感器(参考)电路	2	2												EC-652
	曲轴位置传感器(位置)电路														EC-605,659
	凸轮轴位置传感器(相位)电路	3													EC-613
	质量型空气流量传感器电路	1			2										EC-570
	前加热式氧传感器电路		1	2	3	2		2	2		2				EC-591
	发动机冷却液温度传感器电路	1					3		3						EC-577
	节气门位置传感器电路						2								EC-582
	节气门位置传感器调整不当		3	1		1	1	1	1		1				EC-511
	车速传感器电路		2			3									EC-733
	爆震传感器电路				2							3			EC-600
	ECM	2	2	3	2	3	3	3	3	3	3				EC-620,540
	启动信号电路	2													EC-787
	P挡/N挡位置开关电路					3	3					3			EC-768
	动力转向油压开关电路		2												EC-802
	电控发动机支架控制电路						3	3							EC-798
	电负荷信号电路														EC-811

注：1～6 编号表示检查的顺序。

1.3.5 故障征兆表分析法

当故障既不能在故障代码检查中得到证实，也不能通过基本检查确诊的时候，可利用故障征兆表分析法来诊断汽车故障。故障征兆表通常在维修手册中提供。表1-3-2所示的是日产汽车发动机维修手册中提供的发动机故障征兆表实例。

1.4 汽车发动机故障诊断方法

汽车发动机的故障诊断就是根据发动机的故障现象，利用各种检查、监控和测试手段，分析、查找故障原因，最终确定出导致故障产生的根本因素。常用的故障诊断方法有人工经验诊断法和仪器设备诊断法等。

1.4.1 人工经验诊断法

人工经验诊断法又称直观诊断法，是指诊断人员凭借丰富的实践经验和一定的理论知识，在汽车发动机不解体或局部解体的情况下，依靠直观的感觉印象、借助简单工具，采用"望、闻、听、切、问、试（即：眼观、鼻闻、耳听、手摸、口问、试验）"等手段，进行检查、试验、分析，确定汽车发动机的技术状况，查明故障原因和故障部位的诊断方法。这种诊断方法不能进行定量分析，需要诊断人员有较高的技术水平。

人工经验诊断法可以细分出很多具体的诊断方法，详细分类如下。

(1) 感官诊断法

① 问诊法　所谓问诊法就是向车主调查询问。在开始车辆维修工作之前，首要的任务就是和车主交流，并有针对性地进行询问，通过交谈了解故障出现的全过程。要认真倾听用户提供的汽车故障史，包括使用、维护、故障及修理经历等情况。

② 观察法　观察法就是用眼观察汽车发动机的外部状况及运行时有无异常症状，如观察排气管排烟的颜色，机件的裂痕和变形，滴漏的油、冷却液痕迹等。在观察的过程中，要利用经验和理论做出周密的思考和推证，不能被表面现象所迷惑。

③ 听诊法　听诊法就是利用工具（如听诊器）监听或直接监听汽车发动机异响，以判断其工作状态及异响产生的部位，并分析可能的故障原因。听诊时要找到异响最明显的故障部位，分清响声的类型，同时要注意不同工况交变时异响的变化，找出异响的规律和特征，并进行综合分析和判断，避免误诊。

④ 触摸法　触摸法就是通过触摸（通常用手触试）来感觉可能产生故障部位的温度、振动等情况，从而判断该部位工作是否正常。

⑤ 嗅觉法　嗅觉法就是凭借嗅觉来感知汽车发动机运转中散发出的某些特殊气味，如导线过热熔化、绝缘皮烧焦、燃油泄漏的汽油味、尾气异味等，通过所闻气味是否正常来判断是否有故障产生。

(2) 试验法

试验法是指进行道路试验及其他一些相关试验。发动机的有些故障只有在汽车运行或特定条件下才能显现，修前试验可验证故障现象，找出故障规律；修后试验可检测故障是否排除，并检验维修质量和技术水平。

(3) 征兆模拟法

征兆模拟法多用于发动机的间歇性故障诊断，由于间歇性故障大部分情况下没有明显的故障征兆，在这种情况下必须模拟与车辆出现故障时相同或相似的条件和环境，然后进行全面的故障分析。征兆模拟法可以细分为以下几种方法。

① 振动法　当振动可能是故障发生的主要原因时，采用该方法。对于不同的部件、不同的部位，振动法所采用的方式也不相同。

如图 1-4-1 所示，对于配线和连接器，应在垂直和水平方向轻轻摇动进行模拟试验，其中连接器的接头、固定支架和穿过开口的连接器体都是需要仔细检查的部位；对于元器件（如继电器、传感器等），应用手指轻敲或轻拍，检查是否失灵。

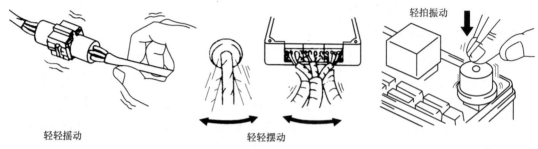

图 1-4-1　振动法的应用

② 加热法　有些故障是在炎热天气或短暂停车之后出现。在这种情况下，为确定元件是否由于热敏感而发生故障，应用加热枪或类似的工具加热该元件（注意：加热温度不要超过 60℃）以验证故障是否出现，这就是加热法。如图 1-4-2 所示。

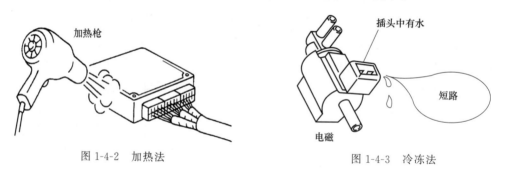

图 1-4-2　加热法　　　　　　图 1-4-3　冷冻法

③ 冷冻法　有些故障会由于温度过低而产生，这种情况下可通过人为冷冻被怀疑的元件而验证故障原因，这种方法被称为冷冻法。如图 1-4-3 所示。

例如在寒冷的冬天，经常会出现冷车故障存在而在暖机后故障消失的状况，其原因可能与电路系统的某部分结冰有关。

对于这类故障，有两种办法检查。第一种是将车辆留在修理厂并在露天过夜，在早晨确认气温达到足够低的温度条件下，重现故障现象，同时对可能受影响的电气元件进行快速全面检查；第二种方法是将可疑零部件放入冰箱内冷冻足够长的时间，直到结冰，重新将零部件装回并检查故障是否再次出现，如果出现，则修理或更换该零部件。

④ 水淋法　有些故障只发生在高湿度或雨雪天气，这可能是水浸入电气元件所致。为此，可以通过浸湿车辆或将车辆驶过清洗机来模拟故障条件以判定故障原因，这种方法

称为水淋法。如图 1-4-4 所示。注意：在采用水淋法时，不得将水直接喷在任何电气元件上。

⑤ 电负载法　有些故障可能是对电负载敏感所致，这时可以采用电负载法（图 1-4-5）：接通所有电器负载，包括空调、鼓风机、前照灯、后窗除雾器等，检查是否发生故障。

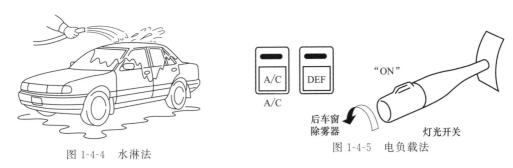

图 1-4-4　水淋法　　　　　图 1-4-5　电负载法

(4) 替换法

替换法又称换件诊断法，就是用合格的总成和零部件替换可能损坏的总成和零部件。换件诊断法可以简化故障诊断过程，是一些疑难故障有效的诊断方法之一。

1.4.2　仪器设备诊断法

仪器设备诊断法是指在汽车不解体情况下，利用测试仪器、检测设备和检验工具（如万用表、真空表、燃油压力表、气缸压力表、示波器、塞尺、游标卡尺等），检测整车、总成或机构的参数、曲线和波形等，为分析、判断汽车技术状况提供定量依据的诊断方法。例如用燃油压力表测试发动机燃油系统的供油压力、用示波器监测曲轴位置传感器的信号波形等都属于仪器设备诊断法的具体应用。

1.4.3　车载诊断系统诊断法

现代汽车都配置了车载诊断系统，目前普遍采用的标准为 OBD-Ⅱ（On-Board Diagnostics）。OBD-Ⅱ是为了满足排放法规的要求于 20 世纪 90 年代中期由美国开发的第二代车载诊断系统。该诊断系统在汽车上都设有一个 16 端子的梯形通讯诊断接口 DLC（如图 1-4-6 所示），通常安装在驾驶员侧仪表台的下面。

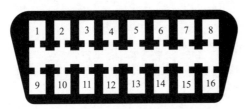

图 1-4-6　汽车 OBD-Ⅱ诊断接口 DLC 及常用端子含义

4—接地；6—高速 CAN-H；14—高速 CAN-L；16—常电源（其他端子略）

车载诊断系统诊断法就是使用专用诊断仪器，通过 DLC 与汽车各系统控制模块（如负责发动机和自动变速器控制的动力控制系统模块 PCM）进行通讯，以故障码读取和数据流分析等为手段对汽车故障进行诊断的方法。

提示

① 在执行诊断仪器与 DLC 的连接操作和断开操作时，应使车辆的点火开关处于"OFF"挡位置；

② 只有在点火开关置于"ON"挡的条件下，诊断仪器才能与车辆各系统控制模块进行通讯；

③ 在通讯操作过程中不能将诊断仪器与 DLC 断开。

根据读取、分析或测试内容的不同，车载诊断系统诊断法可分为故障码诊断法、数据流分析法和作动测试法。

(1) 故障码诊断法

故障码诊断法就是利用诊断仪器读取车辆系统控制模块中储存的故障代码，根据故障代码提供的故障信息，依照维修手册中故障代码诊断流程的指导进行汽车故障诊断的方法。

① OBD-Ⅱ系统针对故障码的运行机制　OBD-Ⅱ系统用于检测和验证与汽车排放相关的系统和部件的性能，如果其中某个或某些部件（包括传感器、执行器、控制器）出现故障或工作异常，导致 HC、CO 或 NO_x 排放超标，系统将设置相关的故障码（DTC），并点亮或闪烁汽车仪表上的发动机故障指示灯，有些车辆仪表上的信息中心也会同步显示相应的维修提示。

在点火开关置于"ON"挡且发动机未运行时，发动机故障指示灯会点亮（对于某些新车型，如果系统没有故障，指示灯会在点亮 3s 后熄灭；如果检测到故障，故障指示灯将常亮或闪烁）。

在发动机运行过程中，如果系统没有故障，指示灯将保持熄灭状态；如果有故障代码生成或 ECM 进入备用模式，故障指示灯将点亮。如果相关的症状消失且故障不再出现，故障指示灯可能熄灭，但故障码将仍存储在 ECM 的存储器中。只要不给 ECM 断电（如不拆下蓄电池），这些故障代码将一直保存在 ECM 内。

 提示

发动机故障指示灯的工作状态及含义如下：

① 发动机故障指示灯不亮——表明 ECM 没有监测到任何与排放有关的故障码、故障指示灯线路故障或故障指示灯不工作。

② 发动机故障指示灯闪亮——表明发动机存在失火故障或燃油系统故障，有可能导致三元催化器损坏。

③ 发动机故障指示灯常亮——表明与排放有关的部件存在故障，会影响车辆排放性能。

② 故障码类型　故障码的类型及特点如表 1-4-1 所示。

表 1-4-1 故障码类型及特点

故障码类型	故障码特点	说明与举例
A 类	与废气排放有关 在第一次检测到该类故障码时就点亮故障指示灯 ECM 存储故障记录	DTC P0401：排气再循环（EGR）流通不畅
B 类	与废气排放有关 该类故障码在第二个连续驾驶循环中再次出现，点亮故障指示灯 ECM 存储故障记录	DTC P0300：检测到发动机缺火
C 类	与排放无关 不点亮故障指示灯，但请求点亮维修指示灯（如果配备） ECM 存储故障记录	也称 C1 故障码
D 类	与排放无关 不请求点亮任何指示灯 ECM 存储故障记录	也称 C0 故障码

③ 故障码定义　如图 1-4-7 所示，OBD-Ⅱ故障码由首位字母和后面的 4 位数字组成，具体含义如表 1-4-2 所示。

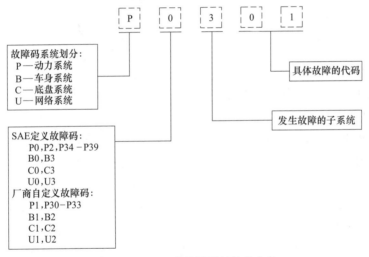

图 1-4-7　OBD-Ⅱ故障码结构及含义

（2）数据流分析法

数据流分析法就是利用汽车专用诊断仪器读取汽车相关数据，通过对数据的分析查找故障原因，是汽车故障诊断的重要方法之一。

数据流分析的前提是数据的选取对象和关注方面，主要包括：汽车数据的数值变化规律、数值变化范围、数值响应速率、关联数据间的响应情况、数据与数据间的关系，以及相同车种及系统在相同条件下的相同数据组间的比较或与标准数据组的比较等。

数据流分析分为静态数据流分析和动态数据流分析两种方式：

① 静态数据流　是指接通点火开关，不启动发动机时检测的发动机电控系统的数据或汽车不行驶检测出的底盘系统数据。

② 动态数据流　是指接通点火开关，启动发动机时检测出的发动机电控系统的数据或汽车行驶中检测出的底盘电控系统数据。

表 1-4-2 OBD-II 故障码结构组成及含义一览表

位置	第1位	第2位	第3位	第4、5位
类型	英文字母	数字	数字	数字
含义	表示故障码的系统划分	表示故障码由谁定义	表示发生故障的子系统,用0～9表示	两位数字组合使用,表示对具体故障的代码界定
详细信息	P—动力系统故障码（与发动机、变速器相关） B—车身系统故障码（与车身电气、附件相关） C—底盘系统故障码（与悬架、制动、转向等系统相关） U—网络系统故障码（与电控模块通信相关）	由SAE（美国汽车工程师协会）定义的通用型故障码: P0,P2,P34-P39 B0,B3 C0,C3 U0,U3 由厂商自定义的扩展性故障码: P1,P30-P33 B1,B2 C1,C2 U1,U2	1—空气计量与燃油系统故障 2—燃油系统（喷油器）故障 3—点火系统故障或失火 4—排放控制系统故障 5—急速控制系统故障或车速传感器故障 6—控制模块或输出电路故障（如继电器、电磁阀等） 7—变速器、驱动桥故障 8—非动力系统故障 9—控制模块、输入输出信号故障	代码区域为00～99,不同区段的两位数码代表不同的传感器、执行器、电路
举例	故障码P0301:由SAE定义的通用型故障码,表示发动机1缸失火			

数据流分析法的分类:

① **数值分析法** 是对数据的数值变化规律和数值变化范围的分析,如对发动机转速、冷却液温度等信号的电脑读值和实际值的差异性分析。

举例: 一辆别克君威轿车,发动机启动时间不长冷却风扇就开始工作,此时用温度计测量散热器只有46℃。该车的冷却风扇由PCM（动力控制模块）控制,利用诊断仪检测,没有故障码存在。但在观察数据流时,PCM显示冷却液温度是115℃。因此可以判断冷却液温度传感器或其线路存在故障。经检查发现传感器的阻值不正确,更换后一切正常。从此例中可看出,应注意测量值和实际值的关系,对一个确定的物理量,不论是通过诊断仪得到的或直接测量得到的值,都应与实际值差异不大,否则就有可能是测量值不准确了。

② **时间分析法** 是在分析某些数据参数时,不仅要考虑传感器的数值,而且要判断其响应的速率,以获得最佳效果。

举例: 氧传感器的信号,不仅要求有信号电压的变化,而且信号电压的变化频率在一定时间内要超过一定的次数（例如:对于长安福特福克斯车型的两点式氧传感器,在急速工况下,10s内信号应切换6～8次以上）。当小于此值时,就会产生故障码,表示氧传感器响应过慢,此时故障明确,容易解决;但当次数并未超过限定值,而又反应迟缓时,并不会产生故障码,此时不仔细体会,可能不会感到一丝故障症状。应接上仪器观察氧传感器数据的变化状态以判断传感器的好坏。

③ **因果分析法** 是对相互联系的数据间响应情况和响应速度的分析。

举例: 在自动空调系统中,通常当按下空调A/C开关后,该开关并不是直接接通空调压缩机离合器,而是该开关信号作为空调请求信号被发送给发动机控制电脑ECM,

ECM 接收到此信号后，检查是否满足设定的条件，若满足，就会向压缩机离合器发出控制指令，接通离合器，使压缩机工作。所以当空调不工作时，可观察在按下空调开关后，观察"空调请求、空调允许、空调继电器"等参数的状态变化，来判断故障点。

④ 关联分析法 电脑对故障的判断是根据几个相关传感器信号的比较，当发现它们之间的关系不合理时，会给出一个或几个故障码，或指出某个信号不合理。

举例：本田雅阁轿车有时会给出节气门位置传感器信号不正确故障信息，但不论用什么方法检查，该传感器和其设定值都无问题。若能认真地观察转速信号（用仪器或示波器），就会发现转速信号不正确，更换曲轴位置传感器（CKP）后，故障排除。故障原因是 ECM 接收到此时不正确的转速信号后，并不能判断转速信号是否正确（因无比较量），而是比较此时的节气门位置传感器信号，认为其信号与接收到的错误转速信号不相符，因而给出节气门位置传感器的故障码。

⑤ 比较分析法 是对相同车种及系统在相同条件下的相同数据组进行比较分析。

(3) 作动测试法

汽车发动机电控系统中的某些执行器可以在专用诊断仪器的指令下完成作动测试。这种方法的作用主要体现在两个方面：

① 能够对 ECM、ECM 与执行器间的线路以及执行器等多方面实现快速诊断。例如：在发动机怠速工况下，利用专用诊断仪器驱动电子节气门，通过发出改变节气门开度的指令使发动机转速发生相应改变，如果作动情况正常，则表明 ECM、ECM 与电子节气门间的线路以及电子节气门正常。

② 能够间接判断与执行器关联部件或系统的故障。例如：当发动机怠速抖动怀疑某一气缸工作不良时，可以通过作动测试依次中断各缸喷油器的动作。假如中断 2 缸喷油器时发动机转速没有变化或变化很小，而断开其他各缸的喷油器时发动机转速下降明显，则说明 2 缸工作不良。

第 2 章

汽车发动机机械故障诊断

本章主要围绕发动机异响，进排气系统，润滑、冷却系统及发动机失火等机械方面的故障进行分析与诊断。

2.1 发动机异响故障诊断

2.1.1 发动机异响的特征

正常运行的发动机其转速是均匀的，运转时发出轻微、协调、有节奏的机械振动和排气声音。当转速发生变化时，表现为连续的声音强弱变化，转速过渡圆顺而不间断。

如果发动机在运转过程中发出超过规定的碰撞、摩擦及振抖等声音，即可视为异响。

2.1.2 发动机异响的类型

发动机异响主要可以分为机械异响、燃烧异响、空气动力异响及电磁异响等。

机械异响：主要是由运动副因磨损或调整不当导致配合间隙不正常，在运转中产生的冲击和振动造成的。常见的水泵异响、曲轴轴承异响、气门异响等都属于机械异响。

燃烧异响：主要是发动机不正常燃烧造成的。如早燃，不正常燃烧会在气缸内产生极高的压力波，这些压力波相互撞击，发出强烈的类似敲击金属的异响。

空气动力异响：发动机不正常的进气、排气声，以及运转的散热风扇，均可能因气流振动而造成异响。

电磁异响：在发电机、启动机等电磁元件中，因磁场交替变化，引起相关部件产生振动而发出的异响。

在上述的几大类异响中，又可分为良性异响及恶性异响两种。

所谓良性异响，是指短时间内不会对机件造成明显损坏的响声，如气门间隙过大导致的碰撞声；所谓恶性异响，是指能很快造成机件严重损坏的响声，如曲轴主轴承异响、连杆轴承异响等，这类异响若经判断随着转速、温度、负荷等升高而增大，必须立即停机进行检查。

若按照异响所发生的部位区分,可分为附件异响及主机异响两大类。如发电机异响属附件异响;而活塞销异响则属主机异响。

2.1.3 发动机异响的危害

发动机发出的异响从表面上来说会降低驾乘人员的舒适感,因为产生了额外噪声,异响还可能导致油耗增加、排放不达标、动力下降及其他更严重后果。但从本质上看,发动机异响轻则会加剧零件磨损、缩短其使用寿命,重则会造成发动机事故性损坏,引发安全事故及造成经济损失。

2.1.4 影响发动机异响的主要因素

发动机异响与转速、负荷、温度、配合间隙、润滑条件、零部件装配质量等诸多因素有关。

① 发动机转速 一般情况下,发动机转速越高会致使异响越严重。但高速运转时异响会与其他声音混杂在一起,某些异响反而不利于辨清,所以诊断异响时,要在异响最明显的转速范围内进行。

② 负荷 有些部位的响声与负荷关系密切,响声随着负荷的变化而变化,因此可以用改变负荷的方法来判断异响的部位。

③ 温度 有些异响与发动机温度高低有关联,发动机温度变化会影响配合间隙、润滑油黏度等各方面,进而导致异响的变化。

④ 润滑条件 润滑是发动机工作的重要条件,通过润滑系统可实现对部件的润滑、冷却、密封、清洗、防锈等功能。当转速、负荷、温度、配合间隙等条件一定时,润滑油膜厚度受润滑系统压力及润滑油的品质影响,品质好的润滑油和适宜的压力能产生良好的润滑油膜,润滑油膜越厚,机械冲击力越小,不易发生异响;反之则会使磨损加剧,导致异响产生。

⑤ 配合间隙 配合间隙是发动机装配质量的重要指标,当转速、负荷、温度及润滑等条件一定时,异响会随配合间隙的增大而越发明显,发动机某些机件会因自然磨损等原因使配合间隙超出规定范围而导致异响。

⑥ 零部件装配质量 零部件装配质量不过关,可能使部件在紧固过程中出现变形或损坏,导致零件配合间隙失调;可能使紧固件在运转中因振动而松动出现异响;因装配或调整不当造成的异响在发动机异响中占有很大的比例,应予以引起重视。

另外导致发动机异响的一类因素是发动机的不正常燃烧——爆燃,这与使用燃油标号是否合适、点火时刻是否过早以及发动机自身机械技术状况是否良好等情况均有密切关联。

2.1.5 发动机异响的鉴别方法及诊断原则

对发动机异响故障的诊断与鉴别,是指在发动机不解体的条件下,查明异响故障的性质、部位和原因的检查过程。

发动机异响具有各自的特点和规律,在实际操作过程中,常采用人工经验法及仪器诊断法综合判断、分析。

利用人工经验法对发动机异响进行诊断较为简单,通常不需要解体发动机或拆卸零部件，只需要借助如长杆螺丝刀（见图 2-1-1）、机械听诊器等简易工具，通过耳听的手段来确定发动机异响的性质及部位。这种诊断方法不需要借助昂贵的异响诊断设备，但需要有丰富的听诊经验，另外诊断的准确性也较差。

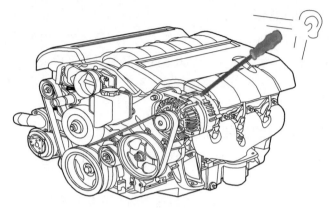

图 2-1-1　用简易工具听诊法

仪器诊断法是指综合利用诊断仪器的机械电子、声学振动等技术，在发动机不解体的情况下，通过诊断仪器显示的参数、波形的变化（如图 2-1-2 所示），测试发动机性能、故障部位、故障性质及故障的程度。仪器诊断法诊断结果比较客观，检查速度快，准确性也较高，但也存在设备成本高，且需要有专业技术人员分析的不足。

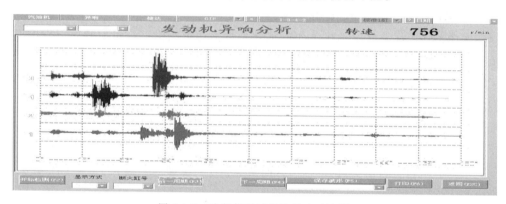

图 2-1-2　诊断仪器捕获的异响时波形

对于发动机异响的诊断，可遵循以下原则：

① 首先判断异响的大致位置　可将发动机分为上部、中部、下部、前端、后端等几部分。异响部位一般离故障位置较近，据此可以判定是什么机构、总成或系统出现故障，从而缩小诊断故障的范围。如异响在气门室处明显，说明气门机构有故障；在曲轴箱内异响明显，说明活塞、活塞销、连杆或曲轴轴承有故障等。

② 判断异响频率与发动机工作循环的关系　四冲程发动机曲轴转两圈、凸轮轴转一圈完成一个工作循环，若异响频率与发动机工作循环有对应关系，可重点检查发动机的曲柄和配气两大机构相关的部件。

③ 分清主机异响与附件异响　如松开发动机附件皮带异响消失，说明该异响属附件异响，可检查皮带自身及与皮带相关的部件是否存在故障，若将附件皮带松开后响声仍不

消失，应考虑是主机或其他部件发响。

④ 分清"上缸"与"反上缸" 将发动机单缸断火后，响声减弱或消失，复火时又重新出现，称该响声"上缸"；若单缸断火后响声增强或出现，称"反上缸"。配气机构所发出的响声一般不"上缸"。活塞、活塞销、连杆衬套及轴瓦由于配合间隙过大所发出的响声一般都"上缸"。活塞有破损、连杆螺栓松脱、连杆轴瓦合金严重脱落，有时容易造成"反上缸"（某缸断火后，由间响变为连响，这也是"反上缸"的一种表现）。

发动机异响与振动的关系：发动机异响时，在异响的主要部位一般会伴随有振动，其振动频率与异响的频率相一致，结合这个特点可基本判断故障部位。

2.1.6 发动机主机机械异响的分析、检查

发动机主机部分是指由缸体、缸盖、曲柄连杆机构及配气机构等部分组成的发动机"主体"。若经诊断异响来自发动机主机，应及时对异响进行检查、分析，判断出异响为良性异响还是恶性异响，若异响为恶性故障，应及时停机检修，以免造成更大的损失。

(1) 曲轴主轴承异响的诊断

故障现象

发动机稳定运转时响声不明显，急加速或发动机负荷较大时，响声增大，发出较沉重、有力且有节奏的"铛铛"声，严重时伴随有机体振抖现象。此种异响与发动机温度高低无太大关联，单缸断火时，响声不变，但相邻两缸同时断火时响声明显减弱。

反复抖动节气门，从加机油口处可听到明显的沉重有力的金属敲击声，用听诊器抵在与曲轴轴线平齐的缸体位置上听诊，可听到异常强烈的响声，这种异响一般会伴有机油压力降低的现象。

故障原因

◆ 润滑不良；
◆ 主轴承盖螺栓松动；
◆ 曲轴主轴颈磨损失圆；
◆ 主轴瓦因磨损配合间隙过大或配合不良；
◆ 曲轴弯曲等。

排除方案

首先检查润滑系统供油压力是否正常，压力低会导致曲轴主轴承出现异响，再者应拆下油底壳，检查曲轴主轴承盖的固定螺栓是否松动，若无松动，应拆卸曲轴组件，检查曲轴主轴承、曲轴主轴颈及主轴承座的磨损情况，测量曲轴弯曲情况，视情况修复或更换故障零部件。

(2) 连杆轴承异响的诊断

故障现象

发动机怠速运转时无异响或响声较小，中速时较为明显，急加速时有明显的较重的且短促的"铛铛"连续敲击声，加大负荷，响声会随之加剧，这声音比主轴承响清脆、缓和、短促，当采用单缸断火时，响声明显减弱或消失，但复火时又能立即出现，用听诊器抵在机体上听诊，响声并不清晰，但在加机油口处或曲轴箱通风管口处可直接察听到敲击声，这种现象往往伴有机油压力明显降低的现象，严重时机体出现振抖。

故障原因

◆ 润滑不良；

◆ 连杆轴承盖螺栓松动或折断；

◆ 连杆轴承或轴颈磨损，使配合间隙过大或配合不良等。

排除方案

首先检查润滑系统机油是否变质，供油压力是否过低，若无异常，应拆卸油底壳，检查连杆螺栓是否折断、松动，若连杆螺栓正常，应拆卸连杆组件，检查连杆轴承、连杆轴颈的磨损情况，检查润滑油道有无堵塞现象，视情况修复或更换故障的零部件。

(3) 活塞敲缸异响的诊断

活塞敲缸指活塞上下运动时，其头部或裙部与气缸壁、缸盖碰撞发出的响声。活塞敲缸可分为冷敲缸、热敲缸、冷热态均敲缸三种形式。

故障现象

发动机怠速或低速运转时，在气缸的上部发出清晰、明显、有节奏的"嗒嗒"连续金属敲击声，严重时为沉重的"铛铛"响声。当发动机转速达中速以上时，异响减弱或消失，但负荷加大时响声会随之变大。将发动机置于异响明显的转速下，进行单缸断火试验，响声会明显减弱或消失。这种异响常伴有排气冒蓝烟、缸压下降等异常现象。

故障原因

◆ 点火时间过早；

◆ 气缸壁润滑不良；

◆ 活塞装配不当；

◆ 活塞与气缸壁配合间隙过大等。

排除方案

在确保点火时间正确、润滑油润滑质量良好的情况下，此敲击异响只能拆解活塞连杆组件，检查活塞、活塞环的装配是否正确，用千分尺测量活塞的直径是否磨损超限，用内径百分表测量缸套的最大磨损量、圆度及圆柱度误差是否符合规定要求，视情况修复或更换故障的零部件。

(4) 活塞销异响的诊断

故障现象

在怠速、低速和从怠速向低速抖动节气门时，发出响亮而有节奏的"嚓嚓"金属敲击声，转速变化时，响声也随之周期性变化，在转速升高的瞬间，发出清脆、连续而有节奏的响声。单缸断火时，响声会减弱或消失，复火时会出现明显的 1~2 声响声。

故障原因

◆ 润滑不良；

◆ 活塞销与销孔、连杆衬套磨损严重导致配合间隙过大；

◆ 卡环松旷、脱落、活塞销断裂等。

排除方案

在确定润滑油润滑质量良好的情况下，应拆检活塞及活塞销组件，检查全浮式活塞销的卡环，测量活塞销与销孔、衬套间的间隙是否超出正常范围，视情况更换损坏的零部件。

（5）气门脚响

故障现象

急速时，在气门室处发出连续的"嗒嗒"声，响声清脆有节奏，转速增高时响声增大，节奏加快，中速以上变得模糊杂乱，此异响与温度、负荷及缸位无很大关联，做断缸试验时异响无变化。

故障原因

◆ 润滑不良；

◆ 因磨损、调整不当造成气门间隙过大；

◆气门杆与气门导管配合间隙过大等。

排除方案

在排除润滑不良的条件下，应首先检查气门间隙，若气门间隙过大，对带调整垫片的气门挺柱应更换调整垫片，必要时检查凸轮轴上凸轮的磨损情况；对液压挺柱来讲，若出现气门间隙，应更换液压挺柱；对摇臂式气门驱动机构来说，应重新调整气门间隙，并检查摇臂承孔与摇臂轴之间的配合间隙。若气门间隙正常，应对气门组件进行检查，包括气门杆与气门导管之间的间隙配合情况，必要时更换气门或气门导管，若上述检查均正常，应怀疑为气门座响，应对气门及气门座圈进行检查、修复或更换。

2.1.7 发动机附件异响的分析与检查

发动机附件是指除去以曲柄连杆和配气两大机构为主的主机以外的辅助部件，它们安装在主机的外部，是保证发动机正常运行所需要的各种附属装置，如发电机、水泵、进排气歧管等。这些附件数量众多，工作环境又恶劣，是导致发动机异响的根源之一。

（1）附件皮带异响的诊断

附件皮带又称为发动机外围皮带，现代轿车常采用多楔式皮带，它按一定关系缠绕在发动机前端的各个皮带轮上（见图2-1-3），它以曲轴皮带轮为主动轮，通过摩擦力带动发电机、空调泵、转向助力泵等附件运行。

故障现象

附件皮带异响是一种连续的"唧唧"声，严重时会表现为类似哨响的啸叫声音，急加速时啸叫声会愈发严重，也可能在急加速后异响减小或消失。皮带异响往往在发动机冷机时、开空调制冷时、车辆转向时、开大灯时等表现尤为明显。有些时候在异响出现时往皮带上浇水，症状会缓解或消失，则可判断为附件皮带异响。

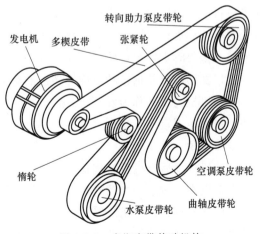

图2-1-3 多楔皮带传动机构

故障原因

◆ 附件皮带调整不当（过松或过紧）；

◆ 附件皮带异常磨损、有硬伤或老化；

- ◆ 附件皮带沟槽内沾染砂石、金属屑等异物；
- ◆ 附件皮带轮沟槽磨损严重或沟槽有异物等原因。

排除方案

首先检查皮带的张紧力是否合适，一般车型的皮带张紧力检查方法是：选取整个皮带轮系中两个轮轴中心距最远的皮带轮，在两皮带轮的中间位置用手施加20N·m左右的力下压皮带，下压量应在15mm左右为正常（见图2-1-4）。过松或过紧均可能造成皮带异响，因张紧力不合适造成的异响，可通过调整皮带张紧装置（见图2-1-5）使张紧力合适，对于自动张紧器的皮带轮系，可通过更换自动张紧器解决。

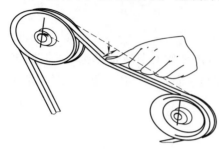

图2-1-4 检查皮带张紧力

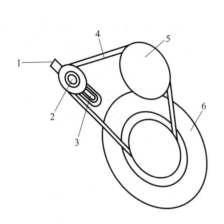 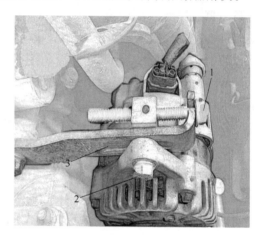

图2-1-5 手调式皮带张紧装置的皮带松紧度调整

1—调整螺栓；2—调整装置固定螺栓；3—调整导槽；
4—皮带；5—从动轮；6—主动轮

对于检查发现存在磨损、老化或有硬伤的皮带（见图2-1-6），均应更换新皮带；另外在更换新皮带前应检查各附件（如发电机、空调泵等部件）的轴承是否存在异响，如有，应及时拆检、更换，同时检查带轮是否有损伤，及时清除带轮楔槽内碾压的砂石、金属屑等异物，必要时更换皮带轮。

(2) 发动机机爪松动或损坏造成的异响

发动机机爪又称为发动机悬置，是一种以橡胶为主体的减振装置，发动机通过它牢靠地、弹性地固定在车身上（见图2-1-7）。

故障现象

发动机启动后产生没有规律的振抖响声，且随着发动机转速的提高而加剧。同时可能随着发动机在加减速、换挡时出现发动机前俯后仰角过大，严重时甚至造成排气管连接损坏、挡位挂不进、挡位错乱等故障。若用撬棍等工具撬动故障机爪时，会发现机爪的橡胶连接处出现裂缝，撬动量过大。

 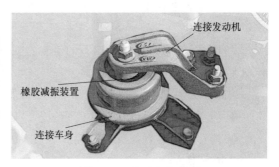

图 2-1-6　老化裂纹的多楔皮带　　　　图 2-1-7　发动机机关爪

故障原因

◆ 发动机机关爪位置调整不当；

◆ 机关爪固定螺栓松动；

◆ 机关爪橡胶装置老化、开裂；

◆ 机关爪橡胶装置过硬；

◆ 固定基座发生形变、位移。

排除方案

发现发动机有机振现象，应根据上述原因对机关爪调整、紧固，必要时更换机关爪总成。若机关爪的固定基座发生形变、位移，应通过钣金校正或更换相关部件来解决。

(3) 发动机排气装置发出的异响

发动机排气装置在这里指的是排气歧管、排气总管、三元催化器、消音器等排气装置的统称。

排气装置产生的异响可分为排气漏气异响、三元催化器或消音器内部异响、机械干涉异响等几种。其中漏气异响伴有严重的安全隐患，有引发火灾的可能。

① 排气装置漏气异响诊断

故障现象

发动机启动后，可听到车辆发出有规律的"突突"或"噗噗"声，急加速时异响声音更明显，在漏气的部位可能伴随有烟雾，且有被熏黑的痕迹，靠近漏气部位有明显的灼热气浪。

故障原因

◆ 排气装置接口垫烧蚀；

◆ 排气装置接口座变形；

◆ 排气装置固定螺栓松动；

◆ 排气装置因腐蚀、外伤等原因而锈穿、刺穿。

排除方案

若检查发现排气装置的接口垫烧蚀或接口固定螺栓松动，应更换接口垫并按规定力矩拧紧固定螺栓，接口垫螺栓损坏时应更换排气管专用固定螺栓，而不应用普通螺栓替代；

若检查发现排气管因外力刺穿，可视情况进行焊修，必要时更换新件，而对于排气接口座变形、排气装置锈穿，应更换新的排气配件。

② 三元催化器或消音器内部异响诊断

故障现象

发动机运转时，可听到故障的消音器或三元催化器内有"哗啦、哗啦"的异响，这种异响在急加速时会表现得更明显。

故障原因

◆ 消音器或三元催化器的内胆脱芯、破碎；
◆ 消音器内芯腐烂、锈蚀等。

排除方案

消音器或三元催化器为整体不可修复部件，遇此故障应采用更换异响消音器或三元催化器的方式解决。并在以后使用中应注意避免排气装置受外力碰撞、不使车辆涉水过深等，对于消音器内部积水造成的响声、锈蚀问题，一般可通过在消音器最低位置钻小孔（见图2-1-8），增强排水的方式解决。

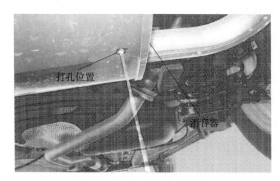

图 2-1-8　消音器钻孔排水

③ 排气装置机械干涉异响诊断

故障现象

发动机运转时，异响来自车辆底部且有明显振抖感，这种现象在加速时、换挡时、开空调制冷时等不同工况下会变得更加明显。举升车辆，可观察到排气装置某处与车身的自由间隙过小或已无间隙碰擦在一起（见图2-1-9）。

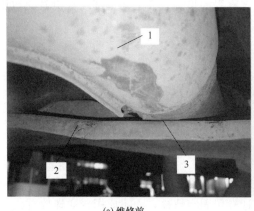
(a) 维修前

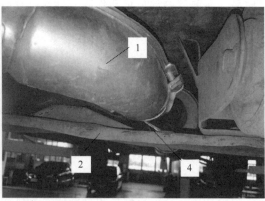
(b) 维修后

图 2-1-9　排气管引发的机械干涉异响

1—排气管；2—与车身连接的中间横梁；3—两者已无间隙；4—正常的间隙

故障原因

◆ 排气装置吊耳折断、老化、松脱；

◆ 排气管变形等。

排除方案

若排气装置橡胶吊耳有老化抻长、折断现象，应更换新的吊耳；若排气装置存在变形现象，可对排气装置变形部分校正，必要时更换变形的排气装置节段。

在发动机运行过程中，各种异响的响声模糊杂乱，现象与成因之间的关系复杂，因此，异响诊断一直是汽车故障诊断中的难点，诊断人员必须经过大量的诊断实践，才能区分各种不同的异响。

2.2 发动机气缸压力与密封性故障诊断

测量发动机压缩终了的压力，是评定发动机性能或诊断发动机故障的重要参数。压缩终了压力过低，会导致发动机动力性、经济性及环保性能的下降，导致使用过程中出现启动困难、动力不足、油耗增加、排放超标等故障；而气缸压力过高会造成发动机工作粗暴、过热等现象，因此气缸密封性的好坏是判断发动机技术状况的重要依据。

检测气缸压力有静态气缸压力测量法、动态气缸压力测量法等方法。维修企业一般采用静态气缸压力测量法，这是最常用和较实用的检测方法。

2.2.1 静态气缸压力检测

静态气缸压力是指发动机只依靠外力（启动机）的作用，在发动机正常的工作温度时所测得的气缸压缩压力，静态的压缩压力相对于爆发压力要小得多。

检测静态气缸压力一般采用气缸压力表进行。气缸压力表有机械式、电子式等类型，它们均由压力表头、导管、单向阀、接头、放气阀等组成（见图 2-2-1），而接头有两种形式，一种为螺纹接头，可以拧紧在火花塞或喷油器的螺纹孔中，这种接头一般配软导管；另一种为锥形或阶梯型的橡胶接头（压紧头），可以压紧在火花塞或喷油器孔上，这种接头一般配金属硬导管。

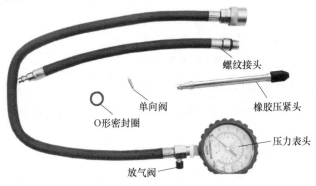

图 2-2-1 机械式气缸压力表

2.2.2 检测条件

① 蓄电池的充电状态及启动机的技术状况良好；
② 发动机运转至正常工作温度并熄火；
③ 发动机润滑条件良好；
④ 关闭车内附属用电设备；
⑤ 空气滤清器应清洁；
⑥ 变速器置于N挡或P挡，驻车制动处于制动状态；
⑦ 用压缩空气吹净火花塞孔周围的杂质，拆卸所有气缸的火花塞；
⑧ 断开点火模块的供电；
⑨ 拔下所有喷油器的线束插接器。

2.2.3 检测方法

① 将带接头的导管旋入欲测量的气缸中，用手劲拧紧即可（螺纹接头式）（见图2-2-2）；
② 将压力表头通过快速接头连接在导管上；
③ 打开点火开关，踩下油门踏板，使节气门处于全开状态；
④ 用启动机带动曲轴转动3~5s（不少于4个压缩冲程），读取压力表上的数值；
⑤ 每缸至少测量两次，并记录测量结果；
⑥ 按动放气阀将压力表内压力释放；
⑦ 依此方法测量其他气缸的压力。

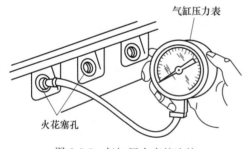

图2-2-2 气缸压力表的连接

2.2.4 检测技术要求

① 自然吸气车型的标准缸压一般为1.2~1.4MPa；
② 各缸压力值不低于标准值的80%（柴油机不低于90%）；
③ 各缸压力差不大于5%。

注：

各缸压力差 = $(P_{max} - P_{min})/P_{平均} \times 100\%$

式中 P_{max}——所测各缸中压力数值最大的；

P_{min}——所测各缸中压力数值最小的；

$P_{平均}$——所测各缸压力数值的算术平均数。

2.2.5 气缸密封性检测的分析、判断、处理

若通过检测发现气缸的密封性能下降，一般可采用气缸压力检测法和气缸泄漏测试法确定故障部位所在。

(1) 气缸压力检测法判断

① 由火花塞孔或喷油器孔向气缸内灌入约20~30mL机油，再次检测气缸压力，并比较两次的测量结果进行判断。
② 如果第二次的测量值高于第一次并接近于标准值，可能是气缸、活塞、活塞环磨

损严重，活塞环对口、折断、拉缸等原因造成的密封不良；

③ 如果第二次的测量结果与第一次结果基本相同，可能是进排气门或气缸垫损坏造成的密封不良；

④ 若两次测量某相邻两缸的压力均较低，则可能是相邻两缸的气缸垫烧损相互窜气；

⑤ 若所测气缸压力高于标准值，则可能是燃烧室积炭过多、缸体、缸盖结合面修磨过度、气缸垫过薄等原因造成的。

(2) 气缸泄漏测试法判断

① 摇转发动机曲轴，使被测缸活塞处于压缩上止点位置，变速器挂入挡位，并使驻车制动处于制动状态；

② 卸下空气滤清器，打开散热器盖、机油加注口盖；

③ 向气缸内通入定量的压缩空气（600kPa以上）；

④ 注意倾听漏气声，确定漏气位置：

a. 若在进气口处漏气，表明进气门密封不良；

b. 若在排气消音器处漏气，表明排气门密封不严；

c. 若在散热器加水口处有气泡或有漏气声，表明气缸垫或缸体、缸盖结合面密封不严；

d. 若在机油加注口处听到漏气声，表明气缸活塞副密封不良；

e. 若在相邻两缸的火花塞孔处听到漏气声，表明气缸垫在这两缸间有烧损。

(3) 处理方案

① 气缸压力过高　检查燃烧室内、气门头部、活塞顶部是否有积炭，如有，应清除，并检查产生积炭的原因，予以排除。

若压力过高是因缸盖结合面修磨过度造成的，应更换缸盖总成。

② 气缸压力过低　需分解发动机，进一步用仪器量表检测，必要时铰削、研磨或更换气门及气门座圈，更换气缸垫，视情况更换活塞环、活塞，必要时镗缸下套或更换缸体。

2.3　曲轴箱通风系统故障诊断

2.3.1　曲轴箱通风系统作用

发动机工作时，有部分可燃混合气和燃烧产物会经气缸、活塞环窜入曲轴箱内，窜入的气体由于温度的下降，一部分会凝结于机油中，使机油变稀、性能变差，同时形成泡沫，影响润滑质量；漏入曲轴箱中的废气遇水会生成酸类，腐蚀机件，使润滑油变质；同时，漏入的气体会造成曲轴箱压力和温度升高，造成机油从油封、衬垫处泄漏。因此，曲轴箱都设有通风装置，排出漏入的气体并回收，同时使新鲜空气进入曲轴箱，形成不断的对流，平衡曲轴箱内的压力。

另外，由于多数曲轴箱通风系统将排出的废气引入燃烧室燃烧，避免了污染大气，因此从这方面来讲，此系统还具有环保的功能。

2.3.2 曲轴箱通风系统组成及工作原理

发动机曲轴箱通风方法有两种，一种采用自然通风法，一种采用强制通风（PCV）法。

由于自然通风法将废气直接导入大气中，不但会造成燃料的浪费，还会增加大气污染，并且通风的效果也不好，因此现已淘汰。

强制通风法利用发动机进气管道内的真空作用，使曲轴箱内的气体强制吸入气缸中，提高了发动机燃油经济性，避免了污染环境，被现在汽车广泛采用。

图 2-3-1 所示为带流量控制阀（PCV）的曲轴箱强制通风示意图，它由进气滤清器、进风管、出气管、PCV 阀等组成，多数车型的进气滤清器不单独设置，而是与发动机的空气滤清器合用一个。

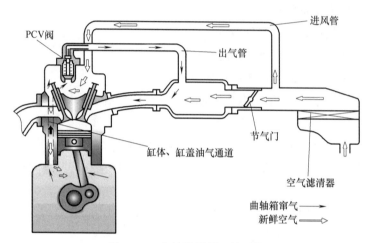

图 2-3-1 曲轴箱强制通风系统

发动机工作时，新鲜空气经空气滤清器进入气门室罩盖内，进入曲轴箱与曲轴箱内窜气混合，曲轴箱窜气经过缸体与缸盖的油气通道，再经罩盖上的 PCV 阀后，通过出气管进入进气管中。因此，有适量的窜气在气缸内再次燃烧。

PCV 阀可防止发动机怠速和小负荷工况时过多的气体未经计量进入气缸，造成空燃比失调，因此它的主要作用是调节发动机怠速、中小负荷和大负荷时的通风强度。PCV 阀的结构如图 2-3-2 所示。

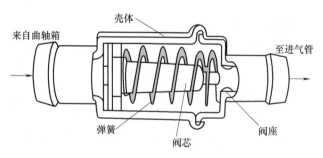

图 2-3-2 PCV 阀结构

图 2-3-3 说明了发动机在不同工况时，PCV 阀的工作情况。

图（a）表示发动机怠速时，进气管内真空度最大，阀芯被吸压靠向阀座，因此曲轴箱中的窜气只能通过阀的缝隙或小孔通过，流量较小，保持怠速稳定；

图（b）表示中等负荷时，进气管内真空度下降，阀芯在弹簧的作用下离开阀座，使通风量适当加大，保证曲轴箱内的气体及时抽出和新鲜冷空气的进入；

图（c）表示大负荷时，进气管内的真空度已很小，阀芯完全打开，通风量最大，曲轴箱内的新旧气体大量对流。

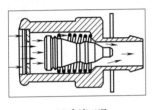 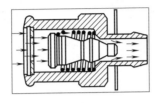 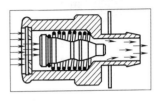

(a) 怠速工况　　　　　　(b) 中等负荷工况　　　　　　(c) 大负荷工况

图 2-3-3　PCV 阀不同工况下的工作情况

流量控制阀还有止回功能，一旦发动机出现"回火"现象，阀芯即被反向关闭，防止曲轴箱内的废气被点燃发生爆炸。

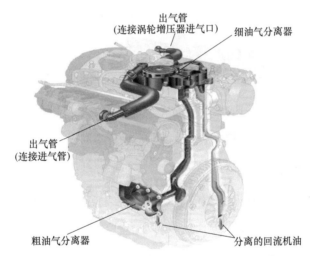

图 2-3-4　带涡轮增压器的曲轴箱强制通风系统

具有涡轮增压器的车型上装配的曲轴箱强制通风系统，因进气管内并不常保持负压状态，在增压器投入工作时甚至是处于正压状态，若只采用一根连接进气管的出气管，会导致曲轴箱通风装置在发动机处于非自然吸气工况时，不能进行正常通风，因此在这样的车型上，曲轴箱通风出气管分为两根（如图 2-3-4），一根通向进气管，另一根通向涡轮增压器进气入口处。在两根管路之间设有两个单向阀（如图 2-3-5 所示设置在细油气分离器内），当发动机怠速或小负荷工况时，曲轴箱蒸气由进气管进入，在其他工况时，曲轴箱蒸气由涡轮增压器进气入口进入，保证了曲轴箱的正常通风。

发动机处在冷机状态运行时，从曲轴箱来的低温机油蒸气可能会在通风管路及节气门阀板和内壁上凝结、沉积并固化，这可能导致通风系统出现堵塞现象，也会造成节气门阀板发生轻微粘连现象，为此有的汽车在曲轴箱通风管路上设置了加热电阻，一来加热装置

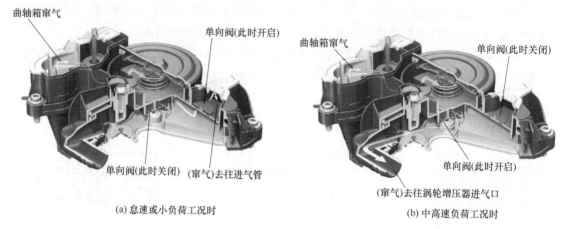

(a) 怠速或小负荷工况时　　(b) 中高速负荷工况时

图 2-3-5　带涡轮增压器车型不同工况下的曲轴箱通风情况

对通过的机油蒸气进行加热（如图 2-3-6 所示），避免了机油蒸气的凝结，再者加热装置也可防止通风装置在吸入很冷空气时窜气结冰，堵塞通风管路，可防止曲轴箱出现正压并延缓节气门脏污的过程。

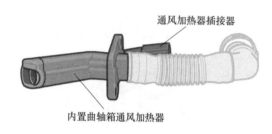

图 2-3-6　曲轴箱通风加热装置

2.3.3　曲轴箱通风系统故障诊断

调节曲轴箱压力是曲轴箱通风系统的重要功能，通常曲轴箱压力处于设计范围内。当曲轴箱通风系统的部件失效后，会导致通风压力失调，这主要表现为曲轴箱通风不畅或曲轴箱通风过度两种现象。

（1）曲轴箱通风不畅

故障现象

曲轴箱通风不畅会造成曲轴箱内压力过高，故障表现为从发动机各结合部位的油封、衬垫处渗漏机油，发动机机油消耗过快、排气冒蓝烟，严重时甚至在发动机运行时会从机油检查尺口向外喷溅机油。

故障原因

- ◆ PCV 阀卡滞在关闭位置（机械原因卡滞或被脏污的机油泥粘住）；
- ◆ 通风管路堵塞；
- ◆ 曲轴箱内自身压力过高。

排除方案

首先拆下通风管路检查管路中是否有油泥沉积堵塞情况，如有可清理、疏通或更换；

其次可拆下PCV阀晃动检查其阀芯能否发出"咯咯"的活动音，否则可视为阀芯卡滞而堵塞，或在PCV阀的两端管口连接管子，用嘴吹、吸的方式模拟曲轴箱通风不同工况下PCV阀的流量通断情况（如图2-3-7），如PCV阀损坏，应更换；若曲轴箱通风系统本身无故障，但仍然存在上述故障现象，应考虑是因发动机活塞、环及缸壁密封性变差向下窜气导致，可用曲轴箱窜气测量仪进行检测，必要时拆检、维修发动机。

(2) 曲轴箱通风过度

故障现象

曲轴箱通风过度主要指曲轴箱通风装置不能随发动机工况变化自动调节通风量，在某些车型上会表现为发动机怠速不稳或转速过高，或因进气真空作用导致大量机油及蒸气被吸入发动机中燃烧，而导致发动机机油消耗过快，排气冒蓝烟。

故障原因

◆ PCV阀损坏（单向阀失去作用，处于常开状态）；
◆ PCV阀维护时装反。

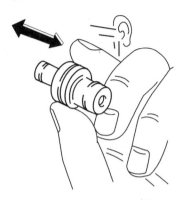

图2-3-7 检查PCV阀的工作情况

排除方案

若PCV阀装反导致，可按正确方法重新安装即可。若PCV阀损坏导致曲轴箱通风过度，应更换PCV阀。

另外，曲轴箱通风系统在工作时，有时会表现为随发动机运转工况变化，在单向阀部位发出连续的敲击噪声，这是单向阀内部的弹簧性能衰退，其自动调节作用变差所致，通常通过更换单向阀即可解决。

现在很多车型已将曲轴箱通风系统中的单向阀、调压阀、油气分离器等部件集成为一体设计，在检查出某一部件故障后，一般需更换总成才能解决问题。

2.4 发动机进气真空故障诊断

2.4.1 测量发动机进气管真空度的意义

发动机运转时，因进气阻力及进气行程活塞的抽吸作用，在进气管中便会产生真空。进气管真空度也称为进气管负压，是外部大气压力与进气管内部压力的差值。

正常工作的发动机，其进气歧管内真空度的大小及变化都有固定的范围和规律，发动机进气歧管真空度的高低与发动机工作的气缸数、转速、密封性能、点火性能、混合气空燃比和节气门开度等内容有关。若真空度数值与正常值有所偏离，则预示着发动机存在相关故障。因此，检测进气管真空度的大小，可以判断出发动机的多种故障。

2.4.2 测量进气管真空度所用的仪器

进气管真空度一般用真空表检测，真空表有机械式和电子式之分，机械式真空表直观、少维护、成本低，目前仍是主流产品。

真空表由表头、软管及不同类型接头组成［如图2-4-1（a）所示的机械式真空表］。

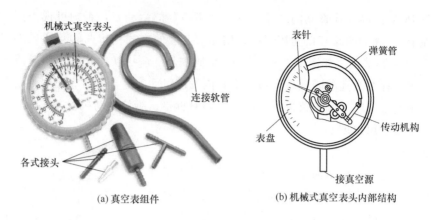

图 2-4-1 真空表组结构及内部构造

使用时将软管一端固定在表头接口上,另一端连接在与节气门后方的进气管所对应类型的接头上,当真空进入机械式真空表头后,真空促动弹性元件——弹簧管变形,从而带动指针在表盘上指示出真空度大小[如图 2-4-1（b）]。这种检测方法无须拆卸零件,快速简便,应用很广。

随着现代汽车检测诊断技术及检测仪器的快速发展,目前很多企业也采用示波器或发动机综合分析仪来观测、分析进气管真空度的动态变化。

2.4.3 测量进气管真空度的方法

① 将变速器置于 P 挡或空挡,拉紧驻车制动器;
② 预热发动机至正常工作温度,然后熄火;
③ 将真空表连接于节气门后方的进气管路接口上(见图 2-4-2);
④ 启动发动机,使其怠速运转,分别进行怠速工况、急加速工况、稳速工况的测试;

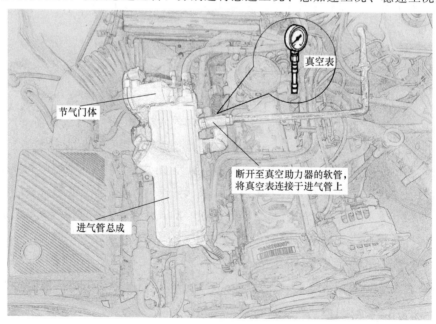

图 2-4-2 将真空表连接于进气管上（俯视图）

⑤ 读取真空表上的压力数值。

2.4.4 检测结果分析

在不同的发动机转速下,可检测到不同数值的进气管真空度(如图2-4-3)。在相当于海平面的高度下测量,发动机正常工作于怠速工况时,真空表的指针应稳定在51～71kPa之间的某个数值(根据具体车型而有所差异),如图2-4-3(a)所示。当迅速开启并立即关闭节气门时,指针随之在6～84kPa左右的范围内摆动[如图2-4-3(b)],随后平稳地恢复到怠速时的正常读数,则说明发动机技术状况良好。

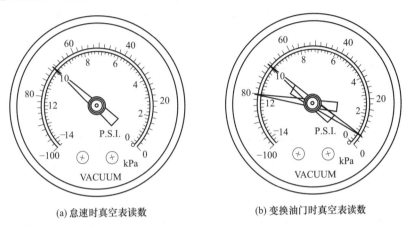

(a) 怠速时真空表读数　　　　(b) 变换油门时真空表读数

图2-4-3 发动机工作正常时真空表的读数情况

如果测试时真空表读数不正常,则应围绕点火正时、配气正时、气缸压力、曲轴箱强制系统、混合气浓稀等方面检查。

① 怠速时若指针指示低于正常值,应对进气管密封情况、活塞环磨损、装配情况进行检查,另外也与点火过迟或配气过迟有关。

② 怠速时真空表若有规律地下跌6～9kPa,应检查是否不工作的火花塞、烧蚀的气门、烧蚀的活塞等情况。

③ 怠速时真空表指针无规律地下跌至10～27kPa,应检查火花塞的工作情况、气门有无卡滞等情况。

④ 怠速时真空表指针在18～65kPa大幅度摆动时,应检查气缸垫是否存在烧坏情况。

⑤ 如果发动机怠速转速过高,且真空值小于17kPa左右,应检查节气门后方的进气总管、歧管、橡胶管路、垫片等地方是否存在漏气故障。

⑥ 发动机刚启动时,指针由较高数值很快跌落到5kPa以下,然后可能逐渐上升至50kPa左右,应检查三元催化器、消音器等排气系统部件是否存在堵塞。

由于进气管的真空度随海拔高度的升高而降低,一般是海拔高度每升高1000m,真空度则减少10kPa左右,因此应根据所在地区的海拔高度对测量值进行必要修正。

检测进气管真空度的大小能够较全面地反映出汽油机相关零部件的状态及空燃比是否合适、点火性能的优劣等情况,通过对进气管真空度的检测结果分析,可较精确地判断出发动机的技术状况和故障部位,具有较高的可信度。

2.5 发动机润滑系统故障诊断

2.5.1 润滑系统的作用

发动机由数以千计的零部件构成,为保证发动机正常工作,各运转零部件之间以很小的配合间隙工作,这会使传力零件间产生摩擦。摩擦不仅会使零件间产生磨损、消耗不必要功率,严重时还会因摩擦生热而导致零件运转表面烧损或热膨胀后零部件发生卡滞无法运转,因此必须设立润滑系统对相互摩擦的零件表面进行润滑,使摩擦表面之间隔一层薄的油膜运行,以减小摩擦阻力。

2.5.2 润滑系统组成及原理

(1) 润滑方式

发动机工作时,由于各运动零件的工作条件不同,所要求的润滑强度和润滑方式也有所不同,可分为压力润滑、飞溅润滑、复合润滑等几种形式。现代汽车发动机一般对负荷大、相对运动速度高的部位采用压力润滑,而对负荷轻、相对运动速度低的部件采用飞溅润滑的复合式润滑。

(2) 润滑系统组成

不同发动机润滑系统总体组成及油路布置方案大致相似,只是由于发动机的结构不同而略有差别,主要由供给装置、滤清装置、调压及仪表报警装置等部分组成,图2-5-1所示为某款发动机润滑系统的组成构图。

① 供给装置主要包括油底壳、机油泵、油道(油管)等部分,用以保证润滑油以一定的压力、流量、路线和润滑部位进行润滑。

② 滤清装置包括集滤器、机油滤清器两部分,用以过滤润滑油中夹杂的各种杂质、胶质,保证润滑油具有足够的清洁度。

③ 调压及仪表报警装置由限压阀、旁通阀、单向阀、油压传感器(开关)、油位传感器、机油压力指示灯等部分组成,这部分起到调压、报警作用,让驾驶员及时了解掌握发

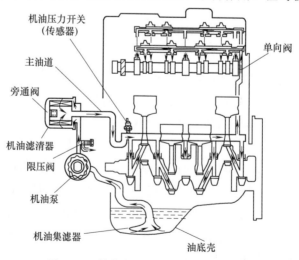

图 2-5-1 某款发动机润滑系统组成构图

动机润滑系统的工作情况，确保发动机安全运行。

(3) 润滑系统工作过程

发动机润滑系统油路的循环路线按过滤方式的不同可分为全流式、分流式和并联式三种过滤方式（如图 2-5-2 所示），目前轿车汽油发动机多采用全流式滤清循环方式。

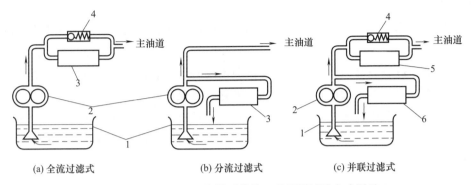

图 2-5-2 润滑系统的三种不同过滤方式图示

1—油底壳；2—机油泵；3—机油滤清器；4—旁通阀；5—机油粗滤器；6—机油细滤器

如图 2-5-3 所示，发动机工作时，机油泵将油底壳中的机油经集滤器吸入，然后将具有一定压力的机油输送到机油滤清器外侧内腔，清洁机油经过滤后从机油滤清器内芯流出进入气缸体中纵向主油道，经主油道通往各道曲轴主轴承的分油道，到达曲轴主轴颈与主轴瓦之间进行润滑，然后经曲柄内的斜油道到达连杆轴颈与轴承之间的间隙进行润滑，并由此经连杆大头上的喷油孔（半浮式活塞销）周期性地将机油喷向左侧受侧压力最大的缸壁和活塞上，以加强该处的润滑和冷却；

在主油道上有一沿气缸体竖直向上的油道进入缸盖油道，通过缸盖油道分别进入凸轮轴各道轴颈及轴承的间隙处润滑，有些车型的发动机机油还会进入液压挺柱、液压可变正

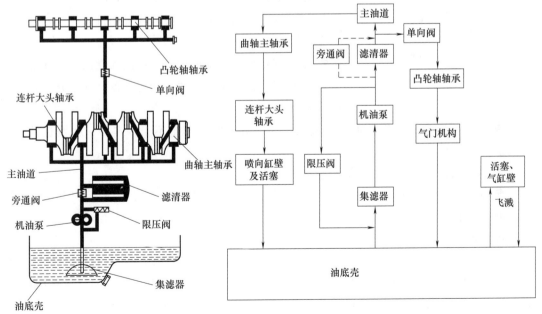

图 2-5-3 润滑系统油路走向

时机构等为其提供工作油压；

上述为压力润滑的路径，而缸盖部分的凸轮、气门杆等部位、活塞及气缸壁等部位的润滑，多数发动机是靠飞溅起来的机油完成润滑的；

完成润滑、清洗、冷却等任务的机油通过缸盖及缸体回油孔道，靠自重回到油底壳中，进行循环工作。

当润滑系统的工作压力超过规定值时，机油泵上的限压阀会开启，使机油压力保持在合理范围内；

当机油滤清器因过脏或其他原因导致机油流通不畅时，安装在机油滤清器内部的旁通阀会开启，此时未经过滤的机油会直接进入润滑油路，以保证发动机的必要润滑。

在通向缸盖中的油路中设置单向阀的目的是：当发动机停机后，保证高处的油道中仍能存有一定量的润滑油，以克服发动机刚启动时润滑油不能及时供给导致某些重要部位润滑不良的弊端。

2.5.3 润滑系统故障诊断

发动机润滑系统的故障主要有机油压力过低、过高以及机油消耗过多等几个方面，其中油压过低的故障较为常见，并且对发动机机械部分的危害最为严重。

(1) 机油压力过低故障诊断

故障现象

发动机工作时，仪表板上的机油压力报警灯点亮或闪亮（如图 2-5-4 所示），或机油压力表的读数始终低于规定值，严重时，会伴随发动机出现异响，此时应及时停机做进一步的详细检查。

图 2-5-4 仪表板中机油压力报警灯的（红色，或黄色）符号

故障原因

油压过低有润滑系统机械部分的原因，也有可能是润滑系统电路故障造成的误报，具体原因如下：

◆ 机油油面过低（润滑油渗漏或发动机烧机油）、黏度过小等原因；

◆ 未按规定换油、油变质或油中混入燃油、冷却液等；

◆ 机油压力报警系统失效，如传感器（油压开关）、警告灯、报警器失效等；

◆ 机油泵异常磨损工作不良，或限压阀、旁通阀等调整不当、卡滞、弹簧过软等，导致泵油压力不足；

◆ 机油集滤器、滤清器或润滑油道等堵塞；

◆ 曲轴主轴承、连杆轴承或凸轮轴轴承配合间隙过大，轴承盖松动等原因，使压力润滑油泄漏量过大，导致机油压力过低。

排除方案

首先将车辆停放在平坦路面，停机等待 2~3min，检查机油的油位是否符合要求（如图 2-5-5 所示，处于上下限之间），如油位不足应检查是因添加不足造成的，还是润滑油存在外部渗漏造成的，以及发动机是否存在烧机油现象，根据具体原因进行有针对性的治理。

若润滑油的油质很差，应更换机油、机滤，必要时对润滑系统进行清洗。

若上述基本检查未发现异响，可拆下机油压力传感器或主油道盲堵，连接机油压力表（如图2-5-6所示），当发动机机油温度达80℃以上、转速在2000r/min左右时，一般机油压力不应低于200kPa（具体参见对应车型维修手册）。若机油压力值符合规定，说明故障在机油压力报警系统电路上，属误报，应检查机油压力报警系统相关器件或电路；若

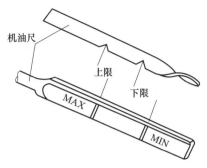

图2-5-5　机油尺的油位刻线

机油压力明显低于正常值或为零，说明压力润滑系统存在真实的故障，应对润滑系统的机油泵、限压阀、滤清器，甚至油道做进一步检查；若润滑系正常，则需检查曲轴主轴承、连杆轴承及凸轮轴轴承等部位的配合间隙，因配合间隙过大造成机油压力过低时，往往伴随着发动机异响的产生，分解发动机之前，应注意听诊。

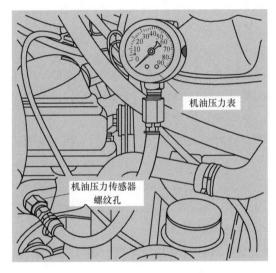

图2-5-6　将机油压力表连接在机油压力传感器的螺孔上

(2) 机油压力过高故障诊断

故障现象

发动机在正常工作温度和转速下，机油压力表的读数始终高于规定值（如某些车型规定油压最高不高于500~700kPa），或出现机油压力传感器等脆弱部件被冲裂等现象。

故障原因

◆ 机油油面过高或机油黏度过大；

◆ 机油压力表、传感器或线路出现故障导致误报；

◆ 机油滤清器或润滑油道有堵塞之处；

◆ 机油泵限压阀失效；

◆ 新装发动机的各轴承间隙过小。

排除方案

首先停机拔出机油尺检查机油量是否过多、检查机油黏度是否过大而导致机油压力升高。若机油量过多，应放出适量机油使机油油位符合正常机油尺标注刻度；若机油黏度过大，说明所用润滑油牌号不对，应更换与发动机匹配的指定型号的润滑油。

若上述检查无问题，可在润滑系统主油路上连接油压表，若连接的油压表显示压力正常，而装在仪表板上的压力表显示机油压力高，则为压力指示系统误报，应对油压表、线路及传感器进行检修；若连接的油压表显示实际压力高，说明润滑系统压力高的故障真实存在，应停机拆检机油滤清器、机油泵，若机油滤清器过脏且旁通阀失效，则对故障滤清器进行更换，检查机油泵的限压阀是否卡滞、失效，必要时更换机油泵总成。

若上述检查均无问题，则应拆检发动机，检查、清洗润滑油道，并用压缩空气吹通，同时检查曲轴主轴承、连杆轴承、凸轮轴轴承等各配合间隙是否过小。

(3) 机油消耗过大故障诊断

发动机在运行时，允许有少量的机油消耗，一般情况下机油的消耗量与燃油的消耗量比值在 0.5%～1%，技术状况良好的发动机机油消耗量甚至可控制在 0.3%～0.6%。若机油的消耗量大于 1%就不正常了。

故障现象

定期（如每几天）检查机油油位时，油面高度逐渐降低，车辆停驻一段时间后，会在发动机舱下观察到滴漏的机油，或发动机运行时，排气管排出大量蓝烟，拆检火花塞发现油污积炭现象严重。

上述故障现象一般不会同时出现，但当出现以上某种现象时，可初步确定为它会导致机油消耗异常。

故障原因

机油消耗过大的原因可分为发动机漏机油和发动机烧机油两种情况，具体原因如下：
◆ 发动机油底壳放油螺塞渗漏；
◆ 发动机各结合面的垫片或轴的油封因老化、损坏、松动等原因而渗漏；
◆ 曲轴箱通风装置通风不良或损坏；
◆ 废气涡轮增压器损坏；
◆ 活塞、活塞环及缸筒的配合间隙过大导致机油上窜至燃烧室；
◆ 活塞环"走对口"、装反、卡滞、折断、弹力不足等原因造成机油上窜至燃烧室；
◆ 气门油封损坏、气门杆与气门导管磨损间隙过大而导致机油被吸入燃烧室。

排除方案

首先检查发动机外部是否有机油渗漏迹象，重点检查油底壳放油螺塞、油底壳密封垫、曲轴前后油封、凸轮轴油封、气门室罩盖等部位是否有机油渗漏，如有应根据渗漏部位进行有针对性的修理。

若发动机的各结合面密封垫片、轴油封等不同部位多处有机油渗出，但又找不出明显的渗油处，应重点检查曲轴箱通风装置是否堵塞，这将造成曲轴箱压力过大而导致发动机不同部位出现渗油。

若发动机外部并无渗漏处，但发动机机油消耗过大的故障确实存在，并且发动机工作时可通过排气管观察到蓝烟排出，拆检火花塞可见火花塞及燃烧室内有积炭现象，据此可判断造成机油消耗过大的原因是发动机燃烧室烧机油，此时可拆检节气门后方的曲轴箱通风装置管路，检查管口是否有机油流出，若有，说明曲轴箱通风系统存在故障，应检查曲轴箱通风系统的油气分离器等装置；若此处曲轴箱通风装置工作正常，对于装有废气涡轮增压器的汽车，可拆下涡轮增压器增压侧较低端的管路，检查是否有机油流出，如有机油流出，说明涡轮增压器损坏或曲轴箱通风装置存在故障，应进一步拆检。

若通过上述检查未发现发动机烧机油的问题，可在发动机工作时，分别拔出机油尺和打开机油加注口盖，观察从这两个地方的"窜气"情况，若从机油尺处"窜气"较大，可怀疑故障为活塞、活塞环、缸筒配合间隙过大等原因造成的发动机烧机油；若从机油加注口盖处"窜气"较大，可怀疑烧机油故障为气门油封损坏、脱落或导管与气门杆配合间隙过大而导致，可根据具体的现象对发动机进行有针对性的检修，必要时对发动机进行大修工作。

需要注意的是，某些车型的曲轴箱通风系统与发动机进气系统关系密切，当打开机油加注口盖或拔出机油尺时，可能造成发动机抖动，甚至熄火，在检修时应予以注意。

2.6 发动机冷却系统故障诊断

2.6.1 冷却系统功用

发动机工作时，气缸内的气体温度可高达 2500℃，这样高温的气体一部分转换为推动活塞连杆的机械能，一部分会成为废热而导致发动机零部件温度急剧升高，若不及时对发动机进行冷却散热，将影响发动机零部件间的正常配合间隙，使发动机产生"拉缸""烧瓦""抱轴"等恶性事故，为保证发动机的正常工作，必须对在高温条件下工作的发动机机件进行冷却，使发动机保持在正常的工作温度。

发动机的冷却必须适度，若发动机冷却不足，会使发动机气缸充气量减少，发动机出现爆震现象，导致其功率下降，还会使发动机零件因高温润滑效果差而加剧磨损；但若使发动机冷却过度，又会造成着火燃烧条件变差，使发动机功率下降、磨损加剧、燃油消耗增加，同时 CO 及 HC 排放增加，使发动机排放性能下降。

目前多数车型发动机将工作温度控制在 85~95℃ 左右。反应在仪表板水温表上时，一般其指针处于表盘刻度中间位置为合适，如图 2-6-1 所示。

2.6.2 冷却系统组成

目前汽车发动机普遍采用的冷却方式为闭式强制循环水冷方式。图 2-6-2 所示的是闭式强制循环水冷系统结构简图，其主要由冷却水泵、缸体及缸盖水套、散热器、节温器、管路、冷却风扇及感温报警

图 2-6-1 水温表指针的正常指示位置

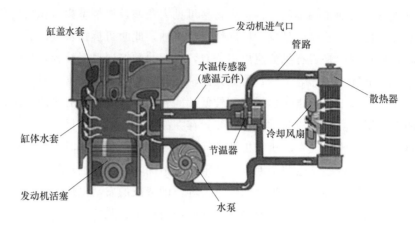

图 2-6-2 闭式强制循环水冷却系统的组成

电路等部件组成。

2.6.3 冷却系统工作原理

水冷式发动机利用安装在缸盖出水口或缸体入水口处的节温器，根据水温高低自动控制发动机大小循环的进行，使发动机保持在适宜的温度下工作。

当发动机温度较低时，节温器的主阀门关闭至散热器的大循环通路，发动机冷却液进行小循环流动。如图 2-6-3（a）所示，冷却液经水泵增压后，经由缸体水套、缸盖水套吸热后到达缸盖出水口，从缸盖的出水口经节温器副阀门进入暖风水箱及小循环管路，再进入水泵进行小循环，由于冷却液此时不经过散热器散热，可使发动机温度较快地提高。

随着发动机水温的提高，节温器中的石蜡因融化而开始体积膨胀，推动主阀门打开一定开度，而副阀门也未完全关闭，仍处于部分开启状态，此时冷却液既流经小循环水路，也有部分冷却液流经大循环路线的散热器，冷却水路进入混合循环状态。

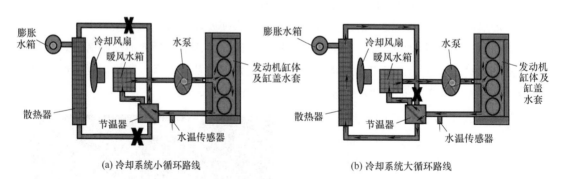

图 2-6-3 冷却系统水路循环路线

当发动机冷却液的温度升高到一定值时（视车型而异，如有些车型为 87℃），节温器的主阀门全开，同时副阀门被关闭，如图 2-6-3（b）所示，散热器的通路被完全打开，使冷却系统进入大循环状态，加强对冷却系统的散热。

当发动机冷却系统水温通过水路大循环也不能有效降低时，冷却控制系统将启动冷却风扇对水箱散热器进行强制风冷散热，以将发动机水温控制在正常范围内。

当冷却系统温度因故升高到不可控的高温时，冷却控制系统将点亮仪表板上的红色水温警告灯，某些车型还会发出高温警告音或文字提示，以进一步引起驾驶员的重视。当出现高温报警时，驾驶、维修人员应采取合理措施及时停机，以免发动机因高温造成"烧瓦""抱轴"等恶性故障。

2.6.4 冷却系统故障诊断

(1) 发动机水温过低故障诊断

故障现象

运行中的汽车，水温表的指针经超长时间才能达到正常的工作位置，或根本不能达到正常工作位置，有时候会伴有暖风不热及燃油消耗异常等现象。

故障原因

- ◆ 水温表或水温传感器及其电路有故障，造成指示偏差；
- ◆ 在寒冷地区，未做好车身保温工作；
- ◆ 散热风扇因故常转或温控开关失效；
- ◆ 未装节温器或节温器失效。

排除方案

如在寒冷地区行驶，应检查散热器的百叶窗（如配有）是否关闭，必要时采取合适的保温措施；如环境温度正常，可打开机舱盖，检查散热器风扇是否处于常运转状态，若是，应检查温控开关及风扇控制电路是否存在故障，若散热风扇工作正常，可检查散热器的上下水管温差情况（防止烫伤），若温差很大或均很热，且暖风热量足够，初步判断冷却系统工作正常，可检查水温表指示系统工作是否异常，重点检查水温表、水温传感器及其电路等方面，若散热器上下水管温差不大且偏低，应拆检节温器，视情况安装或更换新的节温器。

(2) 发动机水温过高故障诊断

故障现象

发动机运行时，水温表指针超过正常工作位置，甚至达到表盘的红色区域，红色水温报警灯点亮，有时候会伴有冷却液沸腾、发动机爆震、早燃等现象。

遇此情况，应选择安全地带及时停车、发动机熄火，以免造成"烧瓦""抱轴"等恶性发动机故障。

故障原因

- ◆ 发动机长时间大负荷、超载运行；
- ◆ 冷却液液面过低；
- ◆ 水温指示系统异常，造成误报；
- ◆ 冷却系统水垢过多，使发动机冷却效能下降；
- ◆ 节温器失效；
- ◆ 散热器风扇不运转、运转速度不够或反向转动；
- ◆ 散热器等冷却系统部件有堵塞之处；
- ◆ 水泵皮带过松打滑或折断；
- ◆ 水泵损坏；
- ◆ 发动机点火过迟等其他原因。

排除方案

若发动机存在长时间大负荷、超载运行情况，应即刻卸除发动机负载，使发动机怠速运行至水温恢复正常状态。

若发动机载荷正常，但仍出现高温情况，应进行以下检查：

打开发动机舱盖（预判此时的冷却系统处于高温高压状态，应避免打开散热器盖等操作！），检查储水罐中的防冻液液位是否正常，如过低，应检查冷却系统外部有无泄漏及发动机有无"烧水"现象，如有泄漏或燃烧室内部"烧水"，应根据具体情况维修或更换；如上述检查无故障，说明防冻液缺少属正常消耗但未及时添加，可等冷却系统温度及压力降低后，进行补水作业；若冷却系统液位正常，可结合诊断仪的数据流功能读取水温实时数据，必要时结合红外测温仪等设备检查实际温度，若实际水温并不高，但水温表及水温报警系统指示水温高，说明故障为水温指示系统误报，应对水温指示系统进行检修；若实际水温也偏高，可检查散热器上下水管温差（避免烫伤），若温差很大，说明冷却系统不能通过散热器进行大循环，应拆检节温器，同时检查散热器等部件是否存在堵塞、冷却系统是否存在水垢导致冷却效能下降等，根据检查的结果进行有针对性检修；若散热器上下水管无温差且很热，应检查散热器冷却风扇能否在规定的温度下正常启动、转动方向是否正确，若冷却风扇不能正常工作，应检查冷却风扇及冷却风扇的供电和控制电路。

另外，冷却水泵的驱动皮带打滑或折断、冷却水泵损坏等均会造成冷却系统循环不畅或根本不能循环，同样会造成发动机高温故障，在检修时也应作为重点检查。

若经上述检查未发现异常，说明冷却系统高温并非冷却系统自身造成的，应检查发动机是否存在点火过迟等其他原因，进行冷却系统以外的故障诊断。

2.7 发动机排气压力故障诊断

2.7.1 发动机排气管系统组成及原理

发动机排气管系统由排气歧管、排气总管、三元催化器（主、副）、软连接、消音器、排气管等部分组成（如图 2-7-1 所示）。其作用是汇总各缸的废气，以尽可能小的阻力和噪声，使其按规定路线，安全、较环保地排入大气中。

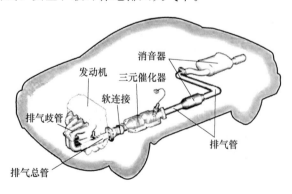

图 2-7-1 排气系统组成

排气歧管收集各缸的废气后进入排气总管，为避免排气干扰，某些车型使两不相邻排气气缸的排气歧管先汇总后再进入排气总管（如图2-7-2）。

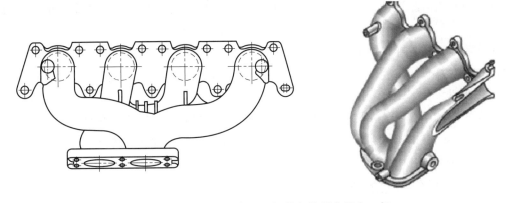

图 2-7-2　不相邻排气的两缸排气歧管布置在一起

废气经总管后进入蜂窝状的三元催化器（图2-7-3），使废气中的有害污染物在三元催化器的作用下得到净化，有些车型为了使排气更环保，装有两级三元催化器，后级的三元催化器可在发动机高速时起辅助净化的作用，经三元催化器排出的尾气通过排气管路进入消音器中，消音器根据车型不同而个数不同，其结构如图2-7-4所示，通过多次变动排气气流方向，或重复地使气流通过收缩又扩大的断面，又或者将气流分割成许多小的支流并沿着不平滑的面流动等多种方式，消耗废气当中的能量，使排气温度及压力有效降低，经消音器的尾管安全地排入大气中。

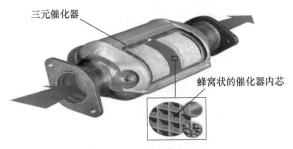

图 2-7-3　蜂窝状的催化器内芯使尾气环保，
但也增加了排气阻力

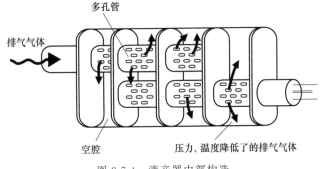

图 2-7-4　消音器内部构造

2.7.2　测量排气系统压力的意义

发动机排气压力又称为排气背压，是指排气门后方的排气管中的压力。排气背压正常与否对发动机燃油经济性、动力性等方面有着重要影响，是检修发动机故障时重要参数之一。

在低转速工况，排气背压过小，会导致做功行程接近终了时的压力损失较多，降低了发动机的扭矩；而排气背压过大，导致充气损失增加，发动机燃烧效率下降，功率输出降低，燃油经济性恶化。

正常的排气背压，既可避免做功后半行程压力的损失，又能够排出在自由排气阶段的大部分废气，减小在强制排气阶段活塞上行的排气消耗功，因此合理的排气背压对发动机的性能至关重要。

2.7.3　测量排气压力的方法

检测排气压力前，应首先确定发动机的工作温度、点火正时、配气相位及进气系统的密封性能等项目均正常，否则会影响测量结果的准确性。

目前测量发动机排气压力采用压力表测量法、废气分析仪测量法及进气歧管真空度测量法等几种方法，压力表测量法所测得的数据直接、准确，且相对简单易行，成本也低，是检测排气压力较常用的方法。下面以压力表测量法为例说明测量排气压力的步骤及注意事项。

① 用专用工具拆下三元催化器的前氧传感器；
② 在该处拧入耐高温的排气压力测量表（如图 2-7-5 所示）；
③ 启动发动机，使其达到正常工作温度；
④ 读取怠速时压力表上的显示数值，并记录；
⑤ 将发动机提速至 2500～3000r/min；
⑥ 读取此时压力表上显示的数值，并记录；
⑦ 关闭发动机，拆卸压力表组件，安装氧传感器。

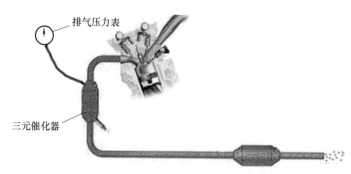

图 2-7-5　将排气压力测量表安装在前氧传感器螺孔处

技术标准：

所测得排气管的压力值，一般怠速时不应超过 8kPa，2500～3000r/min 时不超过 15kPa 为正常。

注意事项：

① 拆装氧传感器时，应小心操作，避免撞击、磕碰，防止氧传感器的损坏；
② 具有耐高温胶管的压力表，其测量时间不宜过长，否则可能造成其损坏；
③ 测量处为高温部件，应做好防护工作，避免烧烫伤、失火事故。

2.7.4 排气系统压力异常的故障诊断

发动机排气压力异常，多数情况下是指排气压力过高。

故障现象

排气压力异常往往伴随发动机加速无力，进气管回火，急加速时熄火等现象，严重时会表现为发动机供油、点火正常，但发动机却不能启动的故障现象；

采用断缸法时，在排气管尾端不会感觉到明显的异常"突突"排气声；

用排气压力表检测，排气压力数值超过规定数据。

故障原因

在发动机点火正时、配气相位等均正常的情况下，可能由下列原因导致：

◆ 排气管路碰瘪；
◆ 消音器堵塞（如内部结冰）；
◆ 三元催化器堵塞。

排除方案

① 举升车辆，检查排气管路有无因磕碰等原因造成的排气管弯折、变形，若有，应视情况校正或更换损坏的部分；

② 在寒冷的冬季，应检查消音器内是否积水过多、结冰膨胀，导致排气管或消音器堵塞，若是，应采取正确方法融冰，必要时在易积水、结冰的最低处钻以排水孔，以避免结冰现象的发生；

③ 如经上述检查无问题，可拆卸三元催化器，检查其内芯有无破碎、堵塞，如有，更换三元催化器即可解决。

2.8 发动机失火故障诊断

2.8.1 发动机失火的概念及分类

发动机失火是指由于点火系统、供油系统、气缸压力异常或其他原因造成的气缸内混合气燃烧不充分或不能燃烧的现象。

根据不正常燃烧的程度，失火分为部分失火和完全失火。部分失火是指混合气在气缸内燃烧不完全；而完全失火是指混合气在气缸内并没有燃烧做功。

根据失火在工作循环中出现的频率，失火又可以分为连续失火和单次失火，连续失火是指在发动机工作过程中，失火气缸连续发生失火的现象；单次失火是指在发动机工作过程中，失火气缸有时正常工作、有时失火的现象。

发动机失火是汽油发动机常见的一种故障现象，对车辆及环境的危害较大，遇此故障应及时检修。

2.8.2 发动机失火的危害

发动机发生失火故障后，会造成发动机工作不稳，动力性能下降，燃油经济性变差，同时由于燃烧不完全的混合气在排气系统中继续燃烧，增加了三元催化器的负担，甚至造成其因高温而损坏，这样排出的废气亦处于不达标的状态，加剧了对环境的污染。

2.8.3 发动机失火的故障现象

发生失火故障时，发动机的动力性能下降，燃油消耗加大，严重时发动机抖动，某些车型还伴随着加速时排气管"放炮"的现象，期间发动机故障灯点亮或闪亮，排气尾管处发出"突突"的异常排气声音，若检测尾气排放为不达标状态。

2.8.4 发动机失火的原因

发动机失火主要表现为某缸（或多缸）不工作或工作不良。导致气缸失火的故障主要有以下原因：

◆ 点火系统故障（点火正时错乱，火花塞间隙不正常、积炭、击穿，高压线漏电、点火线圈断路、短路，点火模块及线路故障等）；

◆ 供油系统故障（燃油压力过低、过高，喷油嘴线圈断路、短路、机械卡滞等）；

◆ 进气系统故障（空气滤清器堵塞，进气系统漏气等）；

◆ 气缸压力不足（配气机构故障，活塞、活塞环与气缸壁之间密封不严，气缸垫损坏等）；

◆ 发动机电控系统其他故障。

2.8.5 发动机失火的监测方法

发动机失火的故障较常发生，且危害较大，因此，多数发动机的控制系统中均具有失火监测功能，当发生失火故障时，及时点亮故障灯和停止故障缸的燃油喷射，以起到保护发动机相关部件、减少环境污染的目的。

失火监测的方法有很多种，但具体可分为曲轴转速波动监测法、缸内压力检测法、点火反馈监测法、离子电流监测法等几种。

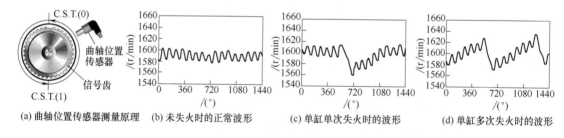

(a) 曲轴位置传感器测量原理　(b) 未失火时的正常波形　(c) 单缸单次失火时的波形　(d) 单缸多次失火时的波形

图 2-8-1　曲轴转速波动监测法

(1) 曲轴转速波动监测法

发动机正常工作时，由于有压缩、做功的行程，曲轴存在加速、减速的过程，而失火会造成失火气缸无法正常做功，使得发动机缺少一次应有的加速过程，造成转速波动较大。因此可以通过曲轴位置传感器分析转速波动的非规律性来诊断是否发生失火故障（如图 2-8-1 所示），而结合凸轮轴位置传感器便可判断出失火到底发生在哪个气缸。这种监测方法简单易行，被多数车型广泛采用，但其对失火的判断条件比较苛刻，如在道路颠簸、急加速、急减速等工况或飞轮松动等原因均会使发动机转速和输出转矩发生不同程度的波动，必须有一套精确的内部算法以避免误判的发生，以确定是否该执行失火监控功能。

(2) **缸内压力检测法**

由于发动机气缸内的压力与燃烧有直接的关系，因此可以通过检测缸内压力的变化来判断发动机是否失火。这种方法的特点是发动机在高速、大负荷条件下，失火的气缸压力与正常燃烧时的气缸压力有很大的差异，失火比较容易检测；而在低速、小负荷时，这种缸压差异不够明显，因此需要通过实际缸内有效平均压力（IMEP）与正常燃烧时（或正常燃烧的气缸）的平均有效压力进行比较，得出燃烧的状况，判断是否发生了失火故障。

这是一种最基本、最准确的测量方法，但是需要在每个气缸上安装一个成本较高的压力传感器，安装也不方便，而且发动机各种工况下正常工作时的 IMEP 数据不容易得到，因此在实车应用中并不积极。

(3) **点火反馈监测法**

汽油发动机在压缩终了行程时采用电火花点燃方式，若点火系统不能正常工作，将造成可燃混合气无法燃烧、做功，不但造成燃油的浪费，还会导致三元催化器因过热而损坏，尾气排放超标等故障。因此在丰田等系列车型的点火系统上，采用点火反馈系统，它采集点火时初级点火线圈切断或次级线圈的感应电压作为信号，经整理后给发动机控制单元（ECU）发送一个点火成功的"IGF"反馈信号，在工作过程中，若 ECU 连续几次未收到"IGF"信号，则认为此缸点火不成功，处于失火状态，会停止故障缸的喷油，以免造成催化器过热及排气污染。

(4) **离子电流监测法**

这是一种新型的失火检测方法，它以发动机的火花塞电极作为传感器，火花塞点火时，发动机缸内可燃混合气在燃烧过程中会生成离子和自由电子，通过外加在火花塞正负极之间的直流偏置电压，从而在电极间形成持续的离子电流，离子电流的变化规律与曲轴转角、气缸内可燃混合气的燃烧情况有关，将被检气缸的离子电流变化规律与气缸工作正常时的离子电流变化规律相比较，就可以判断出相应的气缸是否存在失火现象。

2.8.6 发动机失火的故障排除方案

① 首先确定哪个气缸或哪几个气缸存在失火现象，连接故障诊断仪，在发动机运转的情况下，查询有无失火故障缸的故障代码，并结合诊断仪的动态数据流功能，监测故障缸的具体失火情况。

如果不能通过诊断仪得到基本的有效信息，可采用"断缸法"，即在发动机工作时，人为地停止某个气缸的工作（如暂时停止某缸的喷油或点火），若断缸后发动机转速明显下降或抖动加剧，则可判断所断的气缸工作情况良好，若断缸后发动机转速下降不明显或抖动不明显，则可判断此缸工作不正常或不工作。

② 检查失火气缸的火花塞是否正常（间隙是否合适、有无积炭、有无击穿漏

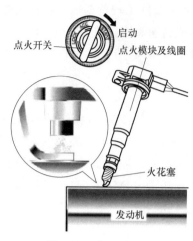

电），如火花塞自身存在故障，更换后即可解决问题；若火花塞无问题，可做失火气缸的高压跳火试验（如图 2-8-2 所示），若火花弱或无火花，可检修点火系统的供电电源、高压线、点火线圈等部件，根据检修结果更换故障部件即可。

③ 若点火系统正常，可在发动机工作时，用听诊工具抵在喷油器体上（如图 2-8-3 所示），检查喷油器有无"嗒嗒"的工作振动，如未听到工作声音，可本着由简到繁的原则检查喷油器电阻、插接器、线路及 ECU，若能听到工作声，不代表喷油器工作完全正常，因为喷油器仍可能存在堵塞、滴漏、雾化不良、喷油量异常等机械故障，从而导致发动机出现失火，怀疑此故障可利用喷油器清洗机对喷油器进行清洗，检查，如清洗后效果仍不明显，应更换喷油器。另外，在拆检喷油器前采用喷油器免拆清洗法，也是一种不错的尝试。

图 2-8-2　高压跳火试验的方法

④ 若点火及供油系统均正常，可按照检测缸压的标准流程对气缸压力进行检测，若检测的缸压低于规定数值，应检查发动机换气系统有无堵塞、积炭，正时传动机构有无跳齿，必要时对发动机进行进一步深入拆检、修理。

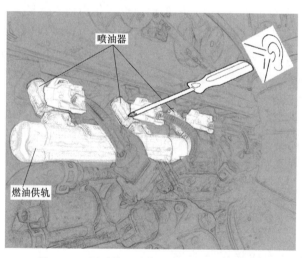

图 2-8-3　用听诊工具检查喷油器的工作情况

⑤ 某些时候失火故障是轻微的、不连续的，这就给诊断带来了一定的困难。此时可借助诊断仪对影响混合气形成及燃烧的各参数（如喷油量、进气量、点火正时、燃油压力、氧传感器、水温等）进行检查，必要时借助示波器对影响供油及点火的相关传感器、执行器、线路等进行深入检测，通过数据分析、结合经验最终找出故障所在。

⑥ 有时失火故障并不是真的存在，而是监控部分出了问题，从而导致发动机故障灯点亮。如采用曲轴转速波动监测法的发动机失火监测系统，可利用诊断仪的"齿讯学习"功能进行学习，以消除误报现象。

2.9 发动机尾烟故障诊断

2.9.1 发动机正常排烟颜色

发动机工作正常时,燃料在气缸内燃烧做功后生成废气通过排气管排出机外。当燃料完全燃烧时,排出的废气中主要含有水蒸气、二氧化碳和氮气,因此废气的颜色一般为浅灰色或是无色透明的。在天气寒冷时,由于排气管的温度较低,排气管中的水蒸气会因遇冷而以白色烟雾的形式排出,水蒸气甚至在排气管壁上凝结成水珠汇集后被排气压力冲出,是正常的排气现象。

2.9.2 发动机异常排烟颜色

当发动机工作不正常或燃料燃烧不完全时,废气中会伴有碳氢化合物、一氧化碳、氮氧化合物及碳烟等有害物质,这会使废气呈现出黑色、蓝色、白色等异常的排烟颜色。

发动机的排烟颜色直接反映了发动机的技术状况及燃料的燃烧情况。因此,汽车使用及维修人员可以通过发动机的排烟颜色判断发动机的技术状况是否正常。

2.9.3 发动机异常排烟的故障诊断

(1) 排气冒黑烟

故障现象

发动机工作时,排气管中排出黑色烟,可能有"放炮"现象,另外还伴随有燃油消耗增加、发动机动力性下降等情况。

拆检火花塞,发现火花塞探入燃烧室部分及燃烧室中有大量较潮湿的黑灰、积炭。

故障原因

排气中的黑烟是在高温、高压的燃烧条件下,局部缺氧、裂解并脱氢而形成的以碳为主要成分的固体微小颗粒,是燃料未完全燃烧造成的。可能由下列原因导致:

◆ 进排气系统堵塞,造成进气不充分;
◆ 燃油供给系统故障(如油压过低、过高,喷油器喷油量大、雾化不良等);
◆ 点火正时失准;
◆ 点火系统高压火弱;
◆ 气缸压力不足;
◆ 与主控、修正燃油量相关的传感器信号中断或信号漂移等。

排除方案

连接故障诊断仪,检查有无相关故障代码,查看相关数据流(如进气量、点火正时、喷油量、氧传感器等数据),如有故障代码或相关数据显示异常,可结合故障现象根据诊断仪具体的分析、判断,进行有针对性的维修。

若不能从诊断仪得到有效信息,可拆检空气滤清器,如空气滤清器过脏引起进气阻力过大,可用压缩空气清洗或更换空气滤清器,同时可利用真空表或排气背压表检查排气系统有无堵塞,如有堵塞应对排气系统进行拆检。

若进排气系统无故障,可拆检火花塞,检查火花塞是否有因积炭、间隙过小等原因造成的高压火弱，若火花塞正常，但高压火弱，可检查点火线圈及点火线圈的供电是否正常，对故障部位进行更换或检修。

若高压点火系统工作正常，可连接燃油压力表对燃油压力进行检测，过低的燃油压力会造成燃油雾化不良而燃烧不完全，过高的燃油压力会导致供油量过多而使混合气过浓。如燃油压力过低，应检查燃油泵及其供电电压是否过低、燃油滤清器有无堵塞、油压调节器是否失效等方面；如燃油压力过高，应检查燃油泵的供电电压是否过高、油压调节器是否失效、回油管路是否堵塞等方面，并根据检查的结果对故障的部件进行维修或更换。如燃油压力正常，可检查喷油器是否存在卡滞、关闭不严滴漏、雾化不良等情况，如有，应对喷油器进行清洗或更换。

若通过上述检查未发现问题，可对故障发动机进行气缸压力测试，如气缸压力过低，检查正时传动机构有无错齿现象，如有错齿应检查原因并进行重新调整，如正时传动机构正常，应拆检发动机，修理发动机机械部分，排除气缸压力过低导致的混合气燃烧不完全故障。

另外，发动机工作在超负荷工况下，或制动系统有拖滞、抱死现象，均可能造成发动机排黑烟，应注意区分，避免误拆、误检造成故障的扩大化。

(2) 排气冒蓝烟

故障现象

发动机工作时，从排气管出口处观察到蓝色烟雾，发动机动力性及燃油经济性下降（某些情况下会使发动机动力在一段时间内有所提升）。

拆检火花塞，可观察到火花塞积炭严重。

多数情况下，会伴随着机油消耗量过大。

故障原因

发动机排气冒蓝烟主要是过量机油在燃烧室燃烧而导致的，出现这种故障的原因有：
◆ 机油加注过多或过稀；
◆ 曲轴箱通风装置工作异常（如 PCV 阀失效）；
◆ 废气涡轮增压装置工作异常（如增压器油封损坏）；
◆ 发动机内部机械故障（如活塞、活塞环、缸筒配合间隙过大，气门油封损坏等）。

排除方案

停机等待 2～3min 后，拔出机油尺或通过电子油尺检查机油液位是否超过上限，如超上限，应放出多余的机油；检查机油是否过稀，如过稀，应更换规定牌号、品质符合要求的机油。

若机油加注量及黏度符合要求，可拔下曲轴箱通风装置低处的管路接口，检查是否有液体机油的存在，如有，可检查曲轴箱通风装置的油气分离器的油气分离功能是否正常，检查 PCV 阀的流量控制情况是否正常，如有异常，可对故障部件进行修理或更换。

若曲轴箱通风装置正常，可拆下涡轮增压器低处的增压管路，检查有无液体机油存在，如有，应拆检涡轮增压器，必要时更换增压器总成。需要注意的是，带有涡轮增压装置的车辆，为满足中高速时曲轴箱通风的要求，曲轴箱通风管路也会连接在涡轮增压器的入口处，若曲轴箱通风装置异常，也可能会造成涡轮增压器的增压端管路出现液体机油，在检修时应注意区分。

若通过上述外围检查未发现异常，说明燃烧室进入过量机油是由发动机内部部件故障引起的，可拆解发动机，对气门组件、活塞连杆组件、缸筒及气缸垫等检测，根据具体情况进行修理或更换。

另外，处于磨合期的发动机，在磨合初期的一短段时间内，会出现排气冒蓝烟的情况，若磨合好后排气不再冒蓝烟，此属正常现象，不用修理。

(3) 排气冒白烟

故障现象

发动机工作时，在排气管出口处可观察到冒白烟，发动机动力有所下降，燃油经济性变差，严重时发动机出现抖动现象，这种故障还常常伴随着冷却液消耗过快，冷却系统压力过高、温度过高等现象。

拆检火花塞，会发现火花塞电极部分被冲刷得很干净。

故障原因

发动机排气冒白烟主要是由于燃烧室有水分掺入造成的，可能由下列原因导致：

◆ 燃油质量差，含水量过多；
◆ 发动机冷却液窜入燃烧室（如气缸垫损坏，缸盖、缸体水套与燃烧室间有裂纹等）。

排除方案

检查燃油中是否含有过量水分，如有，应放出油箱中所有的燃油，同时对燃油箱进行清洗，放出的油沉淀48h后取上层燃油使用，或直接更换燃油。

若燃油方面检查正常，但发动机冷却液消耗过快（无外部泄漏），且冷却系统储水罐中频繁有气泡冒出，并伴随着冷却系统高温等现象，可怀疑发动机内部"烧水"，在必要时应拆检发动机，检查发动机气缸垫有无烧蚀，结合平面有无穴蚀，缸体、缸盖水套有无腐蚀、裂纹现象，根据具体的情况，对发动机损坏的部件修理或更换。

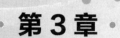

第 3 章

电控发动机传感器故障诊断

作为汽车发动机电控系统的重要组成部分，传感器是为发动机电控模块 ECM 提供各种重要信息的信号输入端，如果传感器出现异常或失效等故障，ECM 将无法接收或接收到错误的信息而对发动机的控制造成严重后果，因此，对电控发动机的传感器进行正确的故障诊断意义重大。本章重点介绍电控汽油发动机（电控柴油发动机可以参照）各主要传感器的功能特点、失效症状和故障诊断方法。

3.1 冷却液温度传感器

3.1.1 位置

冷却液温度传感器（Engine Coolant Temperature，ECT），位于发动机气缸盖、气缸体或是水管的水道上，通常安装在节温器壳体上，如图 3-1-1 所示。对于使用电子节温器的发动机，一般安装两个冷却液温度传感器：一个位于节温器壳体上，另一个位于散热器出口处。

图 3-1-1 冷却液温度传感器安装位置

3.1.2 作用

冷却液温度传感器用于监测发动机冷却液的温度，并把该温度信号作为发动机的温度信号输送给发动机控制模块 ECM，ECM 根据此信号实现以下的控制。

（1）喷油量控制

在发动机启动时，ECM 根据冷却液温度传感器的温度信号和曲轴位置传感器（CKP）的转速信号控制启动喷油量以及启动后的喷油增量，喷油增量的比率在刚启动后最大，之后逐渐减少。

 提示

在发动机启动过程中，由于转速较低，进气气流波动较大，空气流量计或进气歧管绝对压力传感器所检测的进气流量（或压力）信号失真，ECM无法根据这些信号计算喷油量。

(2) 喷油量修正

发动机冷却液温度越低，燃油雾化效果越差，喷油量就要求越大，以保证发动机低温时的运转性能，并实现快速暖机。

(3) 点火提前角修正

混合气的燃烧速度受冷却液温度影响。通常情况下，冷却液温度越低，混合气燃烧速度越慢，点火提前角应越大；反之，冷却液温度越高，点火提前角应越小。

 提示

当发动机处于急速工况时，如果冷却液温度过高，ECM将适当增大点火提前角，避免发动机长时间过热。

(4) 怠速控制

冷却液温度是影响发动机怠速转速的重要因素。通常温度越低，发动机怠速转速越高，以保证发动机运转平稳，随着温度上升，怠速转速将逐渐降低，直至正常怠速转速。

 提示

即使温度再低，发动机的怠速转速通常也不会超过 2000r/min。这是因为怠速的高低还受控于节气门的开度，ECM界定节气门开度在一定的开度百分比内（如7%～12%为正常怠速范围）为冷车高怠速和正常怠速的工况范围，而这个开度不足以使发动机转速超过 2000r/min。

(5) 冷却风扇控制

ECM根据冷却液温度传感器信号控制电子冷却风扇是否转动以及转速的高低。

(6) 混合气开环和闭环控制

当冷却液温度较低时，为了获得良好的启动性和动力性，ECM不采集氧传感器信号，这种情况下 ECM 对混合气进行开环控制。

当冷却液温度达到一定值（如发动机正常工作温度）后，且发动机处于怠速或匀速运行工况下，ECM 会采集氧传感器信号对混合气进行闭环控制。

(7) 燃油蒸发系统（EVAP）控制

当发动机达到正常工作温度后，ECM才会控制EVAP系统的炭罐吹洗电磁阀打开。

(8) 空调压缩机控制

为了防止发动机因过载而发生过热状况,当冷却液温度高于设定温度时,ECM 会控制空调压缩机离合器断开,当冷却液温度降至设定温度以下时,ECM 才会控制空调压缩机离合器重新吸合。

3.1.3 电路与信号特点

冷却液温度传感器是一个具有负温度系数（NTC）特性的热敏电阻,其结构如图 3-1-2 所示。

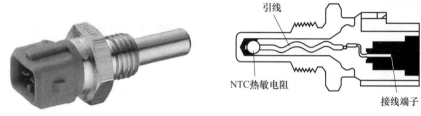

图 3-1-2　冷却液温度传感器的结构

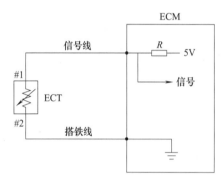

图 3-1-3　冷却液温度传感器电路结构

(1) 电路结构

冷却液温度传感器的电路结构如图 3-1-3 所示,由信号线和搭铁线两条线路组成（信号线同时也是 ECM 提供 5V 参考电压的线路）,且两条线路均与 ECM 连接。冷却液温度传感器中的热敏电阻与 ECM 中的电阻 R 构成一个串联分压电路,电阻 R 阻值固定,而冷却液温度传感器中的热敏电阻阻值会因发动机冷却液温度的变化而改变。不同温度下冷却液温度传感器热敏电阻分得的电压值即为传感器向 ECM 输送的信号。

(2) 信号特点

① 冷却液温度传感器的热敏电阻具有负温度系数特性,即:冷却液温度越高,电阻值越低,如图 3-1-4 所示。

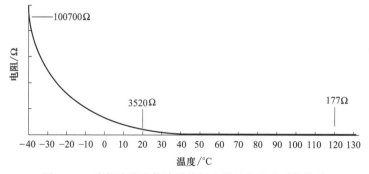

图 3-1-4　冷却液温度传感器热敏电阻的负温度系数特性

② 冷却液温度传感器向 ECM 输送的是电压信号,其信号特点是:随冷却液温度升高,信号电压逐渐降低,信号电压范围在 5～0V 之间,如图 3-1-5 所示。

3.1.4 故障类型与症状

(1) 电路故障

冷却液温度传感器常见的故障是电路故障，主要包括电路断路和短路：当传感器电路断路或传感器信号线路对电源短路时，ECM 会检测到冷却液温度低于规定值的下限（例如：别克君威汽车的冷却液温度下限值为 -39℃）；当传感器信号电路对搭铁短路时，ECM 会检测到冷却液温度高于规定值的上限（例如：别克君威汽车的冷却液温度上限值为 149℃）。此时，ECM 会设置故障码，点亮故障灯，同时启动电子冷却风扇（无论发动机温度高低），并采用一个事先设定的常数来作为冷却液温度信号的代用值（如 92℃）。

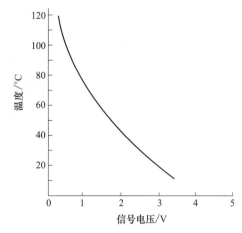

图 3-1-5 冷却液温度传感器电压信号曲线

当发生上述故障时，发动机在不同的情况下会表现出不同的症状：

① 当发动机处于正常工作温度时，发动机的启动和运行基本正常，除了电子冷却风扇常转不停。

② 当低温冷车启动时，会出现不易启动或启动困难的现象（因为此时 ECM 采用发动机正常工作温度的数值作为冷却液温度的替代信号，从而使低温起动时喷油量偏少或过少，影响了发动机的顺利启动）。

(2) 传感器性能故障

当冷却液温度传感器的性能出现问题时，其信号会发生偏移，但又没有超出信号规定值的上限和下限范围，这种情况下，ECM 将无法识别传感器的异常，因此不会设置故障码，也不会点亮发动机故障指示灯，但可能出现发动机启动困难（特别是冷启动）、怠速不稳、易熄火、发动机性能不良等症状。

3.1.5 故障诊断

 提示

汽车电控元件和电控系统的故障诊断，通常都遵循"初检（多采用人工经验检查）→车载诊断系统诊断（OBD-II 诊断）→仪器设备诊断"的故障诊断流程。

(1) 人工经验检查

通过目视检查冷却液温度传感器外观是否洁净、线束插头是否完好、线束是否破损/断裂，必要时可采用插拔、摇动等方式检查传感器的插接器是否松脱、接触不良等。

(2) 车载诊断系统诊断故障

① 故障码查询　利用诊断仪器查询 ECM 存储的冷却液温度传感器故障码，以便引导维修人员快速准确地找到故障方向或故障点。与冷却液温度传感器相关的故障码如表 3-1-1 所示。

表 3-1-1　与冷却液温度传感器相关的故障码

故障码	含义	故障码设置说明	可能的故障原因
P0115	冷却液温度传感器电路故障	ECM 检测到当前的发动机冷却液温度与点火开关打开时温度的差值≤3℃ ＊故障灯点亮	①冷却液温度传感器电路存在断路或短路 ②冷却液温度传感器 ③节温器关闭不严 ④ECM 故障
P0116	冷却液温度传感器性能故障	冷却液温度传感器与进气温度传感器的温差超限 ＊故障灯点亮	①冷却液温度传感器电路存在断路或短路 ②冷却液温度传感器 ③ECM 故障
P0117	冷却液温度传感器电路电压过低	ECM 检测到发动机冷却液温度过高 ＊故障灯点亮	①冷却液温度传感器内部短路 ②冷却液温度传感器线路对搭铁短路 ③ECM 故障
P0118	冷却液温度传感器电路电压过高	ECM 检测到发动机冷却液温度过低 ＊故障灯点亮	①冷却液温度传感器内部断路 ②冷却液温度传感器线路开路 ③ECM 故障
P0119	冷却液温度传感器电路间歇性故障	ECM 检测到发动机冷却液温度发生间歇性故障或突然发生改变并持续一段时间，如 4s 以上 ＊故障灯点亮	①冷却液温度传感器线路 ②冷却液温度传感器 ③ECM 故障
P0128	冷却液温度低于节温器调节温度	ECM 检测到发动机冷却液温度一直低于节温器调节的标定温度 ＊故障灯点亮	①节温器 ②冷却液温度传感器线路接触不良（导致电路电阻增大）

② 数据流读取与分析

a. 在查询故障码后，往往还需要读取与故障码相关的数据流，对故障原因进行深入分析。诊断仪器读取的冷却液温度传感器数据流的表达方式主要有：

(a) 信号数据，如：…V 等；

(b) 物理量数据，如：…℃ 等。

b. 在发动机完全冷却后，使用诊断仪器读取冷却液温度传感器和进气温度传感器的温度数据，正常情况下两者的温差应小于 5℃，否则，ECM 可能设置 P0116 故障码。

c. 温度限值检查。断开冷却液温度传感器的线束插头，使用诊断仪器读取冷却液温度数据，数据应显示温度的下限值（如－39℃），否则，传感器信号电路可能对搭铁短路；使用带有熔断器的跨接线短接图 3-1-3 所示的线束插头端的♯1 信号端子与♯2 搭铁端子，诊断仪器读取的冷却液温度应为温度的上限值（如 149℃），否则，传感器信号电路可能断路或有附加电阻。

(3) 仪器设备检测

① 电压检测　如图 3-1-3 所示，关闭点火开关，拔下冷却液温度传感器的线束插头，再将点火开关置于"ON"挡，用万用表直流电压挡检测冷却液温度传感器线束插头上的

♯1信号端子与♯2搭铁端子之间的电压，应约为5V，否则，说明线路可能存在断路或短路故障。

② 线路通断性检测　如图3-1-3所示，关闭点火开关，断开冷却液温度传感器线束插头和ECM插接器，使用万用表欧姆挡分别检测传感器线束插头与ECM插接器之间的信号线路和搭铁线路的阻值，正常情况下阻值应小于0.5Ω，否则，说明线路断路或有附加电阻。

③ 传感器电阻检测　如图3-1-6所示，关闭点火开关，拔掉冷却液温度传感器线束插头，从发动机上拆下传感器，用万用表的电阻挡测量传感器两个端子与外壳之间电阻，阻值均应为1MΩ以上；用万用表测量传感器两端子之间的电阻应该有20kΩ以下的电阻值；将传感器置于烧杯内的水中，加热烧杯中的水，同时用万用表电阻挡测量在不同水温条件下传感器两端子间的电阻值，随着温度升高，电阻值应逐渐减小，并应符合图3-1-4中电阻与温度的对应关系。

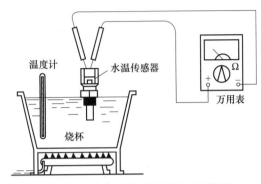

图3-1-6　冷却液温度传感器电阻检测

3.2　进气温度传感器

3.2.1　位置

进气温度传感器（Intake Air Temperature，IAT），位于发动机进气管路上，既可以安装在节气门之前的进气管路上（图3-2-1），也可以安装在节气门之后的进气歧管上；既可以单独安装［图3-2-2(a)］，也可以集成在空气流量计［图3-2-2(b)］或进气歧管绝对压力传感器［图3-2-2(c)］中。

图3-2-1　进气温度传感器安装位置

3.2.2　作用

进气温度传感器用于监测发动机进气管路中的空气温度，并将空气温度转换成电压信号输送给发动机控制模块ECM，ECM根据此信号实现以下的控制。

(1) 进气质量修正

进气歧管绝对压力传感器采用速度密度型的进气计量方式，其检测的是进入发动机的空气绝对压力。进气绝对压力并不能准确反映进气质量，因此，需要进气温度传感器提供的进气温度信号进行修正，以实现对进气质量的准确计量。

图 3-2-2 进气温度传感器

 提示

热膜式空气流量计采用质量流量型的进气计量方式，能够直接检测进气质量，不需要进气温度传感器的修正，因此，在装配热膜式空气流量计的发动机上采用进气温度传感器，是为了实现进气温度传感器的其他作用。

(2) 点火提前角修正

进气温度低时，ECM 增大点火提前角；进气温度高时，ECM 减小点火提前角。

(3) 其他控制

① 用于检测发动机冷启动时进气道的空气温度。ECM 通过对进气温度和冷却液温度进行比较，以确定发动机是否处于冷启动工况，例如：如果两者温度之差在 8℃（因车型而异）以内，ECM 就确认发动机为冷启动工况。

② 通常情况下，发动机温度由冷却液温度传感器检测，与进气温度传感器相比，冷却液温度传感器对喷油量和点火正时的影响更大。但是，当冷却液温度传感器失效后，ECM 采用进气温度传感器作为检测温度的备用传感器。

③ 在某些特殊情况下，进气温度也影响发动机性能和驱动能力，譬如：在极寒天气条件下，当冷却液温度达到正常工作温度（如 92℃），而进气温度为 -30℃，此时，ECM 则根据进气温度传感器信号来获取更多燃油，而不是把冷却液温度传感器作为唯一参考的温度信号。

④ 为废气再循环（EGR）系统、燃油蒸发（EVAP）系统和闭环控制等的是否进行提供参考依据。

3.2.3 电路与信号特点

与冷却液温度传感器类似，进气温度传感器也是一个具有负温度系数（NTC）特性的热敏电阻，其结构如图 3-2-3 所示。

(1) 电路结构

进气温度传感器的电路结构如图 3-2-4 所示，与冷却液温度传感器完全相同，也是由信号线和搭铁线两条线路组成。具体参见冷却液温度传感器的电路结构说明。

(2) 信号特点

① 进气温度传感器的热敏电阻具有负温度系数特性，即：进气温度越高，电阻值越

低，如图 3-2-5 所示。

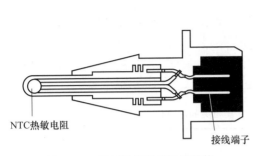

图 3-2-3　进气温度传感器的结构

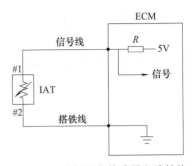

图 3-2-4　进气温度传感器电路结构

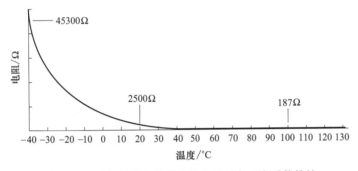

图 3-2-5　进气温度传感器热敏电阻的负温度系数特性

② 进气温度传感器向 ECM 输送电压信号，其信号特点是：进气温度越高，信号电压越低，信号电压范围在 5～0V 之间，如图 3-2-6 所示。

3.2.4　故障类型与症状

(1) 电路故障

进气温度传感器常见的故障是电路故障，主要包括电路断路和短路：当传感器电路断路或传感器信号线路对电源短路时，ECM 会检测到进气温度低于规定值的下限（例如：别克君威汽车的进气温度下限值为 -39℃）；当传感器信号电路对搭铁短路时，ECM 会检测到进气温度高于规定值的上限（例如：别克君威汽车的

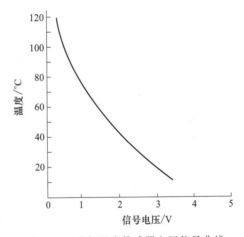

图 3-2-6　进气温度传感器电压信号曲线

进气温度上限值为 149℃）。此时，ECM 会设置故障码，并点亮故障指示灯。当进气温度传感器存在断路或短路故障时，发动机一般不会出现明显的异常症状。

(2) 传感器性能故障

当进气温度传感器的性能出现问题时，其信号会发生偏移，但又没有超出信号规定值的上限和下限范围，这种情况下，ECM 将无法识别传感器的异常，因此不会设置故障码，也不会点亮发动机故障指示灯，但可能出现发动机混合气过浓、油耗增高、尾气冒黑烟等症状。

3.2.5 故障诊断

(1) 人工经验检查

与冷却液温度传感器的检查方法相同,参见冷却液温度传感器的"人工经验检查"。

(2) 车载诊断系统诊断故障

① 故障码查询　利用诊断仪器查询 ECM 存储的进气温度传感器故障码,可以引导维修人员快速准确地找到故障方向或故障点。与进气温度传感器相关的故障码如表 3-2-1 所示。

表 3-2-1　与进气温度传感器相关的故障码

故障码	含义	故障码设置说明	可能的故障原因
P0111	进气温度传感器性能	通过对比启动时发动机冷却液温度,ECM 监测到进气温度传感器信号不在范围内 ＊故障灯点亮	①进气温度传感器 ②进气温度传感器线路 ③ECM 故障
P0112	进气温度传感器电路电压过低	ECM 检测到发动机进气温度过高 ＊故障灯点亮	①进气温度传感器内部短路 ②进气温度传感器线路对搭铁短路 ③进气温度传感器因回火而损坏 ④ECM 故障
P0113	进气温度传感器电路电压过高	ECM 检测到发动机进气温度过低 ＊故障灯点亮	①进气温度传感器内部断路 ②进气温度传感器线路开路 ③ ECM 故障
P0114	进气温度传感器电路间歇性故障	ECM 检测到进气温度(IAT)传感器信号电压突然变化 ＊故障灯点亮	①进气温度传感器 ②进气温度传感器线路 ③ECM 故障

② 数据流读取与分析

a. 在查询故障码后,往往还需要读取与故障码相关的数据流,对故障原因进行深入分析。诊断仪器读取的进气温度传感器数据流的表达方式主要有:

(a) 信号数据,如:…V 等;

(b) 物理量数据,如:…℃ 等。

b. 温度限值检查。断开进气温度传感器的线束插头,使用诊断仪器读取进气温度数据,数据应显示温度的下限值(如 −39℃),否则,传感器信号电路可能对搭铁短路;使用带有熔断器的跨接线短接线束插头端的♯1 信号端子与♯2 搭铁端子(参见图 3-2-4),诊断仪器读取的进气温度应为温度的上限值(如 149℃),否则,传感器信号电路可能断路或有附加电阻。

(3) 仪器设备检测

进气温度传感器的仪器设备检测项目包括电压检测、线路通断性检测、传感器电阻检测,与冷却液温度传感器的检测方法基本相同,参见冷却液温度传感器的"仪器设备检测"。

提示

在进行传感器电阻检测时,应使用电热吹风机(而不是用热水)吹进气温度传感器的热敏电阻,同时用万用表电阻挡测量在不同温度(冷、热风挡)下传感器两端子间的电阻值,随着温度升高,电阻值应逐渐减小,并应符合图 3-2-5 中电阻与温度的对应关系。

3.3 空气流量计

3.3.1 位置

空气流量计,也称空气流量传感器(Mass Air Flow,MAF),安装在空气滤清器与节气门体之间的进气管路上,通常位于空气滤清器的出口处,如图3-3-1所示。这样安装位置的目的是防止空气流量计受到发动机曲轴箱混合空气的污染,对空气流量计的信号测量精度造成不良影响。

3.3.2 作用

空气流量计是发动机控制系统非常重要的传感器之一,它用以计量吸入发动机的进气量,并将信号输入给发动机动力控制模块ECM(或称PCM)。其作用主要有以下几个方面。

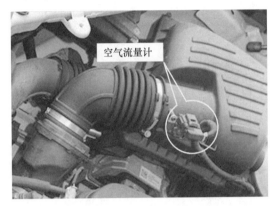

图3-3-1 空气流量计安装位置

(1) 确定喷油量

ECM根据空气流量计提供的进气量信号来确定喷油量多少,进气量信号是燃油喷射控制的重要参考信号之一。

(2) 检测发动机负荷

空气流量计检测的进气量信号、进气歧管绝对压力传感器信号和节气门位置传感器信号一样,都是ECM用以计算发动机负荷的主要参数。并且它们之间可以相互监测,比对信号的一致性,以判断其中的某个传感器是否存在故障。

(3) 修正点火提前角

由于空气流量计信号能够在一定程度上反映发动机的负荷,而点火提前角会因为发动机负荷的改变而调整(通常在发动机转速一定的情况下,负荷越大,点火提前角越小),因此,空气流量计信号对点火提前角起到间接修正的作用。

(4) 用于部分辅助控制系统工作的参考

燃油蒸发系统(EVAP)和废气再循环系统(EGR)等系统的工作需要参考空气流量计的信号。

3.3.3 电路与信号特点

目前,汽车电控发动机普遍采用可以直接检测进气质量流量的热膜式空气流量计,如图3-3-2所示。热膜式空气流量计的基本工作原理是:通过检测其热膜上的热量被进气带走的多少(进气越多,热量被带走就越多)来计量进气质量。

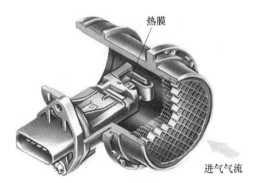

图3-3-2 热膜式空气流量计

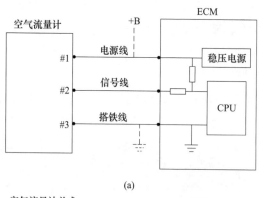

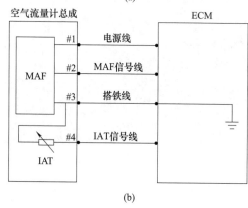

图 3-3-3　热膜式空气流量计电路结构

(1) 电路结构

热膜式空气流量计的电路结构如图 3-3-3（a）所示，由三条线路组成，分别是电源线、信号线和搭铁线。因电路控制的差异，空气流量计的电源由 ECM 直接提供，也可由外部电源电路供给，通常为 12V；流量计的搭铁可直接通过 ECM 实现，也可以通过外部电路搭铁。有些空气流量计中包含有进气温度传感器，其端子增加为 4 线或 5 线，如图 3-3-3（b）所示。

(2) 信号特点

空气流量计的信号分为电压型和频率型两种类型。其信号特点分别如下：

① 对于电压型信号，空气流量计检测到的进气量越多，信号电压越高，反之越低，如图 3-3-4 所示，信号电压范围在 0~5V 之间。

② 对于频率型信号，空气流量计检测到的进气量越多，信号频率越高，反之越低。早期车型上的信号频率范围在 0~300Hz，新型车辆上的频率范围则在 1~9kHz。

3.3.4　故障类型与症状

空气流量计常见的故障主要有机械故障和电路故障。

(1) 机械故障

① 进气管路漏气。当位于空气流量计之后的进气管路出现泄漏时，会有一部分未被空气流量计计量的空气进入发动机，使得空气流量计检测到的进气量小于实际进入发动机的空气量。这种情况虽然不会点亮发动机

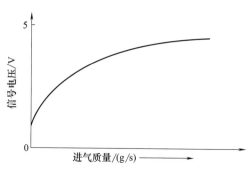

图 3-3-4　热膜式空气流量计电压信号曲线

故障指示灯，也不会在 ECM 中储存故障码，但会造成发动机混合气偏稀或过稀，而使发动机出现运行不稳、加速无力、排放不达标等故障现象。

② 传感器脏污。当空气流量计中的热膜严重脏污时，ECM 不会储存故障码，也不会点亮发动机故障指示灯，但空气流量计提供给 ECM 的进气量信号却是错误的，这会造成喷油量与实际的进气量不符，导致发动机混合气过稀，而使发动机出现运行不稳、加速无力、排放不达标等故障现象。

提示

通常情况下,机械故障不会使ECM储存故障码,也不会点亮发动机故障指示灯。

(2) 电路故障

空气流量计的电路故障主要包括电路断路和短路,在这些情况下,ECM会储存相关的故障码,发动机故障灯也会点亮。因不同车型发动机控制的差异,空气流量计电路故障呈现出的故障现象也不相同:

① 一种情况是:断开空气流量计线束插头对发动机的启动和运行没有明显影响,这主要是ECM利用节气门位置传感器等的信号作为替代信号来控制发动机的运行。

提示

当怀疑某个传感器有问题时,可以拔下该传感器的线束插接器,此时,ECM会采用其他传感器的信号或备用参数来代替该传感器的信号对发动机实施控制,因此,如果拔下该传感器线束插接器后发现发动机运行状态变好了,说明该传感器自身存在故障。

② 另一种情况是:空气流量计的电路故障对发动机运行影响严重,可能会出现发动机启动困难、怠速不稳、加速不良、动力不足、爆燃、油耗增大等故障症状。

3.3.5 故障诊断

(1) 人工经验检查

① 目视检查　对于空气流量计的目视检查内容主要包括:

a. 检查空气流量计与进气软管之间是否存在松脱或漏气情况;

b. 检查空气流量计的线束插接器是否破损、松脱或接触不良;

c. 检查空气流量计与ECM之间的连接线束是否破损、断裂或接触不良;

d. 拆卸空气流量计,检查其内部热膜是否脏污,必要时清洗干净。

② 振动检查　在发动机怠速运转时,可用手轻轻振动空气流量计,如果发动机抖动或熄火,说明空气流量计失效。

(2) 车载诊断系统诊断

① 故障码查询　利用诊断仪器查询ECM内部存储的空气流量计故障码,这有助于维修人员快速准确地找到故障方向或故障点。与空气流量计相关的故障码如表3-3-1所示。

表3-3-1　与空气流量计相关的故障码

故障码	含　义	故障码设置说明	可能的故障原因
P0100	空气流量计电路故障	ECM检测到MAF信号电压超出校准的正常范围 ＊故障灯点亮	①空气流量计线路开路或短路 ②空气流量计失效

续表

故障码	含义	故障码设置说明	可能的故障原因
P0101	空气流量计性能故障	ECM检测到MAF信号不在计算的预定值范围内 *故障灯点亮	空气流量计失效
P0102	空气流量信号输出低	ECM检测到MAF信号过低（低于下限值） *故障灯点亮	①空气流量计失效 ②空气流量计信号线开路或对地短路 ③12V电源开路
P0103	空气流量信号输出高	ECM检测到MAF信号过高（高于上限值） *故障灯点亮	①空气流量计失效 ②空气流量计信号线对电源短路
P0104	空气流量计电路间歇性故障	ECM检测到MAF信号电压突然变化 *故障灯点亮	①空气流量计 ②空气流量计线路 ③ECM故障

② 数据流读取与分析　在查询故障码后，往往还需要读取与故障码相关的数据流，对故障原因进行深入分析。诊断仪器读取的空气流量计数据流的表达方式主要有：

a. 信号数据，如：…V、…HZ等；

b. 物理量数据，如：…g/s等。

(3) 仪器设备检测

结合图3-3-3所示，说明利用仪器设备检测空气流量计的项目和方法。

① 电压检测　关闭点火开关，拔下空气流量计线束插接器，再打开点火开关置于"ON"挡，用万用表直流电压挡检测空气流量计线束插头上的♯1电源端子与♯3搭铁端子之间的电压，以及♯2信号端子与♯3搭铁端子之间的电压，应符合规定要求，否则应进行线束的通断性和短路项目检测。

② 信号检测

a. 对于频率型信号的空气流量计：启动车辆，用万用表测试空气流量计♯2信号端子的输出频率是否与发动机转速成正比，并将所测的信号频率与信号标准值（参照维修手册）进行比较，如果差异较大，应进行更换。

b. 对于电压型信号的空气流量计：可以采用频率型空气流量计的检测方法；也可以采用模拟诊断法进行测试——关闭点火开关，拔下空气流量计线束插接器，将蓄电池的正负极分别连接至空气流量计插座上的♯1电源端子和♯3搭铁端子，用万用表直流电压挡测量♯2信号端子的电压，再用吹风机（冷风挡）向空气流量计的入口吹气，观察信号电压的变化，如果信号电压无变化，表明空气流量计失效，需要更换。

③ 线束检测

a. 线束通断性检测。关闭点火开关，拔下空气流量计线束插接器和ECM线束插接器，用万用表电阻挡测量它们对应端子间的电阻值应小于0.5Ω，否则应检修线束。

b. 线束短路检测。关闭点火开关，拔下空气流量计线束插接器和ECM线束插接器，用万用表电阻挡测量空气流量计线束插头上的♯1与♯2、♯1与♯3、♯2与♯3之间的电阻值应为∞，否则应检修线束。

3.4 进气歧管绝对压力传感器

3.4.1 位置

进气歧管绝对压力传感器（Manifold Absolute Pressure，MAP），目前大部分车型都直接安装在节气门体后方的进气歧管路上，如图 3-4-1 所示。过去部分老旧车型的进气歧管绝对压力传感器并未直接安装在进气歧管上，而是安装在发动机舱的某一位置，通过一条较细的真空软管与进气歧管相通。

图 3-4-1 进气歧管绝对压力传感器安装位置

3.4.2 作用

进气歧管绝对压力传感器是发动机控制系统非常重要的传感器，它直接检测发动机进气歧管内的压力变化，并转换成电压信号输送给 ECM。ECM 据此信号进行以下控制：

(1) **控制喷油量**

① ECM 根据进气歧管绝对压力传感器提供的进气歧管压力信号和进气温度传感器提供的进气温度等信号能够计算出进入发动机的空气质量，并以此为基准来确定所需的喷油量。

② 在无回油燃油供给系统中，ECM 需要根据进气歧管绝对压力传感器的信号来判定进气歧管压力，进而确定喷油器两端（油轨端和进气歧管端）的压差，实现对喷油量的调整。

(2) **检测发动机负荷**

进气歧管绝对压力传感器信号、空气流量计信号和节气门位置传感器信号一样，都是 ECM 用以计算发动机负荷的主要参数，并且它们之间可以相互监测，比对信号的一致性，以判断其中的某个传感器是否存在故障。

(3) **修正点火提前角**

由于进气歧管绝对压力传感器信号能够在一定程度上反映发动机的负荷，而点火提前角会因为发动机负荷的改变而调整（通常在发动机转速一定的情况下，负荷越大，点火提前角越小），因此，进气歧管绝对压力传感器信号对点火提前角起到间接修正的作用。

(4) **计算海拔高度**

当点火开关位于"ON"挡且发动机未启动时，进气歧管绝对压力传感器检测到的进气管压力等于当地的大气压力，ECM 会将该数据与标准大气压进行比较，计算出当前的海拔高度，并以此为依据进行喷油量和点火正时的调整。例如在高海拔地区，ECM 会减少燃油供应，并增大点火提前角。

(5) 判断减速工况

当释放加速踏板后，节气门开度将减小，发动机进气歧管内的绝对压力下降（真空度上升），进气歧管绝对压力传感器的信号电压随之改变，ECM根据这一信号的变化可以判断为减速工况，并启动减少或中断喷油的控制，在降低排放污染的同时，还可以防止发动机因瞬间混合气过浓而熄火。

> 提示
>
> 在描述进气歧管压力时，经常会提及"真空度"。真空度与绝对压力的关系是：真空度＝标准大气压力－绝对压力。以图3-4-2所示为例，在发动机正常怠速工况下，进气歧管的绝对压力约为30kPa，而真空度则约为70kPa。

(6) 监测EGR系统

ECM可以利用进气歧管绝对压力传感器的信号监测EGR系统的工作性能。当EGR阀打开后，进气歧管中的真空度将会下降。如果ECM没有监测到相应的真空度变化，就会设置关于EGR系统的故障码。

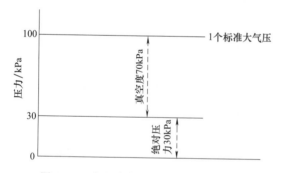

图3-4-2 真空度与绝对压力的定义举例

图3-4-3 进气歧管绝对压力传感器

(7) 监测发动机机械状况

发动机机械部件的磨损（如活塞、气缸壁磨损等）通常会导致进气歧管真空度下降。ECM利用与节气门开度等信号的比对能够监测到这种真空度的下降，并调整喷油量，控制混合气浓度。如果ECM没有识别出这种真空度的下降是由于发动机机械磨损造成的，反而误认为发动机负荷增大，那么发动机的燃油经济性和排放性能都将变差。

3.4.3 电路与信号特点

常见的进气歧管绝对压力传感器如图3-4-3所示，通常采用半导体压阻效应式压力传感器，其基本原理是将压力的变化转换成电阻值的变化，进而以电压信号输送给ECM。

(1) 电路结构

进气歧管绝对压力传感器的电路结构如图3-4-4（a）所示，由三条线路组成，分别是电源线（5V参考电压）、信号线和搭铁线，均直接与ECM连接。

有些进气歧管绝对压力传感器中包含有进气温度传感器，其端子增加为4线，如图3-4-4（b）所示。

（2）信号特点

进气歧管绝对压力传感器向 ECM 输送的是电压信号，其信号特点是：随绝对压力增大，信号电压逐渐升高，信号电压范围在 0.45～4.8V 之间，如图 3-4-5 所示。

3.4.4 故障类型与症状

进气歧管绝对压力传感器的故障原因主要包括：传感器自身性能（失效、脏污等）、线路故障（断路、短路、接触不良等）及安装问题等。这些故障可能会使 ECM 点亮发动机故障指示灯，设置故障码，并引起发动机启动困难、怠速不稳、加速不良、动力不足、间歇性熄火、油耗增加等症状。

3.4.5 故障诊断

（1）人工经验检查

目视检查进气歧管绝对压力传感器

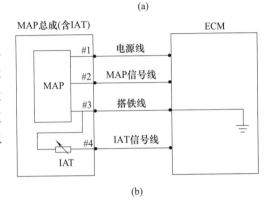

图 3-4-4 进气歧管绝对压力传感器电路结构

安装是否牢靠、密封是否良好、线束插头是否完好、线束是否破损/断裂，必要时可采用插拔、摇动等方式检查传感器的插接器是否松脱、接触不良等。

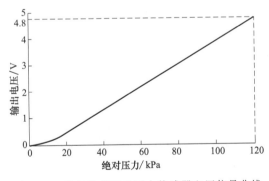

图 3-4-5 进气歧管绝对压力传感器电压信号曲线

拆卸进气歧管绝对压力传感器，检查传感器的压力检测口（孔）是否脏污、堵塞，必要时清洗吹净并装复原位。

（2）车载诊断系统诊断故障

① 故障码查询　利用诊断仪器查询 ECM 中存储的进气歧管绝对压力传感器故障码，可以有效引导维修人员快速准确地找到故障方向或故障点。与进气歧管绝对压力传感器相关的故障码如表 3-4-1 所示。

表 3-4-1　与进气歧管绝对压力传感器相关的故障码

故障码	含义	故障码设置说明	可能的故障原因
P0105	进气歧管绝对压力传感器电路故障	ECM 检测到 MAP 信号电压超出校准的正常范围 ＊故障灯点亮	①进气歧管绝对压力传感器线路开路或短路 ②进气歧管绝对压力传感器失效
P0106	进气歧管绝对压力传感器性能	ECM 检测到进气歧管绝对压力不在计算出的压力范围内 ＊故障灯点亮	①进气歧管绝对压力传感器故障 ②进气歧管绝对压力传感器密封圈损坏或丢失

续表

故障码	含义	故障码设置说明	可能的故障原因
P0107	进气歧管绝对压力传感器信号电压过低	ECM检测到MAP信号过低（低于下限值） ＊故障灯点亮	①进气歧管绝对压力传感器故障 ②进气歧管绝对压力传感器信号电路对地短路 ③进气歧管绝对压力传感器电源电路开路
P0108	进气歧管绝对压力传感器信号电压过高	ECM检测到MAP信号过高（高于上限值） ＊故障灯点亮	①进气歧管绝对压力传感器故障 ②进气歧管绝对压力传感器密封圈损坏或丢失 ③进气歧管绝对压力传感器信号电路对电源短路
P0109	进气歧管绝对压力传感器电路间歇性故障	ECM检测到MAP信号电压突然变化 ＊故障灯点亮	①进气歧管绝对压力传感器 ②进气歧管绝对压力传感器线路 ③ECM故障

② 数据流读取与分析　在查询故障码后，往往还需要读取与故障码相关的数据流，对故障原因进行深入分析。诊断仪器读取的进气歧管绝对压力传感器数据流的表达方式主要有：

a. 信号数据，如：…V等；

b. 物理量数据，如：…kPa等。

利用诊断仪器读取进气歧管绝对压力传感器数据的具体流程是：

a. 将诊断仪器连接到车上的DLC；

b. 将点火开关置于"ON"挡，但不启动发动机；

c. 利用诊断仪器读取进气歧管压力值，应等于当地大气压力（如平原地区，约为100kPa），如果数据流中有大气压力数据，那么进气歧管压力和大气压力的数值应该相同；

d. 急速运行发动机，读取进气歧管压力值，应在20～48kPa之间（受地域海拔高度影响）；

e. 关闭点火开关，断开进气歧管绝对压力传感器的线束插接器，使用带3A熔断器的跨接线短接线束端的#1端子（5V参考电压）和#2信号端子（参见图3-4-4）；

f. 打开点火开关，此时读取的进气歧管压力应高于121kPa；如果低于规定范围，说明信号电路存在对搭铁短路或开路/电阻过大的故障；如果信号电路测试正常，则说明ECM异常，应予以更换。

(3) 仪器设备检测

① 手动真空泵检测

a. 将诊断仪器连接到车上的DLC。

b. 将点火开关置于"ON"挡，但不启动发动机，利用诊断仪器读取进气歧管压力值，并记为大气压力。

c. 拆卸进气歧管绝对压力传感器，使用手动真空泵对其施加不同的真空，读取诊断仪器上的进气歧管绝对压力值，应符合：施加真空＋歧管绝对压力≈100kPa（大气压力）。例如：真空泵施加34kPa的真空，读取的进气歧管绝对压力值应在62～70kPa

之间。

② 万用表检测　结合图 3-4-4，说明利用万用表检测进气歧管绝对压力传感器的项目和方法。

a. 信号检测　将手动真空泵连接到进气歧管绝对压力传感器上。打开点火开关，使用手动真空泵向传感器缓慢施加真空，并使用万用表测量传感器的输出电压，其值应在 0～5.2V 之间连续变化，且没有峰值或跌落。

b. 电压检测　关闭点火开关，拔下进气歧管绝对压力传感器的线束插头，再将点火开关置于"ON"挡，用万用表直流电压挡检测进气歧管绝对压力传感器线束插头上的♯1 电源端子与♯3 搭铁端子之间的电压，应约为 5V，否则，说明线路可能存在断路或短路故障。

c. 线路通断性检测　关闭点火开关，断开进气歧管绝对压力传感器线束插头和 ECM 插接器，使用万用表欧姆挡分别检测传感器线束插头与 ECM 插接器之间的每条线路的阻值，正常情况下阻值应小于 0.5Ω，否则，说明线路断路或有附加电阻。

3.5　大气压力传感器

3.5.1　位置

大气压力传感器（Atmospheric pressure sensor，APS），是车辆为获取大气压力信息而设置的传感器。在安装进气歧管绝对压力传感器的车辆上，通常利用进气歧管绝对压力传感器替代大气压力传感器实现大气压力的监测；在采用空气流量计的车辆上，则会专门安装一个大气压力传感器。

大气压力传感器多集成在 ECM 内部［图 3-5-1（a）］，部分车型则安装在空气滤清器壳体上［图 3-5-1（b）］。

(a)

(b)

图 3-5-1　大气压力传感器安装位置

3.5.2　作用

大气压力传感器用于检测汽车所处环境的大气压力，是确定海拔高度的首要参考信号。该传感器向 ECM 提供天气和海拔信息，作为 ECM 调整喷油量和点火控制的修正信号。

3.5.3 电路与信号特点

大气压力传感器的结构和原理与进气歧管绝对压力传感器基本相同，都是基于半导体压阻效应，将压力的变化转换成电阻值的变化，进而以电压信号输送给 ECM。

(1) 电路结构

外置式大气压力传感器（未集成在 ECM 内部）的电路结构与进气歧管绝对压力传感器相同，如图 3-5-2 所示，由三条线路组成，分别是电源线（5V 参考电压）、信号线和搭铁线，均直接与 ECM 连接。

(2) 信号特点

大气压力传感器向 ECM 输送的是电压信号，其信号特点是：随绝对压力增大，信号电压逐渐升高，信号电压范围在 0.45～4.8V 之间，如图 3-5-3 所示。

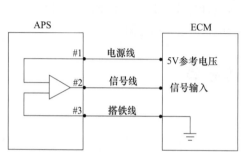

图 3-5-2 大气压力传感器电路结构

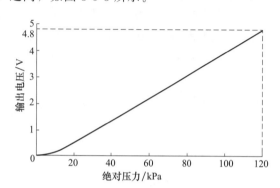

图 3-5-3 大气压力传感器电压信号曲线

3.5.4 故障类型与症状

大气压力传感器的故障主要包括：传感器自身性能（失效、脏污等）、线路故障（断路、短路、接触不良等）及安装问题等。

这些故障可能会引起发动机怠速不稳、工作不良等症状。

3.5.5 故障诊断

大气压力传感器的故障诊断项目和方法与进气歧管绝对压力传感器相似，参见进气歧管绝对压力传感器中的"故障诊断"。

 提示

对于集成在 ECM 内部的大气压力传感器，通常利用专用诊断仪器进行故障诊断和分析。

3.6 增压压力传感器

3.6.1 位置

增压压力传感器（Boost Pressure Sensor，BPS），也称 MAPT，是涡轮增压发动机普遍采用的一种传感器，该传感器通常位于涡轮增压发动机中冷器与节气门之间的进气增压管路上，如图 3-6-1 所示。

3.6.2 作用

增压压力传感器用于检测涡轮增压发动机进气增压压力和进气温度。ECM 通过监测这个信号，可以判断经过增压的空气是否达到正确的增压压力，如果实际增压压力和目标增压压力存在差异，ECM 会通过控制增压压力控制电磁阀来调节增压压力。

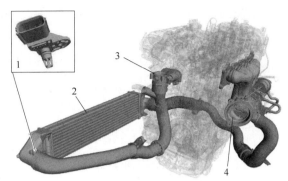

图 3-6-1 增压压力传感器安装位置

1—增压压力传感器；2—中冷器；3—节气门；4—涡轮增压器

> **提示**
>
> ① 各种运转工况下增压压力的大小是通过控制增压压力控制电磁阀分别设定的。为了保证控制的平顺性，ECM 通过脉宽调制（PWM）信号来控制增压压力控制电磁阀，电磁阀通过控制作用在涡轮增压真空执行器装置上的气体压力来控制涡轮增压旁通阀的开度位置，增压器旁通阀开口的大小能够控制增压压力的大小，如图 3-6-2 所示。
>
> ② 增压器旁通阀在发动机静止的状态下是关闭的，还是常开的，视具体车型而定。
>
> ③ 作用在涡轮增压真空执行器的压力取决于施加的增压压力 PWM 信号的占空比。以福特新蒙迪欧为例，其 2.0T 发动机的最大增压压力约为 1.2bar（0.12MPa），当 PWM 信号占空比大约为 80% 时，涡轮增压旁通阀全部打开；当 PWM 信号为占空比大约 20% 时，涡轮增压旁通阀全部关闭。

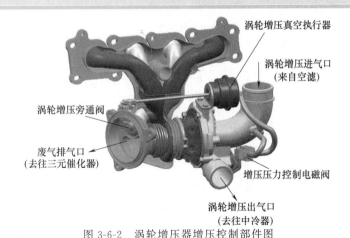

图 3-6-2 涡轮增压器增压控制部件图

3.6.3 电路与信号特点

(1) 电路结构

增压压力传感器与进气歧管绝对压力传感器结构、原理都完全相同，只是因为安装位

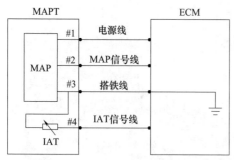

图 3-6-3 增压压力传感器电路结构

置的不同而导致作用不同,其电路结构如图 3-6-3 所示。

(2) 信号特点

增压压力传感器向 ECM 输送的是电压信号,其信号特点是:随进气管路的压力增大,信号电压逐渐升高。

3.6.4 故障类型与症状

增压压力传感器的故障主要包括:传感器自身性能(失效、脏污等)、线路故障(断路、短路、接触不良等)及安装问题等。

如果增压压力传感器失效,ECM 将无法得到增压后的空气压力信息,在这种故障模式下 ECM 不再对增压系统进行控制,增压电磁阀会一直处于不工作的状态。

3.6.5 故障诊断

增压压力传感器的故障诊断项目和方法与进气歧管绝对压力传感器相似,参见进气歧管绝对压力传感器中的"故障诊断"。

利用诊断仪器可以查询 ECM 中存储的增压压力传感器故障码,与增压压力传感器相关的故障码如表 3-6-1 所示。

表 3-6-1 与增压压力传感器相关的故障码

故障码	含义	故障码设置说明	可能的故障原因
P0235	增压压力传感器 A 电路故障	ECM 检测到 BPS 信号超出校准的正常范围 * 故障灯点亮	①增压压力传感器线路开路或短路 ②增压压力传感器失效
P0239	增压压力传感器 B 电路故障		
P0236	增压压力传感器 A 性能	ECM 检测到增压压力不在计算出的压力范围内 * 故障灯点亮	①增压压力传感器故障 ②增压压力传感器线路
P0240	增压压力传感器 B 性能		
P0237	增压压力传感器 A 信号电压过低	ECM 检测到 BPS 信号过低(低于下限值) * 故障灯点亮	①增压压力传感器故障 ②增压压力传感器信号电路对地短路 ③增压压力传感器电源电路开路
P0241	增压压力传感器 B 信号电压过低		
P0238	增压压力传感器 A 信号电压过高	ECM 检测到 BPS 信号过高(高于上限值) * 故障灯点亮	①增压压力传感器故障 ②增压压力传感器信号电路对电源短路
P0242	增压压力传感器 B 信号电压过高		

3.7 节气门位置传感器

3.7.1 位置

节气门位置传感器(Throttle Position Sensor,TPS),位于节气门体上,其安装形式因节气门结构的不同而有所差异：对于传统的机械拉索式节气门，节气门位置传感器通常以一个独立元件的形式安装在节气门体的侧面，由节气门轴驱动其旋转开度，如图3-7-1（a）所示；对于目前普遍使用的电子节气门，节气门位置传感器集成在电子节气门电控组件当中，如图3-7-1（b）所示。

图 3-7-1 节气门位置传感器安装位置

3.7.2 作用

节气门位置传感器是发动机控制系统非常重要的传感器之一，它用以检测发动机节气门的开度，并将信号输入给ECM。其作用主要有以下几个方面。

(1) 发动机负荷检测

节气门位置传感器信号与空气流量计检测的进气量信号、进气歧管绝对压力传感器信号一样，都是ECM用以计算发动机负荷的主要参数。并且它们之间可以相互监测，比对信号的一致性，以判断其中的某个传感器是否存在故障。

(2) 喷油量控制

① ECM根据节气门位置传感器信号来计算发动机负荷，并以此为依据进行喷油量的修正和控制。

②"溢油"清除控制。在启动发动机时，为保证车辆的顺利启动，燃油系统会向发动机供给较浓的混合气。如果连续多次启动都没着车，那么积存在气缸内的燃油蒸气就会浸湿火花塞，导致发动机启动愈发困难。这种火花塞被燃油蒸气浸湿的现象被称为"溢油"。

目前大多数电控发动机都具有"溢油"清除控制功能，其基本原理是：在发动机启动过程中完全打开节气门，ECM会根据节气门位置传感器的信号控制减少对发动机的供油甚至是停止喷油，以此来帮助清除气缸内的燃油蒸气，使火花塞干燥，保证火花塞正常跳火。

 提示

ECM执行"溢油"清除控制程序需要同时满足三个条件：
① 点火开关位于启动位置。
② 发动机转速较低，通常低于300r/min。
③ 节气门开度大于80%或全开。

因此，在启动电控发动机时，不要踩下加速踏板，否则可能进入"溢油"清除控制程序，导致发动机无法启动。

③ 减速断油控制。当车辆在高速或加速行驶（节气门开度很大）的状态下突然收油，节气门会急速关闭，此时，发动机进气量骤减而喷油持续，容易出现混合气过浓导致发动机熄火的情况发生，同时也造成燃油经济性和排放变差。为此，ECM 会根据节气门开度的变化情况，适时进行断油控制，以防止上述情况的发生。

（3）点火正时控制

节气门位置传感器信号直接反映了发动机的负荷，而点火正时会因为发动机负荷的改变而调整，因此，节气门位置传感器是 ECM 进行点火正时控制的主要传感器之一。

（4）怠速设置

ECM 根据节气门位置传感器的开度信号（开度百分比%）来判定发动机是否处于怠速工况：如果信号显示为怠速，ECM 会通过怠速空气控制和点火控制来保持设定的怠速转速；如果信号显示不在怠速位置，燃油供给系统和点火系统将执行加速操作。

（5）空调控制

节气门位置传感器信号还用于牵引力控制和空调压缩机控制。如果 ECM 检测到节气门位置处于全开位置或向全开位置打开，空调压缩机将撤出工作，以满足车辆的牵引力需求。

（6）AT 换挡时刻控制

节气门位置传感器信号和车速信号是决定自动变速器升、降挡的两个最重要参数。如果节气门开度很大，表明车辆需要的驱动力增大，动力控制模块（PCM）或自动变速器控制模块（TCM）会降挡或延迟换挡，使变速器在低挡位运行，以实现"减速增扭"的效果；如果节气门开度很小，换挡时刻将会出现在设计的最小车速上，以期实现良好的燃油经济性。

（7）AT 锁止离合器控制

节气门位置传感器信号不仅用于发动机的控制，ECM 还会通过数据总线等形式使自动变速器控制模块（TCM）共享节气门位置传感器信号。TCM 如果检测到突然加速，就会释放液力变矩器中的锁止离合器，充分利用变矩器增扭功能来增加变速器的输入扭矩，帮助变速器实现大的扭矩输出。

（8）备用功能

当 ECM 监测到空气流量计（MAF）或进气歧管绝对压力传感器（MAP）失效时，将会把节气门位置传感器信号作为备用信号，替代 MAF、MAP 的功能，此时，ECM 利用发动机转速和节气门位置计算点火正时和燃油需求，使发动机可以继续运行。

3.7.3 电路与信号特点

节气门位置传感器分为电位计式和非接触式两种类型。电位计式节气门位置传感器的内部结构是滑动变阻器，如图 3-7-2（a）所示，多用在传统的机械拉索式节气门上；电子节气门也有采用电位计式的，但目前越来越多地采用非接触式节气门位置传感器。非接触式节气门位置传感器按工作原理可分为霍尔式、磁阻式和电涡流式等，图 3-7-2（b）所示为电子节气门及霍尔式节气门位置传感器。

（1）电路结构

如图 3-7-3（a）所示，用于机械拉索式节气门的电位计式节气门位置传感器的电路由

(a)

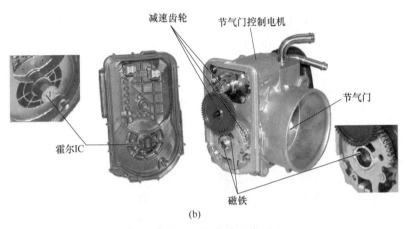

(b)

图 3-7-2 节气门位置传感器类型

三条线路组成，分别是电源线（5V）、信号线和搭铁线，且均与 ECM 直接相连。

集成于电子节气门中的节气门位置传感器既有电位计式，也有霍尔式，尽管各自的工作原理不同，但在外部电路结构上基本相同，如图 3-7-3（b）所示，通常由四条线路组成，分别是 1 条电源线（5V）、2 条信号线和 1 条搭铁线，且均与 ECM 直接相连。

电涡流式节气门位置传感器的电路结构有别于电位计式和霍尔式节气门位置传感器，

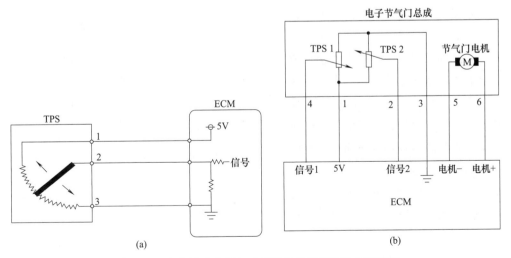

图 3-7-3 电位计式和霍尔式节气门位置传感器电路结构

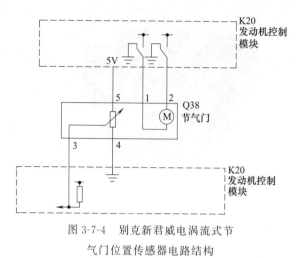

图 3-7-4 别克新君威电涡流式节气门位置传感器电路结构

如图 3-7-4 所示为上汽通用汽车别克新君威发动机所采用的电涡流式节气门位置传感器的控制电路。

从图 3-7-4 可以看出，电涡流式节气门位置传感器只有三条线路，分别是：5V 电源线（♯5 端子）、信号线（♯3 端子）、搭铁线（♯4 端子）。尽管该类型传感器只有一条信号线，但它同样可以提供两组传感器信号。这主要由其特殊的结构和原理所决定的。

如图 3-7-5 所示，电涡流式节气门位置传感器主要由定子和转子组成。定子中包括有 1 个励磁线圈、3 个感应线圈、1 个信号处理模块和电子电路；转子是一个与定子感应线圈形状对应的金属导体。

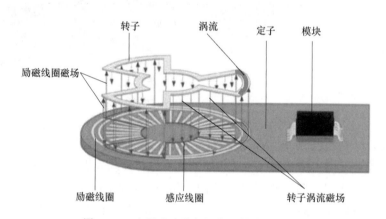

图 3-7-5 电涡流式节气门位置传感器的结构

电涡流式节气门位置传感器的工作原理如图 3-7-6 所示，当给励磁线圈供电时，流经励磁线圈的输入电流会形成振荡电流，产生变化的磁场；在该磁场的作用下转子中产生涡流（电流），使得转子也产生了磁场；定子的 3 个感应线圈在励磁线圈磁场和转子涡流磁场的共同作用下产生感应电动势；转子的位置将影响该感应电动势的大小。3 个感应线圈输出的信号经内部的信号处理模块处理后，将以 2 组数据信号的形式传输给发动机控制模块。

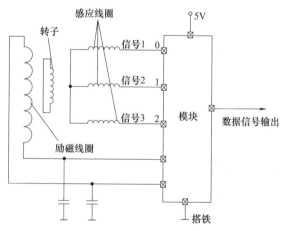

图 3-7-6 电涡流式节气门位置传感器的原理

（2）信号特点

① 用于机械拉索式节气门的节气门位置传感器通常为 ECM 提供一组电压信号，其信号特点如图 3-7-7（a）所示：节气门开度越大，信号电压越高，信号电压与开度成一定的正比，信号电压范围在 0～5V 之间。

② 用于电子节气门的节气门位置传感器通常采用冗余设计，其内部有两个节气门位置传感器（提示：电涡流式节气门位置传感器属特殊情况，但它依然会提供两组信号）。两个传感器共用一个 5V 电源端子和一个搭铁端子，各自有一个自己独立的信号端子 TPS1 和 TPS2，为 ECM 提供两组电压信号，其信号特点如图 3-7-7（b）所示：

a. 两组信号电压与节气门开度成一定比例。

b. TPS1 的信号电压随节气门开度增大而减小（反比），信号电压范围在 5～0V 之间。

c. TPS2 的信号电压随节气门开度增大而上升（正比），信号电压范围在 0～5V 之间。

d. 在任一节气门开度，TPS1 和 TPS2 的信号电压值相加均约为 5V。

 提示

对于不同车型，TPS1 和 TPS2 的定义也不相同，究竟哪个信号是 TPS1，哪个信号是 TPS2，应以具体车型的维修手册定义为标准。

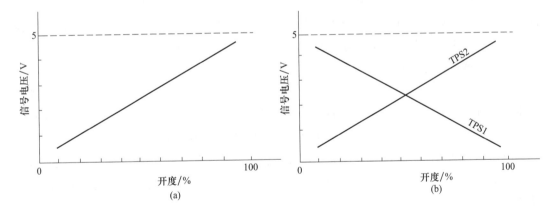

图 3-7-7　节气门位置传感器信号曲线

 提示

用于电子节气门的节气门位置传感器大都遵循图 3-7-7（b）的信号变化特点，但个别车型的节气门位置传感器信号曲线却有例外。如图 3-7-8 所示为丰田凯美瑞汽车上的节气门位置传感器信号曲线，该节气门位置传感器中也有两个传感器电路 TPS1 和 TPS2，TPS1 用于检测节气门的开度，TPS2 用于检测 TPS1 的故障。随着节气门的开启，TPS1 和 TPS2 信号都成比例线性增加，但增加速率不同。

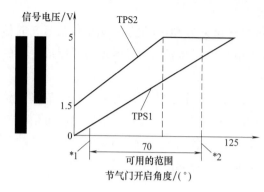

图 3-7-8 丰田凯美瑞汽车的节气门
位置传感器信号曲线

*1—加速踏板压下（15°）；*2—加速踏板压下（100°）

3.7.4 故障类型与症状

节气门位置传感器常见的故障主要有电路故障和传感器自身故障。

(1) 电路故障

节气门位置传感器的电路故障主要包括电路断路和短路，在这些情况下，ECM 会储存相关的故障码，同时也会点亮发动机故障指示灯，并可能会出现发动机启动困难、怠速不稳易熄火、发动机工作不良、加速性差、动力性下降等故障症状。

因不同车型发动机控制的差异，节气门位置传感器电路故障呈现出的故障现象也不相同：

① 对于用在机械拉索式节气门上的单组信号节气门位置传感器，当断开其线束插头时，发动机怠速转速通常会有所提高（例如由 800r/min 提高到 1100r/min），发动机可以正常加速，但发动机动力性能和自动变速器的换挡控制会受到一定影响。

② 对于用于电子节气门上的双组信号节气门位置传感器，当其中一组信号（TPS1 或 TPS2）失效时，ECM 会依靠另一组信号（TPS2 或 TPS1）控制发动机的运行；当两组信号均失效时，发动机的运行将受到影响。以长安福特轿车为例：此时，节气门开度将保持在 7°～8°，发动机会抖动（1、4 缸断油），踩下加速踏板，1、4 缸恢复供油，最高转速在 3000r/min 左右，旅程电脑显示"SPEED LIMITED MODE（速度限制模式）"。

(2) 传感器自身故障

由于 ECM 需要依靠节气门位置传感器信号进行多方面的控制，因此当节气门位置传感器由于自身的故障而导致信号出现偏差或错误时，会对发动机的运行造成诸如怠速不当、怠速不稳、加速不良、启动困难甚至是不能启动等不同程度的故障症状。

例如，一辆别克凯越轿车，在节气门关闭状态下节气门位置传感器输送给 ECM 的信号为开度 100%，从而使 ECM 误以为进入"溢油"清除程序而停止喷油器的喷油，导致发动机无法启动。

3.7.5 故障诊断

(1) 人工经验检查

对于节气门位置传感器的人工经验检查主要采用目视检查方法，检查内容主要包括：

① 检查节气门位置传感器的线束插接器是否破损、松脱或接触不良。

② 检查节气门位置传感器与 ECM 之间的连接线束是否破损、断裂或接触不良。

另外，在发动机运行时还可以轻轻晃动节气门位置传感器的线束插头，如果发动机的运行发生突然变化（如抖动等），说明节气门位置传感器线束插头接触不良。

(2) 车载诊断系统诊断

① 故障码查询　利用诊断仪器查询 ECM 内部存储的节气门位置传感器故障码，通过

故障码的引导可以帮助维修人员快速准确地判定故障方向，找到故障点。

与节气门位置传感器相关的故障码如表 3-7-1 所示。

表 3-7-1　与节气门位置传感器相关的故障码

故障码	含义	故障码设置说明	可能的故障原因
P0120	节气门位置传感器 1 电路	ECM 检测到节气门位置传感器信号电压快速波动，且信号电压超限（过低或过高） *故障灯点亮	①TPS ②TPS 信号线开路或对地短路 ③TPS 信号线对电源短路 ④ECM 故障
P0220	节气门位置传感器 2 电路		
P0121	节气门位置传感器性能	ECM 检测到 TPS1 与 TPS2 信号电压的差值超限（过低或过高） *故障灯点亮	①TPS（脏污、卡滞等） ②TPS 线路故障 ③ECM 故障
P0122	节气门位置传感器电路 1 电压过低	ECM 检测到节气门位置传感器信号电压过低 *故障灯点亮	①TPS 失效 ②TPS 信号线开路或对地短路 ③5V 参考电源开路或对地短路 ④ECM 故障
P0222	节气门位置传感器电路 2 电压过低		
P0123	节气门位置传感器电路 1 电压过高	ECM 检测到节气门位置传感器信号电压过高 *故障灯点亮	①TPS 失效 ②TPS 信号线对电源短路 ③传感器搭铁电路开路 ④ECM 故障
P0223	节气门位置传感器电路 2 电压过高		
P2135	节气门位置传感器 1、2 相关性	TPS1 与 TPS2 之间的信号电压差值过小 *故障灯点亮	①TPS1 与 TPS2 电路短路 ②TPS ③ECM 故障

② 数据流读取与分析　在查询故障码后，通常还需要读取与故障码相关的数据流，对故障原因进行深入分析。诊断仪器读取的节气门位置传感器数据流的表达方式主要有：

a. 信号数据，如：…V 等；

b. 物理量数据，如：…% 等。

节气门位置传感器信号的数据流通常按如下方式读取：

a. 在"KOEO"（点火开关置于"ON"挡，发动机关闭）状态下，不踩加速踏板，诊断仪器上显示的节气门位置传感器的数据流应为：

（a）对于用在机械拉索式节气门上的单组信号节气门位置传感器：TPS 约为 0.5V。

（b）对于用于电子节气门上的双组信号节气门位置传感器：TPS1 约为 4.5V，TPS2 约为 0.5V。

b. 在"KOEO"状态下，缓慢踩下加速踏板，诊断仪器上显示的节气门位置传感器的数据流——节气门信号电压、节气门开度百分比、信号波形（有的诊断仪器带有信号波形显示功能）应符合图 3-7-7 所示的变化规律，并且在"节气门全闭←→节气门全开"之间输出的信号应平顺无中断。

c. 在"KOEO"状态下，完全踩下加速踏板并保持住，诊断仪器上显示的节气门位置传感器的数据流应为：

（a）对于用在机械拉索式节气门上的单组信号节气门位置传感器：TPS 约为 4.5V。

(b) 对于用于电子节气门上的双组信号节气门位置传感器：TPS1 约为 0.5V，TPS2 约为 4.5V。

(3) 仪器设备检测

结合图 3-7-3 所示，说明利用仪器设备检测节气门位置传感器的项目和方法。

① 电压检测　关闭点火开关，拔下节气门位置传感器线束插接器，再打开点火开关置于"ON"挡，用万用表直流电压挡检测节气门位置传感器线束插头上的 5V 电源端子与搭铁端子之间的电压，以及信号端子与搭铁端子之间的电压，应符合规定要求，否则应进行线束的通断性和短路项目检测。

② 信号检测　将示波器或电压表的探针并接到节气门位置传感器的信号端子上，在"KOEO"状态下，缓慢踩下加速踏板，节气门位置传感器输出的信号波形或信号电压应符合图 3-7-7 所示的变化规律，并且在"节气门全闭←→节气门全开"之间输出的信号应平顺无中断。

③ 线束检测

a. 线束通断性检测。关闭点火开关，拔下节气门位置传感器线束插接器和 ECM 线束插接器，用万用表欧姆挡测量它们对应端子间的电阻值应小于 0.5Ω，否则应检修线束。

b. 线束短路检测。关闭点火开关，拔下节气门位置传感器线束插接器和 ECM 线束插接器，用万用表欧姆挡测量节气门位置传感器线束插头上的任意两个端子之间的电阻值应为∞，否则应检修线束。

3.8　加速踏板位置传感器

3.8.1　位置

加速踏板位置传感器（Accelerator Pedal Position，APP），安装在加速踏板总成的顶部或侧面，如图 3-8-1 所示。

图 3-8-1　加速踏板位置传感器安装位置

3.8.2　作用

加速踏板位置传感器是现代汽车电子节气门控制系统 ETCS（Electronic Throttle Control System）的重要组成部件。ETCS 主要由加速踏板位置传感器（APP）、节气门电机、节气门位置传感器（TPS）和 ECM 四部分组成。加速踏板位置传感器所起的作用是：将加速踏板位置信息输送给 ECM，ECM 结合发动机的运行工况计算出最佳的节气门开度，并与 TPS 检测到的当前节气门位置进行对比，然后向节气门电机发出指令，控制节气门电机动作，将节气门调整到合适的开度，如图 3-8-2 所示。

3.8.3　电路与信号特点

加速踏板位置传感器的结构类型和工作原理与电子节气门上的节气门位置传感器非常

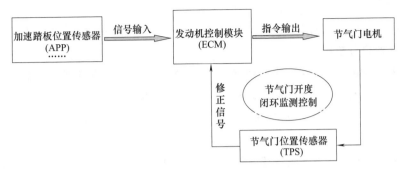

图 3-8-2　加速踏板位置传感器作用

相似，也分为电位计式和非接触式两种类型，均采用冗余设计，即每个 APP 总成中有两个位置传感器，以提高传感器信号输出的可靠性。

(1) 电路结构

如图 3-8-3 所示，APP 总成由两个位置传感器 APP1 和 APP2 组成，每个传感器的电路均由三条线路组成，分别是电源线（5V）、信号线和搭铁线，且均与 ECM 直接相连，因此，APP 总成共有 6 条线路，且均与 ECM 连接。

(2) 信号特点

加速踏板位置传感器为 ECM 提供两组电压信号，其信号特点如图 3-8-4 所示。

① 两组信号电压与加速踏板行程均成正比。

② APP1 的信号电压约为 APP2 的两倍：在静止位置时，APP1 的信号电压约为 0.7V，APP2 的信号电压约为 0.36V；在加速踏板完全踩下时，APP1 的信号电压约为 4.5V，APP2 的信号电压约为 2.2V。

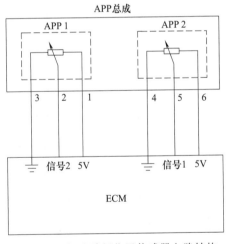

图 3-8-3　加速踏板位置传感器电路结构

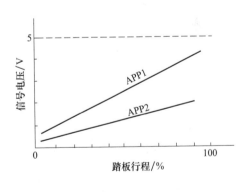

图 3-8-4　加速踏板位置传感器信号曲线

3.8.4　故障类型与症状

加速踏板位置传感器常见的故障主要有电路故障和传感器自身故障。

(1) 电路故障

加速踏板位置传感器的电路故障主要包括电路断路和短路，在这些情况下，ECM 会储存相关的故障码，同时也会点亮发动机故障指示灯，并可能会出现发动机怠速改变、动力下降、加速无反应等故障症状。

(2) 传感器自身故障

如果加速踏板位置传感器内部的两组信号不能够相互监测或者其中一组信号电路失效导致 ECU 接收错误信号，将出现发动机加速无力的故障现象。

对于大多数车型而言，当两个加速踏板位置传感器信号中有任一信号有故障时，系统将处于加速限制模式——ECM 控制发动机降低动力输出，发动机仍可达到最高转速，但加速的速度明显降低；当两个加速踏板位置传感器都有故障时，ECM 会将发动机转速控制在 1500r/min 左右，此时，发动机无法加速，进入"跛行回家"模式。

3.8.5 故障诊断

(1) 人工经验检查

对于加速踏板位置传感器的人工经验检查主要采用目视检查方法，检查内容主要包括：

① 检查加速踏板位置传感器的线束插接器是否破损、松脱或接触不良。

② 检查加速踏板位置传感器与 ECM 之间的连接线束是否破损、断裂或接触不良。

(2) 车载诊断系统诊断

① 故障码查询　利用诊断仪器查询 ECM 内部存储的加速踏板位置传感器故障码，有助于维修人员快速准确地判定故障方向，找到故障点。

与加速踏板位置传感器相关的故障码如表 3-8-1 所示。

表 3-8-1　与加速踏板位置传感器相关的故障码

故障码	含义	故障码设置说明	可能的故障原因
P2120	加速踏板位置传感器 1 电路	ECM 检测到加速踏板位置传感器 1 或 2 信号电压超限（过低或过高） *故障灯点亮	①APP1 或 APP2 信号线开路或对地短路 ②APP1 或 APP2 信号线对电源短路 ③ECM 故障
P2125	加速踏板位置传感器 2 电路		
P2122	加速踏板位置传感器电路 1 电压过低	ECM 检测到加速踏板位置传感器 1 或 2 信号电压过低 *故障灯点亮	①APP1 或 APP2 失效 ②APP1 或 APP2 信号线开路或对地短路 ③5V 参考电源开路或对地短路 ④ECM 故障
P2127	加速踏板位置传感器电路 2 电压过低		
P2123	加速踏板位置传感器电路 1 电压过高	ECM 检测到加速踏板位置传感器 1 或 2 信号电压过高 *故障灯点亮	①APP1 或 APP2 失效 ②APP1 或 APP2 信号线对电源短路 ③传感器搭铁电路开路 ④ECM 故障
P2128	加速踏板位置传感器电路 2 电压过高		
P2138	加速踏板位置传感器 1、2 相关性	APP1 与 APP2 之间的信号电压差值过小 *故障灯点亮	①APP1 与 APP 电路短路 ②APP 总成 ③ECM 故障

② 数据流读取与分析　在查询故障码后，通常还需要读取与故障码相关的数据流，对故障原因进行深入分析。诊断仪器读取的加速踏板位置传感器数据流的表达方式主

要有：

a. 信号数据，如：…V 等；

b. 物理量数据，如：…％等。

加速踏板位置传感器信号的数据流通常按如下方式读取：

a. 在"KOEO"状态下，不踩加速踏板，诊断仪器上显示的加速踏板位置传感器的数据流应为：APP1 约为 0.7V，APP2 约为 0.36V；

b. 在"KOEO"状态下，缓慢踩下加速踏板，诊断仪器上显示的加速踏板位置传感器的数据流——加速踏板信号电压、加速踏板行程百分比、信号波形（有的诊断仪器带有信号波形显示功能）应符合图 3-8-4 所示的变化规律，并且在"加速踏板完全抬起←→加速踏板完全踩下"之间输出的信号应平顺无中断。

③ 在"KOEO"状态下，完全踩下加速踏板并保持住，诊断仪器上显示的加速踏板位置传感器的数据流应为：APP1 约为 4.5V，APP2 约为 2.2V。

(3) 仪器设备检测

结合图 3-8-3 所示，说明利用仪器设备检测加速踏板位置传感器的项目和方法。

① 电压检测　关闭点火开关，拔下加速踏板位置传感器线束插接器，再打开点火开关置于"ON"挡，用万用表直流电压挡检测加速踏板位置传感器线束插头上的 5V 电源端子与搭铁端子之间的电压，以及信号端子与搭铁端子之间的电压，应符合规定要求，否则应进行线束的通断性和短路项目检测。

② 信号检测　将示波器或电压表的探针并接到加速踏板位置传感器的信号端子上，在"KOEO"状态下，缓慢踩下加速踏板，加速踏板位置传感器输出的信号波形或信号电压应符合图 3-8-4 所示的变化规律，并且在"加速踏板完全抬起←→加速踏板完全踩下"之间输出的信号应平顺无中断。

③ 线束检测

a. 线束通断性检测。关闭点火开关，拔下加速踏板位置传感器线束插接器和 ECM 线束插接器，用万用表欧姆挡测量它们对应端子间的电阻值应小于 0.5Ω，否则应检修线束。

b. 线束短路检测。关闭点火开关，拔下加速踏板位置传感器线束插接器和 ECM 线束插接器，用万用表欧姆挡测量加速踏板位置传感器线束插头上的任意两个端子之间的电阻值应为∞，否则应检修线束。

3.9　曲轴位置传感器

3.9.1　位置

曲轴位置传感器（Crankshaft Position，CKP），也称曲轴转角传感器，用于检测曲轴位置，因此，其信号轮一定安装在曲轴上或是与曲轴直接刚性连接的部件上（如曲轴皮带轮、飞轮等），传感器自身也一定安装在靠近曲轴信号轮的位置。通常情况下，按照曲轴的轴向位置划分，曲轴位置传感器可安装于曲轴前端的曲轴皮带轮处［图 3-9-1（a）］、曲轴中部气缸体上［图 3-9-1（b）］和曲轴后部靠近飞轮的位置［图 3-9-1（c）］。

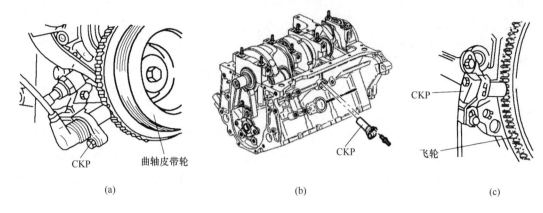

图 3-9-1 曲轴位置传感器安装位置

3.9.2 作用

曲轴位置传感器（CKP）是发动机电控系统中最主要的传感器之一，它用于检测曲轴的转动角度和发动机转速，并把信号输送给 ECM，ECM 利用 CKP 信号实现以下几个方面的控制：

(1) 喷油控制

CKP 信号是 ECM 进行喷油控制的主要参数，它不仅影响着 ECM 对燃油喷射量的控制，还影响着 ECM 对喷油正时的控制（如顺序喷射、柴油共轨喷射等）。

(2) 点火提前角修正

CKP 为 ECM 提供发动机转速信号，而发动机转速是影响点火提前角的一个重要因素。通常在节气门开度一定的情况下，发动机转速越高，点火提前角越大（越提前）。

(3) 燃油泵控制

ECM 基于 CKP 信号判断发动机是否运转，以此完成对燃油泵的动作控制：当点火开关置于"ON"挡但未启动车辆时，ECM 控制燃油泵运转，为燃油系统建立初始压力，如果 2s 后 ECM 还没有接收到 CKP 信号，ECM 认为发动机没有启动，就会终止燃油泵的工作；当启动发动机时和发动机启动后，CKP 会将发动机转速信号适时传送给 ECM，ECM 将控制燃油泵持续运转。

(4) 发动机失火监控

ECM 可以通过监测 CKP 信号的波动大小来判断发动机是否出现失火。

> 提示
>
> ① 对于有特殊齿缺（如 58+2）的 CKP，它能够识别位于上止点的一对气缸（究竟哪个位于压缩上止点、哪个位于排气终了上止点无法确定）；对于没有特殊齿缺的 CKP，它只能检测发动机转速，必须依靠凸轮轴位置传感器（CMP）为参照才能够识别气缸压缩上止点和曲轴转角。
>
> ② 只要接收不到发动机转速信号，ECM 就不会触发喷油和点火。

3.9.3 电路与信号特点

目前常用的曲轴位置传感器主要有：磁脉冲式、霍尔式、磁阻式等几种类型。

(1) 磁脉冲式

磁脉冲式转速传感器主要由导磁材料制成的信号齿环、永久磁铁、软铁芯和线圈等组成，如图 3-9-2 所示。

① 电路结构 磁脉冲式转速传感器有两线式和三线式两种类型，两线式的两条线为信号回路线，三线式的是在两线式的基础上增加了一条抗干扰屏蔽线（外部搭铁线），如图 3-9-3 所示。

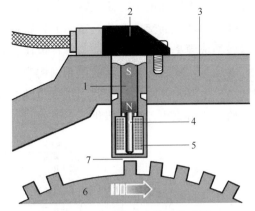

图 3-9-2 磁脉冲式转速传感器
1—永久磁铁；2—传感器壳体；3—变速器壳体；
4—软铁芯；5—线圈；6—基准（2 个齿缺）；7—间隙

 提示

磁脉冲式转速传感器依靠磁电感应产生信号，不需要外供电源。

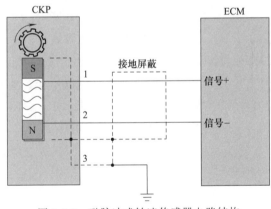

图 3-9-3 磁脉冲式转速传感器电路结构

② 信号特点 磁脉冲式转速传感器的信号特点如图 3-9-4 所示：

a. 磁脉冲信号为磁电感应生成的（正弦波）交变电压信号，是模拟信号。

b. 信号的强弱只取决于磁通的变化率（磁通变化率越快，感应信号越强），而与磁通的大小无关。

c. 随转速的增加，信号频率和信号幅值也将加大。

d. 转速为零时，无信号输出。

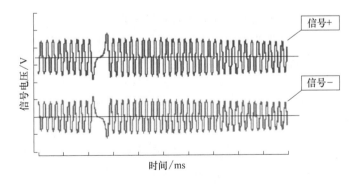

图 3-9-4 磁脉冲式 58x 曲轴位置传感器信号曲线

(2) 霍尔式

① 电路结构 霍尔式转速传感器利用霍尔效应原理来检测转速，由信号齿环、霍尔

元件、永久磁铁和电子电路组成。如图 3-9-5 所示，在信号齿环转动时，霍尔元件所处的磁场强度出现强弱交替变化，霍尔元件将输出一个毫伏级的正弦波信号，电子电路将这个信号转换成频率与转速相对应的脉冲电压，并以数字方波形式输送给 ECM。

普通霍尔式转速传感器的电路结构为三条线路（图 3-9-5），分别为电源电路、信号电路和搭铁电路，其中信号电路和搭铁电路都直接与 ECM 连接，而电源既可以由 ECM 直接供给，也可以由外电路提供。

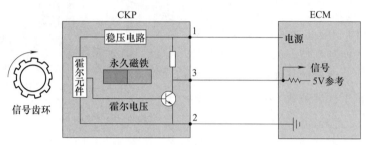

图 3-9-5　普通霍尔式转速传感器电路结构

新型霍尔式转速传感器的电路结构为两条线路，该类型传感器采用载波技术，它可以通过电源电路或搭铁线路将信号以载波的形式传输给 ECM。

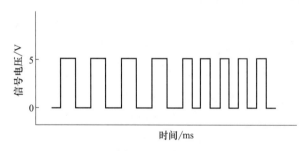

图 3-9-6　霍尔式转速传感器信号曲线

② 信号特点　霍尔式转速传感器的信号特点如图 3-9-6 所示：

a. 霍尔转速传感器输出的电压信号为数字方波信号。

b. 输出信号的幅值不变，通常高电位为 5V（具体因不同车型 ECM 内部提供的信号参考电压而定）、低电位为 0V。

c. 信号频率随转速增加而加大。

d. 零转速时也会有信号输出。

(3) 磁阻式

磁阻式转速传感器是利用磁阻元件的磁阻效应原理来检测转速。磁阻效应是指半导体材料的电阻值随磁场强度变化的规律：电阻随磁场增强而增大，随磁场减弱而减小。磁阻元件利用此规律，通过电路转换，以此实现：磁场变化→电阻变化→电子电路→信号输出。

如图 3-9-7 所示，磁阻式转速传感器由多极磁环、磁阻元件（MRE）和电子电路组成。

① 电路结构　磁阻式转速传感器的电路结构通常为三条线路（图 3-9-7），分别为电源电路、信号电路和搭铁电路，其中信号电路和搭铁电路都直接与 ECM 连接，而电源既可以由 ECM 直接供给，也可以由外电路提供。

② 信号特点　磁阻式转速传感器与霍尔式转速传感器有着基本相同的信号特点：

a. 输出的电压信号为数字方波信号。

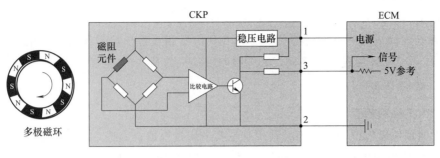

图 3-9-7 磁阻式转速传感器电路结构

b. 输出信号的幅值不变。

c. 信号频率随转速增加而加大。

d. 零转速时也会有信号输出。

 提示

① 磁脉冲式转速传感器是通过自身磁电感应产生交变电压信号输送给 ECM。

② 霍尔式转速传感器和磁阻式转速传感器自身并不能向 ECM 输送电压信号，它们实质上可以看作是一个开关，由 ECM 提供一个 5V 的信号参考电压（注：信号参考电压的大小因具体车型而异）。当开关处于"断开"状态时，ECM 的信号参考电压电路与搭铁电路被切断，此时，ECM 接收到的信号电压为高电位（如 5V 等）；当开关处于"闭合"状态时，ECM 的信号参考电压电路与搭铁电路导通，此时，ECM 接收到的信号电压为低电位（如 0V 等）。

3.9.4 故障类型与症状

曲轴位置传感器常见的故障主要包括电路故障和传感器自身故障两个方面。无论是哪个方面发生故障，曲轴位置传感器对发动机运行的影响都是很大的。

① 在发动机启动过程中，如果曲轴位置传感器信号缺失或错乱，通常会出现发动机无法着车的故障现象。

 提示

对于现今某些车型的发动机电控系统，具有曲轴位置传感器（CKP）和凸轮轴位置传感器（CMP）信号可以相互替换的控制策略。因此，当曲轴位置传感器信号丢失时，ECM 可以利用凸轮轴位置传感器信号推算出曲轴位置和发动机转速；当凸轮轴位置传感器信号丢失时，ECM 可以利用曲轴位置传感器信号判断 1 缸压缩上止点和各缸活塞位置。基于这种控制策略，曲轴位置传感器和凸轮轴位置传感器只要有一个能够正常工作，发动机就可以启动（启动时间可能延长），但 ECM 会进入故障模式，使发动机的某些功能受限。

② 在发动机运行过程中，如果曲轴位置传感器信号丢失，可能出现两种症状：

a. 对于发动机电控系统不具备 CKP 与 CMP 信号相互替换控制策略的车型，发动机会立即熄火。

b. 对于发动机电控系统具备 CKP 与 CMP 信号相互替换控制策略的车型，发动机会继续运行，但 ECM 会进入故障模式，并限制发动机的某些功能。

3.9.5 故障诊断

(1) 人工经验检查

对于曲轴位置传感器的人工经验检查主要采用目视检查方法，检查内容主要包括：

① 曲轴位置传感器是否安装到位、紧固，安装位置是否正确、合适。

② 曲轴位置传感器的线束插接器是否破损、松脱或接触不良。

③ 曲轴位置传感器的信号齿环有无变形、磨损或脏污堵塞，必要时进行调整、修理或更换。

④ 曲轴位置传感器与 ECM 之间的连接线束是否破损、断裂或接触不良。

另外，在发动机运行时还可以轻轻晃动曲轴位置传感器的线束插头或轻轻振动曲轴位置传感器，如果发动机的运行发生突然变化（如抖动、突然熄火等），说明曲轴位置传感器内部或线束插头接触不良。

(2) 车载诊断系统诊断

① 故障码查询　利用诊断仪器可以查询 ECM 内部存储的曲轴位置传感器故障码，与曲轴位置传感器相关的故障码如表 3-9-1 所示。

表 3-9-1　与曲轴位置传感器相关的故障码

故障码	含义	故障码设置说明	可能的故障原因
P0335	曲轴位置传感器电路	①在发动机启动的最初几秒，ECM 没有检测到 CKP（位置）的信号 ②当发动机运转时，ECM 没有接收到来自 CKP（位置）的正确脉冲信号 *故障灯点亮	①曲轴位置传感器电路开路或短路 ②曲轴位置传感器（位置） ③信号齿环 ④ECM
P0336	曲轴位置传感器性能	发动机运转过程中，CKP（位置）的信号波形不符合要求 *故障灯点亮	①线束或接头接触不良 ②曲轴位置传感器 ③信号齿环 ④ECM
P0337	曲轴位置传感器电路电压低	ECM 接收到的 CKP 信号电压低于校准的最低值 *故障灯点亮	①曲轴位置传感器电路开路或短路 ②曲轴位置传感器 ③ECM
P0338	曲轴位置传感器电路电压高	ECM 接收到的 CKP 信号电压高于于校准的最高值 *故障灯点亮	①曲轴位置传感器电路开路或短路 ②曲轴位置传感器 ③ECM
P0339	曲轴位置传感器电路间歇故障	发动机启动运转超过 3s，转速超过 1000r/min，ECM 没有接收到 CKP 信号超过 0.05s。 *故障灯不点亮	①曲轴位置传感器电路开路或短路 ②曲轴位置传感器（位置） ③信号齿环 ④ECM

② 数据流读取与分析　在查询故障码后，通常还需要读取与故障码相关的数据流，对故障原因进行深入分析。诊断仪器读取的曲轴位置传感器数据流的表达方式主要有物理量数据，如：…r/min 等。

 提示

当发动机启动无法着车时，ECM 没有接收到曲轴位置传感器的信号是导致该故障的重要原因之一，此时，可以利用专用诊断仪器在发动机启动过程中查看"发动机转速（r/min）"数据流。如果数据为 0r/min，说明 CKP 信号故障；如果动态转速数据存在，说明 ECM 已经接收到了 CKP 信号，可以对信号的正确性和其他因素进行排查。

(3) 仪器设备检测

① 磁脉冲式曲轴位置传感器检测

a. 位置检查　有些车型的曲轴位置传感器安装位置没有定位销或定位孔，因此在安装这类曲轴位置传感器时必须按规定使用专用定位工具进行安装和检查。

b. 间隙测量　用厚薄规测量传感器与信号齿环之间的空气间隙，应符合维修手册的规定标准（间隙一般为 0.2～0.4mm）。

c. 电阻测量　结合图 3-9-3，说明利用万用表测量磁脉冲式曲轴位置传感器感应线圈电阻的方法。

对于两线式的磁脉冲式曲轴位置传感器：关闭点火开关，拔下曲轴位置传感器的插接器，用万用表的电阻挡测量传感器上 1、2 端子间的电阻值，应在维修手册规定的范围内。

对于三线式的磁脉冲式曲轴位置传感器：关闭点火开关，拔下曲轴位置传感器的插接器，首先找出三条线中的屏蔽搭铁线（可以依据维修手册的端子图或线色识别；也可以用万用表的电阻挡分别测量线束侧 3 个端子与搭铁间的阻值，阻值为零的那个端子即为搭铁线端子，剩下两个端子就是感应线圈的两个端子），再用万用表的电阻挡测量传感器上感应线圈的两个端子（1、2 端子）间的电阻值，应在维修手册规定的范围内。

 提示

电阻测量只适用于磁脉冲式传感器，而不适用于霍尔式和磁阻式。

d. 信号检测　将示波器或电压表（交流电压挡）的探针并接到传感器的任一信号端子上，将负探针搭铁，在发动机转动时，观察示波器的波形或电压表的电压变化，应符合规定信号波形或信号电压的变化规律。并且随转速增加，信号频率、波形振幅或信号电压都将增加。在整个检测过程中信号应无中断。

e. 线束检测

(a) 线束通断性检测。关闭点火开关，拔下传感器线束插接器和 ECM 线束插接器，用万用表欧姆挡测量它们对应端子间的电阻值应小于 0.5Ω，否则应检修线束。

(b) 线束短路检测。关闭点火开关，拔下传感器线束插接器和 ECM 线束插接器，用万用表欧姆挡测量传感器线束插头上的任意两个端子之间的电阻值应为∞，否则应检修线束。

② 霍尔式曲轴位置传感器检测

结合图 3-9-5，说明利用仪器设备检测霍尔式曲轴位置传感器的方法。

a. 位置检查　有些车型的曲轴位置传感器安装位置没有定位销或定位孔，因此在安装这类曲轴位置传感器时必须按规定使用专用定位工具进行安装和检查。

b. 间隙测量　用厚薄规测量传感器与信号齿环之间的空气间隙，应符合维修手册的规定标准（间隙一般为 0.2~0.4mm）。

c. 电压检测　将点火开关置于"ON"挡，拔下曲轴位置传感器插接器，用万用表电压挡分别测量线束侧的 1（电源）、3（信号）端子与 2（搭铁）端子间的电压，1（电源）端子应有符合标准规定的电压值（通常为 12V 或 5V），3（信号）端子的测量电压应为 5V，否则说明线路存在断路或短路故障。

d. 信号检测

（a）利用示波器检测。关闭点火开关，将示波器的探针并接到传感器的信号端子上，将负探针搭铁，在发动机转动时，观察示波器的波形变化，应符合规定的数字信号波形的变化规律，随转速增加，信号频率增加、信号振幅不变。在整个检测过程中信号应无中断。

（b）利用万用表检测。关闭点火开关，使用万用表的直流电压挡，将红表笔与信号线相连，黑表笔与搭铁线相连，启动发动机，电压应变化，若无变化，应检查线路，必要时更换传感器。

（c）利用发光二极管检测。关闭点火开关，将发光二极管的正负极线路分别与传感器的信号线和搭铁线相连，启动发动机，发光二极管应有规律闪烁，否则应检查线路，必要时更换传感器。

e. 线束检测

（a）线束通断性检测。关闭点火开关，拔下传感器线束插接器和 ECM 线束插接器，用万用表欧姆挡测量它们对应端子间的电阻值应小于 0.5Ω，否则应检修线束。

（b）线束短路检测。关闭点火开关，拔下传感器线束插接器和 ECM 线束插接器，用万用表欧姆挡测量传感器线束插头上的任意两个端子之间的电阻值应为∞，否则应检修线束。

③ 磁阻式曲轴位置传感器检测

磁阻式曲轴位置传感器的检测项目和方法与霍尔式曲轴位置传感器相同，参见"霍尔式曲轴位置传感器检测"。

3.10　凸轮轴位置传感器

3.10.1　位置

凸轮轴位置传感器（Camshaft Position，CMP），安装在发动机气缸盖凸轮轴附近，通常安装在气缸盖的前部［图 3-10-1（a）］或后部［图 3-10-1（b）］。对于带有可变气门正时控制（VVT）功能的发动机，凸轮轴位置传感器多安装在气缸盖的后部（气缸盖的前部用于安装可变气门正时机油压力控制电磁阀）。

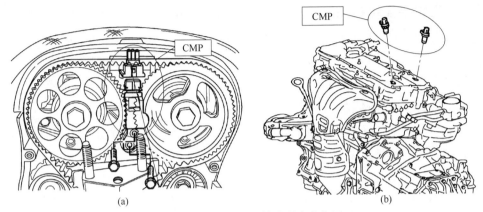

图 3-10-1 凸轮轴位置传感器安装位置

3.10.2 作用

凸轮轴位置传感器（CMP）是发动机电控系统中非常重要的传感器之一，它用于检测凸轮轴的位置和转角，并把信号输送给 ECM，ECM 利用 CMP 信号实现以下几个方面的控制：

（1）判缸控制

ECM 利用凸轮轴位置传感器的信号可以确定 1 缸压缩上止点的位置，为点火正时和喷油正时的控制提供基础依据。

（2）喷油控制

ECM 根据凸轮轴位置传感器和曲轴位置传感器提供的信号，能够识别出各个气缸活塞的位置和行程，从而精确控制燃油喷射顺序和喷射时刻。

（3）点火正时控制

ECM 根据凸轮轴位置传感器和曲轴位置传感器提供的信号，能够识别出各个气缸活塞的位置和行程，从而精确控制点火顺序和点火时刻。

 提示

① 如果曲轴位置传感器的信号齿是均匀分布的（没有作为基准的齿缺存在），那么发动机电控系统中必须配置凸轮轴位置传感器。

② 如果曲轴位置传感器的信号齿环中存在作为基准标记的齿缺，那么依据发动机电控系统的具体需求，视情况确定是否需要配置凸轮轴位置传感器：

a. 如果发动机为分组点火控制，系统可以不配置凸轮轴位置传感器，ECM 只依据曲轴位置传感器的信号就可以实施点火控制和喷油控制，但对点火和喷油的控制只能是分组控制，而无法实现顺序控制；如果系统配置了凸轮轴位置传感器，那么该传感器的作用主要是用于燃油的顺序喷射控制。

b. 如果发动机为逐缸独立点火控制，系统必须要配置凸轮轴位置传感器。

(4) 可变气门正时控制

对于配置了可变气门正时（VVT）控制技术的电控发动机，凸轮轴位置传感器还用于监控 VVT 系统的进气或排气凸轮轴是否达到预定位置。

3.10.3 电路与信号特点

目前常用的凸轮轴位置传感器与曲轴位置传感器一样，有磁脉冲式、霍尔式、磁阻式等几种类型，其电路结构与信号特点与曲轴位置传感器相同，参见曲轴位置传感器的"电路与信号特点"。

3.10.4 故障类型与症状

凸轮轴位置传感器常见的故障主要有电路故障和传感器自身故障，造成的结果往往是凸轮轴位置传感器信号缺失。

① 在发动机启动过程中，如果凸轮轴位置传感器信号缺失，可能出现两种症状：

a. 如果曲轴位置传感器的信号齿环中存在作为基准标记的齿缺，在这种条件下，发动机能够正常启动。

b. 如果曲轴位置传感器的信号齿环是均匀分布的（没有作为基准的齿缺存在），在这种条件下，发动机将无法正常启动，启动时间会延长（因为没有任何判缸依据）。

② 在发动机运行过程中，如果凸轮轴位置传感器信号丢失，发动机会继续运行。

提示

无论是凸轮轴位置传感器还是曲轴位置传感器，通常情况下，只要任一个传感器的信号缺失，ECM 就会进入故障模式，并使发动机的某些功能受限。

3.10.5 故障诊断

凸轮轴位置传感器的故障诊断项目和方法与曲轴位置传感器相似，具体参见曲轴位置传感器中的"故障诊断"。

利用诊断仪器可以查询 ECM 内部存储的凸轮轴位置传感器故障码，与凸轮轴位置传感器相关的故障码如表 3-10-1 所示。

表 3-10-1 与凸轮轴位置传感器相关的故障码

故障码	含　义	故障码设置说明	可能的故障原因
P0340	（进气）凸轮轴位置传感器电路	当发动机运转时，ECM 没有接收到来自 CMP 的信号 ＊故障灯点亮	①凸轮轴位置传感器电路开路或短路 ②凸轮轴位置传感器 ③凸轮轴（信号齿环） ④气门正时 ⑤ECM
P0365	（排气）凸轮轴位置传感器电路		
P0341	（进气）凸轮轴位置传感器性能	发动机运转过程中，ECM 检测到 CMP 的信号（电压）不正确 ＊故障灯点亮	①线束或接头接触不良 ②凸轮轴位置传感器 ③凸轮轴（信号齿环） ④ECM
P0366	（排气）凸轮轴位置传感器性能		

续表

故障码	含义	故障码设置说明	可能的故障原因
P0342	(进气)凸轮轴位置传感器电路电压低	ECM 接收到的 CMP 信号电压低于校准的最低值 *故障灯点亮	①凸轮轴位置传感器电路开路或短路 ②凸轮轴位置传感器 ③ECM
P0367	(排气)凸轮轴位置传感器电路电压低		
P0343	(进气)凸轮轴位置传感器电路电压高	ECM 接收到的 CMP 信号电压高于于校准的最高值 *故障灯点亮	①凸轮轴位置传感器电路开路或短路 ②凸轮轴位置传感器 ③ECM
P0368	(排气)凸轮轴位置传感器电路电压高		
P0344	凸轮轴位置传感器 A(进气)电路间歇故障	ECM 在设定的时间段内检测到传感器信号不稳定或无信号	①凸轮轴位置传感器电路故障 ②凸轮轴位置传感器 ③凸轮轴(信号齿环) ④ECM
P0369	凸轮轴位置传感器 B(排气)电路间歇故障		

3.11 爆震传感器

3.11.1 位置

爆震传感器（Knock Sensor，KNK 或 KS），安装于发动机缸体上。

① 对于直列发动机，缸体上可安装 1 个或 2 个爆震传感器，如果安装 1 个爆震传感器，传感器通常位于气缸体的中部；如果安装 2 个爆震传感器，则分别位于气缸体的前部和后部[图 3-11-1（a）]。

② 对于 V 型发动机，每侧气缸体上至少需要安装 1 个爆震传感器，如图 3-11-1（b）所示。

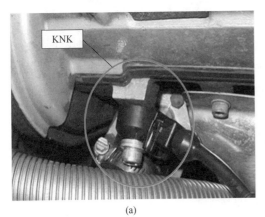
(a)

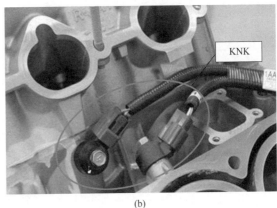
(b)

图 3-11-1 爆震传感器安装位置

3.11.2 作用

爆震传感器（KNK）是发动机点火控制中主要的传感器之一，它用于检测发动机是否发生爆震，ECM 据此信号控制点火提前角以尽可能获得最佳性能，同时保护发动机避免发生具有潜在危害的爆震。

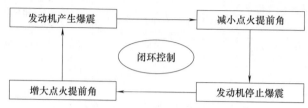

图 3-11-2　点火提前角的闭环控制

为了获得更好的动力性能，ECM 会控制发动机的点火系统尽可能地增加点火提前角，当点火提前角增加到一定程度时，发动机将发生爆震，气缸内压力异常，缸体高频振动，此时，爆震传感器将检测到的爆震信号传送给 ECM，ECM 会减小点火提前角，直到爆震停止，之后 ECM 将再次逐步增加点火提前角，如果在此过程中又检测到了爆震信号，则再次减小点火提前角，从而形成点火提前角的闭环控制，其控制过程如图 3-11-2 所示。在整个点火提前角的闭环控制过程中，ECM 将始终控制点火提前角使发动机处于要达到爆震但还未达到爆震的临界状态，以期获得最佳性能。

3.11.3　电路与信号特点

爆震传感器采用压电晶体技术，根据发动机振动或噪声水平，产生振幅和频率不断变化的交流电压信号。振幅和频率取决于爆震传感器检测到的爆震水平。

（1）电路结构

爆震传感器的电路结构如图 3-11-3 所示，传感器通过信号电路和低电平参考电压电路连接至发动机控制模块（ECM），传感器电路通过屏蔽搭铁电路保护免受电磁干扰，屏蔽搭铁电路可直接通过外电路搭铁或通过 ECM 搭铁。

提示

爆震传感器电路不需外供电源。

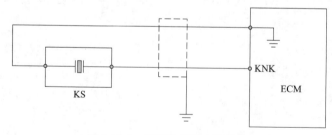

图 3-11-3　爆震传感器电路结构

（2）信号特点

爆震传感器产生不断变化的交流电压信号，如图 3-11-4 所示。信号含有各种频率，输入到 ECM 后，首先要通过滤波电路将爆震信号和其他振动信号分离，然后将信号的最大值与爆震强度的基准值进行比较，如果信号的最大值大于基准值，说明发生爆震。

3.11.4 故障类型与症状

爆震传感器常见的故障主要包括电路故障和传感器自身故障。在发动机工作过程中，如果爆震传感器发生故障，爆震监测就会中断，呈现出的常见故障症状如下：

① ECM 将点亮发动机故障指示灯，同时将点火提前角推迟一定角度。

② 在汽车行驶故障中，驾驶员会明显感到发动机动力不足。

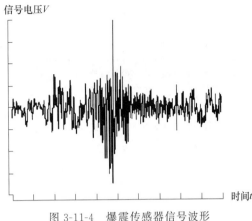

图 3-11-4　爆震传感器信号波形

3.11.5 故障诊断

(1) 人工经验检查

对爆震传感器的人工经验检查通常采用目视检查方法，检查内容主要包括：

① 爆震传感器有无物理损坏，若有损坏则应更换爆震传感器。

② 爆震传感器的安装面（包括传感器的表面和气缸体表面）应干净，无毛刺和铸造飞边。

③ 爆震传感器是否安装正确。爆震传感器松动或紧固过度都可能导致信号失真，使 ECM 生成故障码，因此，在安装爆震传感器时，必须选择正确的螺栓，严禁添加垫片和涂抹螺纹密封胶，紧固力矩必须符合规定（通常螺栓紧固力矩为 20N·m）。

④ 爆震传感器的线束插接器是否破损、松脱或接触不良。

(2) 车载诊断系统诊断

① 故障码查询　利用诊断仪器可以查询 ECM 内部存储的爆震传感器故障码，与爆震传感器相关的故障码如表 3-11-1 所示。

表 3-11-1　与爆震传感器相关的故障码

故障码	含　义	故障码设置说明	可能的故障原因
P0324	爆震传感器系统性能	ECM 检测到 KS 的信号超出测量范围 ＊故障灯点亮	①爆震传感器电路故障 ②爆震传感器松动 ③爆震传感器 ④燃油标号(辛烷值)不正确 ⑤ECM
P0325	爆震传感器 1 电路	KS 信号电路开路并持续 10s 以上 ＊故障灯点亮	①爆震传感器电路开路 ②爆震传感器 ③ECM
P0330	爆震传感器 2 电路		
P0326	爆震传感器 1 性能	①信号指示传感器线束已连接，但传感器用螺栓安装至发动机不正确 ②爆震传感器信号指示发动机存在过度爆震 存在上述任何状况并持续 10s 以上 ＊故障灯点亮	①线束或接头接触不良 ②爆震传感器安装故障 ③爆震传感器 ④ECM 信号
P0331	爆震传感器 2 性能		

续表

故障码	含义	故障码设置说明	可能的故障原因
P0327	爆震传感器1电路电压过低	ECM接收到的KS信号电压低于校准的最低值 *故障灯点亮	①爆震传感器信号对搭铁短路 ②爆震传感器 ③ECM
P0332	爆震传感器2电路电压过低		
P0328	爆震传感器1电路电压过高	ECM接收到的KS信号电压高于校准的最高值 *故障灯点亮	①爆震传感器信号对电压短路 ②爆震传感器 ③ECM
P0333	爆震传感器2电路电压过高		
P06B6	控制模块爆震传感器处理器1性能	ECM检测到内部爆震传感器处理器故障 *故障灯点亮	ECM
P06B7	控制模块爆震传感器处理器2性能		

② 数据流读取与分析　爆震传感器的数据流主要有以下几项：

a. 状态参数：YES（是）或NO（否）。该参数用来表示ECM是否接收到爆震传感器发送的爆震信号。当参数显示为YES时，说明ECM收到爆震信号；当参数显示为NO时，说明ECM没有收到爆震信号。

在进行爆震传感器数据分析时，可在发动机运转时进行急加速测试，此时通常参数会先显示YES，然后显示NO，这种情况表明系统正常。如果在急加速时参数没有显示为YES或在发动机稳定运转时参数一直显示为YES，说明爆震传感器或线路有故障。

b. 爆震计数：爆震计数是一个数值参数，其变化范围通常为0～255。此计数表示ECM根据爆震传感器信号计算出的爆震数量和相关的持续时间，参数的数值并非爆震的实际次数和时间，而只是一个与爆震次数及持续时间成正比的相对数值。任何大于0的数值都表示已经发生爆震。数值低表示爆震次数少或持续时间短，数值高表示爆震次数多或持续时间长。

c. 爆震推迟：爆震推迟是一个数值参数，其变化范围一般为0～99。它表示ECM在收到爆震传感器发送的爆震信号后将点火提前角推迟的数值，单位为度。该参数的数值不代表点火提前角的实际数值，仅表示点火提前角相对于当前工况下最佳点火提前角向后推迟的角度。

在利用诊断仪器观察爆震传感器数据信息时，可以通过模拟测试观察点火提前角的数据变化来间接分析爆震传感器的性能——使用榔头轻轻敲击爆震传感器附近的缸体，模拟发动机发生爆震，发动机的转速应随之下降，此时，用诊断仪器观察点火提前角的变化，应突然减小然后又增大，这表明爆震传感器工作正常，否则，爆震传感器或其线路存在异常。

(3) 仪器设备检测

① 电阻检测　关闭点火开关，拔下爆震传感器的线束插接器，用万用表的欧姆挡测量传感器两个端子与外壳之间的电阻值，应大于 $1M\Omega$。

② 信号检测　关闭点火开关，拔下爆震传感器的线束插接器，将示波器或电压表（交流电压挡）的探针连接到传感器上的两个接线端子，在发动机怠速运转时，观察示波器的波形或电压表的电压变化，应有符合规定的信号波形或信号电压输出，否则，应更换爆震传感器。

③ 线束检测

a. 线束通断性检测。关闭点火开关，拔下传感器线束插接器和 ECM 线束插接器，用万用表欧姆挡测量它们对应端子间的电阻值应小于 0.5Ω，否则应检修线束。

b. 线束短路检测。关闭点火开关，拔下传感器线束插接器和 ECM 线束插接器，用万用表欧姆挡测量传感器线束插头上的两个端子之间的电阻值应为 ∞，否则应检修线束。

3.12　氧传感器

3.12.1　位置

氧传感器（Heated Oxygen Sensor，HO_2S），都安装在发动机的排气管路上。如图 3-12-1 所示，为了满足日益严格的排放法规的要求，现代汽车在发动机排气管路上都安装了三元催化器，在每个三元催化器的前方和后方都会分别安装一个氧传感器。安装在前方的氧传感器称为前氧传感器（HO_2S1），或称上游氧传感器；安装在后方的氧传感器称为后氧传感器（HO_2S2），或称下游氧传感器。

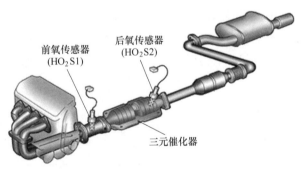

图 3-12-1　氧传感器安装位置

3.12.2　作用

三元催化器用于催化转换发动机尾气中的 HC、CO、NO_x 等废气，并且在理论空燃比的条件下转换效率最高，因此就需要有传感器监控发动机混合气的空燃比，并在必要时由 ECM 根据传感器的信号对空燃比进行修正和调整；另外，三元催化器自身的效能如何也需要传感器的监测。该传感器就是前氧传感器和后氧传感器。

(1) 前氧传感器作用

前氧传感器用于检测发动机排气中的氧含量。ECM 根据该信号控制喷油量的增减，以期将气缸内混合气的空燃比控制在理想空燃比（14.7∶1）左右，在尽可能使混合气完全燃烧的同时，能够使三元催化器发挥最佳的催化转化效能。

如图 3-12-2 所示，发动机控制模块（ECM）接收发动机转速、进气歧管绝对压力传感器（或空气流量计）、节气门位置传感器、冷却液温度传感器等各种相关传感器的信号，发出控制指令给喷油器，通过控制喷油器喷油时间的长短（通常以 ms 计）实现对喷油量的控制。在该闭环控制中，位于三元催化器上游的前氧传感器作为反馈传感器，适时监测排气中氧的含量，并以电压或电流等信号形式传输给 ECM，ECM 据此可知燃油混合气的浓稀程度，并发出指令对喷油器的喷油量实施修正，以使燃油混合气的浓度始终接近理想空燃比，从而实现发动机的闭环控制，改善发动机的燃烧，减少有害气体的排放。

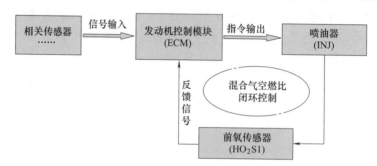

图 3-12-2　基于前氧传感器的混合气空燃比闭环控制

（2）后氧传感器作用

后氧传感器用于检测三元催化器的催化效率是否正常。如果三元催化器的催化效率正常，那么排气中的 HC、CO、NO_x 等有害物质就会被三元催化器转换为无害的 H_2O、CO_2、N_2。当转换后的这些物质通过后氧传感器时，由于其中的氧气含量稳定，因此不会引起后氧传感器信号电压的变化。如果三元催化器失效，催化器将不能释放储存的氧气，HC、CO、NO_x 等有害物质在三元催化器中不能完全被催化转换，剩余的有害物质通过后氧传感器时，将会引起后氧传感器信号电压的明显变化，如图 3-12-3 所示。

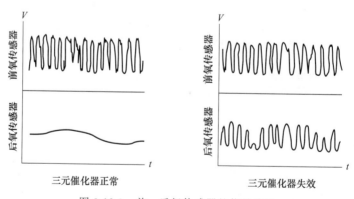

图 3-12-3　前、后氧传感器的信号波形

根据后氧传感器信号电压的变化，ECM 能够判断三元催化器的工作性能是否正常。如果三元催化器的催化转换效率严重下降，ECM 将会发出警示信息以提醒驾驶员及时维修或更换三元催化器。

3.12.3 电路与信号特点

汽车发动机上常用的氧传感器主要有：氧化锆式、氧化钛式、宽带式等几种类型。这几种氧传感器都需要温度达到350℃以上时方能正常工作。为了使氧传感器在发动机启动后能迅速进入工作状态，氧传感器的内部都装有加热元件，因此，这几种氧传感器也都称为加热型氧传感器。

(1) 氧化锆式

① 电路结构　氧化锆式氧传感器的电路包括传感器电路和加热器电路两个部分，如图3-12-4所示，整个电路由4条线路组成，其中传感器的两条线路分别为"信号高"电路和"信号低"电路，均与ECM相连；加热器两条线路中的一条由电源电路供电，另一条线路与ECM相连，由ECM控制加热器的接地。

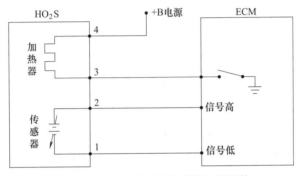

图3-12-4　氧化锆式氧传感器电路结构

② 信号特点　氧化锆式氧传感器是基于氧浓度差电池的原理进行工作。如图3-12-5所示，它以二氧化锆（ZrO_2）为工作介质，并做成管状，锆管的内侧和外侧各镀有一层金属铂，称为铂电极。内外铂电极的末端分别与氧传感器的"信号高"电路和"信号低"电路相连。内侧铂电极与大气接触，外侧铂电极与排气接触。在工作温度下，如果锆管内外两侧表面的氧含量不平衡，氧离子就会从含氧量高的一侧向含氧量低的一侧扩散，使内外两侧的铂电极间产生电动势，该电动势即为氧传感器的信号。

氧化锆式氧传感器的信号特点如图3-12-6所示。

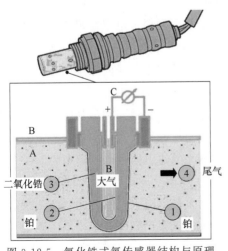

图3-12-5　氧化锆式氧传感器结构与原理

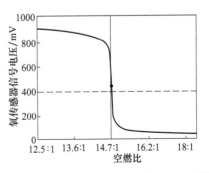

图3-12-6　氧化锆式氧传感器信号电压曲线

a. 信号为近似正弦波式的交变电压信号,在0~1V之间跳变,是模拟信号。
b. 当氧传感器工作在理论空燃比时,信号电压约为0.45V。
c. 当混合气偏浓时,信号电压较高,一般在0.6~1V。
d. 当混合气偏稀时,信号电压较低,一般在0~0.3V。
e. 氧化锆式氧传感器只有在理论空燃比附近才能产生跳跃性变化的信号电压,因此被称为跃变型氧传感器,也被称为开关型氧传感器或两点式氧传感器。在理论空燃比范围之外,其信号电压不变,因此,发动机ECM通过氧化锆式氧传感器只能检测空燃比是否偏离了理论空燃比,而无法判断偏离多少,因而在非理论空燃比范围时,发动机ECM无法精确调整混合气的浓度。

(2) 氧化钛式

① 电路结构 氧化钛式氧传感器的电路与氧化锆式氧传感器的电路基本相同,参见图3-12-4。但两者的工作原理却不相同,氧化钛式氧传感器和氧化锆式氧传感器的主要区别是:氧化锆式氧传感器是将排气中氧分子含量的变化转换成电压的变化;而氧化钛式氧传感器则是将排气中氧分子含量的变化转换成传感器电阻的变化。氧化钛式氧传感器以二氧化钛(TiO_2)为工作介质,在高温条件下,如果TiO_2周围氧含量少时,TiO_2中的氧分子会发生逃逸而使其晶格出现缺陷,使其电阻降低。利用TiO_2这一特性,将TiO_2串联在氧传感器内部电路中,使排气通过TiO_2,TiO_2的电阻就会随着排气中氧含量的变化而变化,从而产生不同的信号电压。

由于氧化钛式氧传感器属电阻型传感器,受温度变化影响较大,因此在汽车上的应用远不如氧化锆式氧传感器广泛。

② 信号特点 氧化钛式氧传感器有着与氧化锆式氧传感器基本相同的信号特点,参见氧化锆式氧传感器信号特点。

(3) 宽带式

宽带式氧传感器是目前乃至未来汽车发动机前氧传感器的首选,它不仅能够监测混合气是否偏离了理论空燃比,而且能够精确地测出混合气浓或稀的程度,可以在较宽的发动机转速范围内配合ECM实现更精确的燃油修正控制。

宽带式氧传感器主要由测氧单元、泵氧单元、加热器和调节电阻等组成,其结构如图3-12-7所示。调节电阻通常位于宽带式氧传感器的线束连接器内部(图3-12-7未标示),它用于对传感器进行校准,将传感器的输出调节到合适的水平。需要强调的是,在更换宽带式氧传感器时,必须同时更换传感器的线束与线束连接器。

宽带式传感器中的测氧单元及其两侧的测量室(与排气相通)和基准空气室(与大气相通)相当一个传统的氧化锆式氧传感器,测氧单元将所测得的测量室中含氧量的信号电压输送给ECM。ECM将处于理论空燃比时的测氧单元的输出信号电压标定为0.45V,只要该信号电压偏离了0.45V就说明混合气空燃比不在理论空燃比状态,此时,ECM将根据测量室中混合气的浓或稀的情况来控制泵氧单元的泵氧电流大小和方向(注:泵氧单元既可以将排气中的氧泵入测量室,也可以将测量室中的氧泵出到排气中,泵入测量室时为负电流,泵出测量室时为正电流),使测氧单元的输出信号电压始终稳定在0.45V(即:

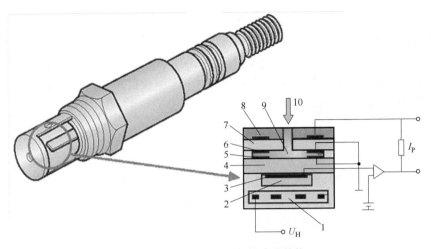

图 3-12-7 宽带式氧传感器结构

1—加热器；2—基准空气室；3,5—测氧单元铂电极；4—测氧单元；6—内吸氧装置铂电极；
7—泵氧单元；8—外吸氧装置铂电极；9—测量室；10—排气

使测量室中的氧含量保持在理论空燃比状态下的恒定值）。ECM 根据泵氧电流的大小和方向可以精确确定排气中氧的浓度，从而实现对混合气空燃比的宽范围、精确控制。泵氧电流即为宽带式氧传感器的信号。

① 电路结构　宽带式氧传感器的电路通常由 6 条线路构成，其电路具体结构如图 3-12-8 所示。

② 信号特点　宽带式氧传感器的信号因车型不同而各异，通常有电压和电流两种信号类型。在此，以电流信号为例，介绍宽带式氧传感器的信号特点，如图 3-12-9 所示：

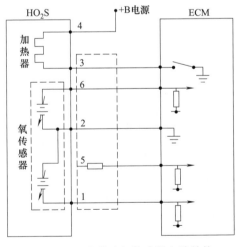

图 3-12-8　宽带式氧传感器电路结构

1—泵单元电流信号；2—传感器公共端；3—加
热器低电平控制；4—加热器电源；
5—测氧单元信号；6—泵氧单元信号

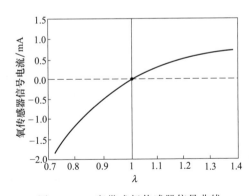

图 3-12-9　宽带式氧传感器信号曲线

a. 当空燃比处于理论空燃比（$\lambda=1$）时，测氧单元输出的电压为 0.45V，泵氧电流（即传感器信号）为 0mA。

b. 当混合气偏浓（λ<1）时，测氧单元输出的电压大于 0.45V，泵氧电流为负值（mA），且混合气越浓，负向信号电流越大，通常负向电流在 0～-2mA 范围。

c. 当混合气偏稀（λ>1）时，测氧单元输出的电压小于 0.45V，泵氧电流为正值（mA），且混合气越稀，正向信号电流越大，正向电流一般在 0～1.5mA 范围。

3.12.4 故障类型与症状

氧传感器常见的故障主要包括电路故障和部件故障两个方面，从而造成氧传感器自身或氧加热器失效。

① 前氧传感器对发动机的排放和燃油经济性影响较大，如果前氧传感器失效，可能呈现出故障灯点亮、发动机怠速不稳、油耗增大、排放不达标等不同的故障症状。

② 后氧传感器只对三元催化器的效能实施监控，如果后氧传感器失效，故障症状不大明显，可能只会点亮故障灯而无其他故障症状。

3.12.5 故障诊断

(1) 人工经验检查

对于氧传感器的人工经验检查主要采用目视检查方法，检查内容主要包括：

① 氧传感器外观是否存在破损。

② 氧传感器的线束插接器是否破损、松脱或接触不良。

③ 氧传感器与 ECM 之间的连接线束是否破损、断裂或接触不良。

很重要的一点，还应当对拆卸后的氧传感器进行目视检查，通过氧传感器的表面颜色判断氧传感器的故障状况，如表 3-12-1 所示。

表 3-12-1 氧传感器表面颜色对应的故障状况分析

氧传感器表面颜色	故障状况	可能的原因
浅灰色	正常	—
白色沉积	硅污染	①有问题的燃油 ②维修发动机时使用错误的硅密封胶
白色砂类状沉积	防冻液（乙二醇）污染	①缸垫或进气歧管密封垫失效 ②气缸盖或气缸体裂纹
深棕色沉积	机油污染	①曲轴箱强制通风系统（PCV）失效 ②发动机机械系统问题，如气门油封或活塞环失效
黑色沉积	混合气过浓	①燃油压力过高 ②喷油器泄漏 ③空气流量计、氧传感器等传感器损坏

(2) 车载诊断系统诊断

① 故障码查询　利用诊断仪器可以查询 ECM 内部存储的氧传感器故障码，与氧传感器相关的故障码如表 3-12-2 所示。

② 数据流读取与分析　在查询故障码后，通常还需要读取与故障码相关的数据流，对故障原因进行深入分析。诊断仪器读取的氧传感器数据流的表达方式主要为信号数据，如：…mV、…V、…mA 等。

表 3-12-2　与氧传感器相关的故障码

故障码	含义	故障码设置说明	可能的故障原因
P0130	前氧传感器电路电压信号不合理(第1列,传感器1)	在闭环控制条件下,ECM检测到前氧传感器信号电压持续在:0.06V<前氧传感器信号电压<0.4V *故障灯点亮	①前氧传感器电路 ②燃油压力过低 ③真空泄漏 ④排气泄漏 ⑤喷油器喷油不均匀、堵塞 ⑥燃油含水 ⑦ECM
P0150	前氧传感器电路电压信号不合理(第2列,传感器1)		
P0131	前氧传感器电路电压过低(第1列,传感器1)	闭环状态下,ECM检测到前氧传感器的信号电压低于规定的下限值,如低于0.05V *故障灯点亮	①前氧传感器信号线对地短路 ②混合气过稀 ③前氧传感器失效或被污染 ④ECM
P0151	前氧传感器电路电压过低(第2列,传感器1)		
P0132	前氧传感器电路电压过高(第1列,传感器1)	闭环状态下,ECM检测到前氧传感器的信号电压高于规定的上限值,如高于1.05V *故障灯点亮	①前氧传感器短路 ②前氧传感器失效或被汽油污染 ③混合气过浓 ④ECM
P0152	前氧传感器电路电压过高(第2列,传感器1)		
P0133	前氧传感器响应过慢(第1列,传感器1)	ECM检测到前氧传感器由浓变稀或由稀变浓的平均响应时间过长超过了规定时间,如0.1s *故障灯点亮	①前氧传感器失效或被汽油污染 ②排气泄漏 ③EGR故障 ④燃油系统故障,如燃油压力过高、喷油器泄漏等 ⑤ECM
P0153	前氧传感器响应过慢(第2列,传感器1)		
P0134	前氧传感器电路活性不足(第1列,传感器1)	ECM检测到前氧传感器的信号电压维持在0.4~0.5V的持续时间过长,超过了规定时间,如超过100s *故障灯点亮	①前氧传感器 ②前氧传感器电路 ③排气泄漏 ④ECM
P0154	前氧传感器电路活性不足(第2列,传感器1)		
P0135	前氧传感器加热器电路不工作(第1列,传感器1)	滤波后的前氧传感器加热器电流过小,如小于0.025A *故障灯点亮	①前氧传感器加热器 ②前氧传感器加热器电路 ③ECM
P0155	前氧传感器加热器电路不工作(第2列,传感器1)		
P0136	后氧传感器电路电压信号不合理(第1列,传感器2)	在闭环控制条件下,ECM检测到后氧传感器信号电压持续在:0.06V<前氧传感器信号电压<0.4V *故障灯点亮	①后氧传感器电路断路或短路 ②后氧传感器 ③后氧传感器加热器 ④ECM
P0156	后氧传感器电路电压信号不合理(第2列,传感器2)		
P0137	后氧传感器电路电压过低(第1列,传感器2)	闭环状态下,ECM检测到后氧传感器的信号电压低于规定的下限值,如低于0.05V *故障灯点亮	①后氧传感器信号线对地短路 ②后氧传感器线路损坏或接触不良 ③后氧传感器失效或被污染 ④排气泄漏 ⑤ECM
P0157	后氧传感器电路电压过低(第2列,传感器2)		

续表

故障码	含义	故障码设置说明	可能的故障原因
P0138	后氧传感器电路电压过高(第1列,传感器2)	闭环状态下,ECM检测到后氧传感器的信号电压高于规定的上限值,如高于1.05V *故障灯点亮	①后氧传感器短路 ②后氧传感器失效或被污染 ③排气过浓 ④ECM
P0158	后氧传感器电路电压过高(第2列,传感器2)		
P0139	后氧传感器响应过慢(第1列,传感器2)	ECM检测到后氧传感器的浓稀变化的平均响应时间过长,超过了规定时间 *故障灯点亮	①后氧传感器失效或被汽油污染 ②排气泄漏 ③ECM
P0159	后氧传感器响应过慢(第2列,传感器2)		
P0140	后氧传感器电路活性不足(第1列,传感器2)	ECM检测到后氧传感器的信号电压维持在0.4~0.5V的持续时间过长,超过了规定时间,如超过100s *故障灯点亮	①后氧传感器 ②后氧传感器电路 ③排气泄漏 ④ECM
P0160	后氧传感器电路活性不足(第2列,传感器2)		
P0141	后氧传感器加热器电路不工作(第1列,传感器2)	滤波后的后氧传感器加热器电流过小,如小于0.1A *故障灯点亮	①后氧传感器加热器 ②后氧传感器加热器电路 ③ECM
P0161	后氧传感器加热器电路不工作(第2列,传感器2)		

注:氧传感器的标示含义说明——(第 n 列,传感器 n),$n=1$、2:

(1)"第 n 列"表示V型发动机的左、右列的其中一列,如果将"第1列"定义为发动机的右列,则"第2列"为发动机的左列;

(2)"传感器 n"表示该列氧传感器的位置,"传感器1"表示该列的前氧传感器,"传感器2"表示该列位于三元催化器之后的后氧传感器;

(3)例如(第1列,传感器1),英文为(Bank1,Sensor1),表示V型发动机的右列前氧传感器;(第2列,传感器2),英文为(Bank2,Sensor2),表示V型发动机的左列后氧传感器;

(4)对于直列发动机,其前后氧传感器分别用(Bank1,Sensor1)、(Bank1,Sensor2)表示。

读取氧传感器数据流的步骤如下:

(a)连接诊断仪到车辆诊断接口(DLC)上启动发动机。

(b)保持发动机转速在2500r/min,预热发动机2min。

(c)通过诊断仪确认氧传感器已经工作在"闭环"状态时,在发动机数据流中读取氧传感器数据。

 提示

(a)当发动机冷车启动时,氧传感器在短时间内数据没有变化,这是因为氧传感器还未达到其工作温度,混合气的控制状态显示为"OPEN LOOP",即开环控制。

(b)当氧传感器达到工作温度后,其信号数据将动态变化,如果混合气的控制状态显示为"CLOSE LOOP",表明系统已进入闭环控制状态。

(c)即使氧传感器的数据保持动态变化,但当发动机处于急加速、急减速和全负荷等工况时,系统将处于"OPEN LOOP"开环控制。

a. 前氧传感器数据分析。

以常用的氧化锆式氧传感器为例,正常情况下,混合气浓,氧传感器的信号电压高;混合气稀,氧传感器的信号电压低。但某些情况下,氧传感器的信号高低并不一定能正确反映混合气的浓度高低，因此，对氧传感器的信号进行正确分析就显得尤为重要。

（a）氧传感器信号电压低于 0.45V。

当发动机发生真空泄漏、油压过低、喷油器堵塞等故障时氧传感器的信号电压将低于 0.45V，但是，有时氧传感器产生的较低的信号电压并不能说明混合气稀，有可能是由如下原因引起的：

- 发动机缺火。当发动机由于火花塞短路、点火线圈失效等原因缺火时，会造成没有燃烧的混合气经过氧传感器，氧传感器检测到排气中大量的氧气，会产生低于 0.45V 的较低的信号电压。如果 ECM 根据此信息控制喷油器增加喷油量，将会导致三元催化器严重损坏。
- 氧传感器前部排气系统泄漏。氧传感器前方的排气管路如果泄漏将导致空气被吸入排气并通过氧传感器，从而使氧传感器输出低的信号电压。

（b）氧传感器信号电压高于 0.45V。

氧传感器信号电压高于 0.45V 有可能是由于燃油压力高、喷油器泄漏等原因造成的，但是，氧传感器产生高的信号电压并不一定说明混合气真的过浓，也有可能由于其他原因引起，诸如：氧传感器信号搭铁线松动、氧传感器被冷却液或硅污染、氧传感器信号线过于靠近高压线而使信号受到干扰等。

（c）氧传感器跃变次数。

氧传感器的跃变次数是指在单位时间内氧传感器信号电压从高到低（从低到高不予考虑）变化的次数。通过诊断仪（或示波器）可以获得氧传感器信号电压的跃变次数：

- 性能正常的氧传感器在怠速工况下，信号在 10s 内应切换 6～8 次以上。
- 性能正常的氧传感器在 2000rpm 时，信号在 10s 内应切换 14 次以上。
- 如果氧传感器的跃变次数偏少，表明氧传感器性能变差或中毒。

氧传感器的失效过程是缓慢进行的，先是响应速度变慢，而后输出信号幅度变低，最后输出信号不变或完全没有输出信号。

b. 后氧传感器数据分析

同样以常用的氧化锆式氧传感器介绍后氧传感器的信号电压数据。利用诊断仪（或示波器）读取后氧传感器的信号数据和信号波形，在正常情况下，后氧传感器的信号电压通常在 0.6～0.7V 范围附近，不会出现频繁变化，其跃变次数远低于前氧传感器，呈现出的信号波形近似直线。

如果后氧传感器信号与前氧传感器信号相似，都呈现频繁跃变，这说明三元催化器已经失效。

(3) 仪器设备检测

氧传感器除了可以利用诊断仪和示波器进行检测之外，常规条件下多使用万用表检测。

① 加热器电阻检测　如图 3-12-4 和图 3-12-8 所示，关闭点火开关，拔下氧传感器的插接器，用万用表的电阻挡测量传感器上 3、4 端子间的电阻值，应在维修手册规定的范围内，一般为 5～8Ω。如果电阻值无穷大或为零，说明加热器电路断路或短路，应更换氧传感器。

说明：利用万用表只能检测宽带式氧传感器的加热器电阻，而不能检测其他电路。下面的检测项目只适用于氧化锆式或氧化钛式氧传感器。

② 信号电压检测　利用万用表直流电压挡检测氧传感器信号电压的步骤如下：

a. 关闭发动机，将万用表红色表笔和黑色表笔分别跨接到氧传感器的信号线上。

b. 起动发动机并保持运行，使发动机进入闭环控制状态。

c. 在闭环状态下，观察和记录在不同混合气浓度时的氧传感器信号电压数据。

d. 信号数据分析：

（a）对于前氧传感器，如果信号电压一直保持在 0.45V 左右，说明传感器可能失效，需要更换；如果信号电压一直较高（大于 0.55V），说明混合气过浓或传感器被污染；如果信号电压一直较低（小于 0.35V），说明混合气过稀，应检查真空是否泄漏或喷油器是否堵塞。

（b）对于后氧传感器，正常情况下，信号电压应维持在 0.6～0.7V 附近。

③ 最大值/最小值检测　该项检测针对于前氧传感器。在发动机运行时，利用数字万用表的直流电压挡记录前氧传感器的最低电压和最高电压，正常的读数应该在 0.3～0.8V 之间，如果低于 0.3V 或高于 0.8V，则需要更换前氧传感器，具体如表 3-12-3 所示。

表 3-12-3　前氧传感器信号电压检测与分析

最低电压/V	最高电压/V	平均电压/V	检测结果分析
低于 0.2	高于 0.8	0.4～0.5	传感器正常
高于 0.2	任意读数	0.4～0.5	传感器失效
任意读数	低于 0.8	0.4～0.5	传感器失效
低于 0.2	高于 0.8	低于 0.4	混合气过稀
低于 0.2	低于 0.8	低于 0.4	混合气过稀（向进气管路内喷射化油器清洗剂观察信号变化，如果不变化，说明传感器失效）
低于 0.2	高于 0.8	高于 0.5	混合气过浓
高于 0.2	高于 0.8	高于 0.5	混合气过浓（拔下一个真空管观察信号变化，如果没有反应，说明传感器失效）

④ 线束检测

a. 线束通断性检测。关闭点火开关，拔下传感器线束插接器和 ECM 线束插接器，用万用表欧姆挡测量它们对应端子间的电阻值应小于 0.5Ω，否则应检修线束。

b. 线束短路检测。关闭点火开关，拔下传感器线束插接器和 ECM 线束插接器，用万用表欧姆挡测量传感器线束插头上的任意两个端子之间的电阻值应为∞，否则应检修线束。

3.13 燃油压力传感器

3.13.1 位置

燃油压力传感器按照安装位置可分为低压燃油压力传感器和高压燃油压力传感器。

(1) 低压燃油压力传感器的安装位置

① 低压燃油压力传感器，也称燃油低压传感器（Fuel Low Pressure，FLP），多出现在缸内直喷发动机的低压燃油管路中，通常都安装在与电动燃油泵出油口相连的低压供油管路上，如图3-13-1所示。

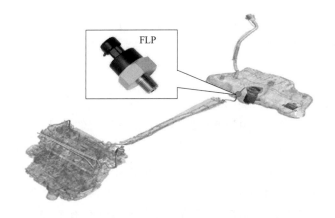

图3-13-1 缸内直喷系统中的低压燃油压力传感器安装位置

② 在应用了电子无回油式燃油供给系统的进气管喷射车型中也安装有低压燃油压力传感器，通常安装在燃油导轨上，如图3-13-2所示。由于进气管喷射发动机的燃油系统不存在高压燃油管路，因此低压燃油压力传感器也常简称为燃油压力传感器。

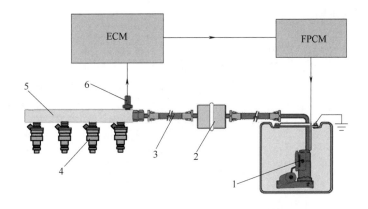

图3-13-2 进气管喷射系统中的燃油压力传感器安装位置
1—电动燃油泵；2—燃油滤清器；3—供油管；4—喷油器；5—燃油导轨；6—燃油压力传感器
ECM—发动机控制模块　FPCM—燃油泵控制模块

(2) 高压燃油压力传感器的安装位置

高压燃油压力传感器，也称油轨压力传感器或轨压传感器（Fuel Rail Pressure, FRP），用于缸内直喷电控发动机上，安装在高压油轨的末端，如图3-13-3所示。

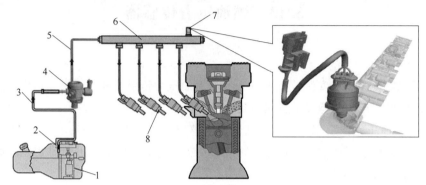

图3-13-3 高压燃油压力传感器安装位置

1—电动燃油泵；2—单向阀和过压保护阀；3—低压燃油管；4—高压油泵；
5—高压燃油管；6—油轨；7—高压燃油压力传感器；8—喷油器

3.13.2 作用

(1) 低压燃油压力传感器的作用

① 应用于进气管喷射车型中的低压燃油压力传感器的作用是（参见图3-13-2）：监测供油管路中的燃油压力，向ECM输送燃油压力信息，ECM根据此信息向FPCM（燃油泵控制模块）发送指令，FPCM根据此指令调节电动燃油泵的转速，以调节燃油系统的供油压力，对燃油压力实现精确的闭环控制。这样的闭环控制，不仅可以提高发动机的燃油经济性，而且可以省掉低压油路中的回油管路，使系统结构更加简洁。

② 应用于缸内直喷车型中的低压燃油压力传感器的作用是：监测低压供油管路中的燃油压力，ECM根据此信息对电动燃油泵的供油量（供油压力）进行修正，实现低压燃油供给的闭环控制。

如图3-13-4所示，为长安福特锐界2.0T缸内直喷Ecoboost发动机所采取的低压油路供油量闭环控制策略。

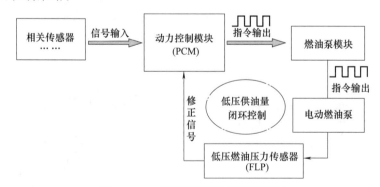

图3-13-4 低压燃油压力的闭环控制

动力控制模块（PCM）接收发动机转速、进气压力传感器（或空气流量计）、节气门位置传感器等相关传感器的信号，发出控制指令给燃油泵模块，燃油泵模块依据此指令调整施加在电动燃油泵上的电压（5.5～13V），以调节电动燃油泵的燃油输出压力（即低压油路供油量）。在低压燃油管路上设有低压燃油压力传感器（FLP），该传感器监测电动燃油泵的燃油输出压力，把低压油路的压力信号反馈给PCM，PCM将该信号与模块内部的目标值进行比较，并发出指令对燃油泵模块（间接控制电动燃油泵）不断进行控制和修正，使低压燃油压力始终接近目标压力。

（2）高压燃油压力传感器的作用

高压燃油压力传感器的作用是：用于监测缸内直喷发动机高压油轨中的燃油压力，并把油轨燃油压力信号反馈给ECM（或PCM：动力控制模块），ECM（或PCM）将该信号与其内部的目标值进行比较，向燃油计量阀（IMV）发出指令不断对其进行控制，以使油轨燃油压力始终接近目标压力，从而实现对高压燃油供给的闭环控制，如图3-13-5所示。

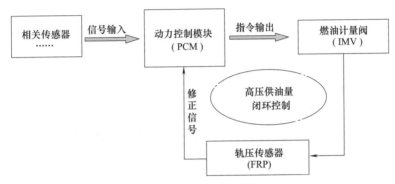

图3-13-5　高压燃油压力的闭环控制

3.13.3　电路与信号特点

低压燃油压力传感器和高压燃油压力传感器的工作原理与气体压力传感器基本相同，通常采用半导体压阻效应式压力传感器，将压力的变化转换成电阻值的变化，进而以电压信号输送给ECM。

（1）电路结构

燃油压力传感器的电路结构如图3-13-6所示，由三条线路组成，分别是电源线（5V参考电压）、信号线和搭铁线，均直接与ECM或FPCM（燃油泵控制模块）连接（具体

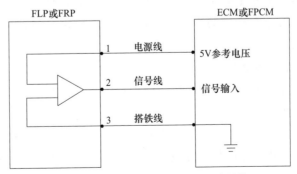

图3-13-6　燃油压力传感器的电路结构

FLP—低压燃油压力传感器；FRP—高压燃油压力传感器；ECM—发动机控制模块；FPCM—燃油泵控制模块

视车型控制而定）。

> 提示
>
> FLP 线路有的与 ECM 连接，有的与 FPCM 连接；FRP 线路通常都与 ECM 连接。

（2）信号特点

燃油压力传感器向 ECM 输送的是电压信号，其信号特点是：随燃油压力增大，信号电压成正比升高，信号电压范围在 0.5～5V 之间，如图 3-13-7 所示。

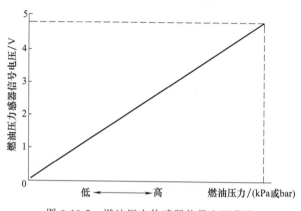

图 3-13-7　燃油压力传感器信号电压曲线

3.13.4　故障类型与症状

无论是燃油压力传感器还是高压燃油压力传感器，其故障原因主要包括：传感器自身性能（失效、脏污等）和线路故障（断路、短路、接触不良等）等。这些故障可能会使 ECM 点亮发动机故障指示灯并设置故障码。

一旦燃油压力传感器失效，控制模块会采用替代值进行控制，发动机可能出现油压不够，加速无力，运行发抖等故障现象。

3.13.5　故障诊断

（1）人工经验检查

目视检查低压燃油压力传感器安装是否牢靠、密封是否良好（是否有漏油迹象）、线束插头是否完好、线束是否破损/断裂，必要时可采用插拔、摇动等方式检查传感器的插接器是否松脱、接触不良等。

（2）车载诊断系统诊断故障

① 故障码查询　利用诊断仪器查询 ECM 中存储的燃油压力传感器故障码，与燃油压力传感器相关的故障码如表 3-13-1 所示。

② 数据流读取与分析　在查询故障码后，往往还需要读取与故障码相关的数据流，对故障原因进行深入分析。诊断仪器读取的燃油压力传感器数据流的表达方式主要有：

a. 信号数据，如：…V 等；

b. 物理量数据，如：…kPa 或 bar 等。

表 3-13-1　与燃油压力传感器相关的故障码

故障码	含 义	故障码设置说明	可能的故障原因
P0190	燃油压力传感器电路	ECM检测到燃油压力信号电压在设定的时间段内超出正常范围。 ＊故障灯点亮	①燃油压力传感器 ②燃油压力传感器电路 ③燃油压力调节器 ④燃油泵控制模块 ⑤燃油泵
P0191	燃油压力传感器性能	ECM检测到燃油压力不在计算出的压力范围内 ＊故障灯点亮	①燃油压力传感器故障 ②燃油压力传感器电路
P0192	燃油压力传感器信号电压过低	ECM检测到燃油压力传感器信号电压过低(低于下限值,如0.49V) ＊故障灯点亮	①燃油压力传感器故障 ②燃油压力传感器信号电路对地短路 ③燃油压力调节器 ④燃油泵控制模块 ⑤燃油泵
P0193	燃油压力传感器信号电压过高	ECM检测到燃油压力传感器信号过高(高于上限值) ＊故障灯点亮	①燃油压力传感器故障 ②燃油压力传感器信号电路对电源短路 ③燃油压力调节器 ④燃油泵控制模块
P0194	燃油压力传感器电路间歇性故障	ECM检测到燃油压力传感器信号电压突然变化 ＊故障灯点亮	①燃油压力传感器 ②燃油压力传感器线路 ③ECM故障

利用诊断仪器读取燃油压力传感器数据的具体流程是：

a. 将诊断仪器连接到车上的DLC。

b. 启动并怠速运行发动机。利用诊断仪读取燃油压力值。以长安福特锐界2.0T缸内直喷Ecoboost发动机为例，数据流中会有：FLP（低压燃油压力）目标值；FLP实际值；FRP（高压燃油压力，即轨压）目标值；FRP实际值。通过实际值和目标值的对比，可以确定燃油压力是否正常。

c. 加速运行发动机，读取和对比燃油压力的实际值和目标值。

d. 减速运行发动机，读取和对比燃油压力的实际值和目标值。

③ 关闭发动机并立刻再次打开点火开关至"ON"挡（这样燃油泵不会执行预加压操作），不启动发动机，利用诊断仪读取和比较燃油压力的实际值和目标值，以检查燃油系统的保压状况。

(3) 仪器设备检测

万用表检测：结合图3-13-6，说明利用万用表检测燃油压力传感器的项目和方法。

① 电压检测　关闭点火开关，拔下燃油压力传感器的线束插头，再将点火开关置于"ON"挡，用万用表直流电压挡检测燃油压力传感器线束插头上的电源端子1与搭铁端子3之间的电压，应约为5V，否则，说明线路可能存在断路或短路故障。

② 线路通断性检测　关闭点火开关，断开燃油压力传感器线束插头和ECM（或FPCM）插接器，使用万用表欧姆挡分别检测传感器线束插头与ECM（或FPCM）插接

器之间的每条线路的阻值，正常情况下阻值应小于0.5Ω，否则，说明线路断路或有附加电阻。

 提示

　　a. 利用万用表检测燃油压力传感器时，检测其信号电压的意义不大。这是因为，信号电压对应一定的燃油压力，如果没有信号电压与燃油压力的标准对照表，也没有进行实际的燃油压力测试，单单检测信号电压是无法给出判断结论的。

　　b. 另外，对于缸内直喷发动机的高压部分，由于其燃油压力过高（可达到20Mbar），所以不能用燃油压力表直接测试油轨压力。

　　c. 高压油轨上的轨压传感器不允许从油轨上拆卸单独更换，如果轨压传感器失效，必须连同油轨进行总成更换。

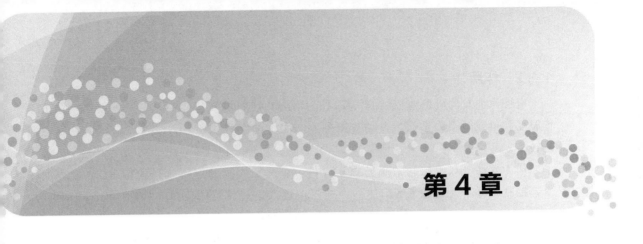

第4章

电控发动机执行器故障诊断

执行器是根据发动机电控模块 ECM 发出的指令而执行相应动作的执行元件,是汽车发动机电控系统的重要组成部分,如果执行器或其电路出现异常或失效等故障,ECM 将无法对执行器进行有效控制而使发动机工作异常甚至熄火,因此,对电控发动机的执行器进行正确的故障诊断意义重大。本章重点介绍电控汽油发动机各主要执行器的功能特点、失效症状和故障诊断方法。

4.1 怠速控制阀

4.1.1 位置

怠速控制阀(Idle Air Control Valve,IACV),通常位于发动机节气门体上,如图 4-1-1 所示。

图 4-1-1 怠速控制阀位置

4.1.2 作用

电控汽油发动机怠速控制的实质就是控制怠速时的空气吸入量，ECM 根据发动机工作温度和负载等相关参数，自动控制怠速工况下的空气供给量，维持发动机以稳定怠速运转。

作为发动机怠速控制系统的执行元件，怠速控制阀的作用就是执行 ECM 发出的指令，控制新鲜空气通过节气门体的旁通气道进入进气歧管的流量（如图 4-1-2 所示），从而实现：

① 发动机启动后的快速暖机过程；

② 自动维持发动机怠速稳定运转，即在保证发动机排放要求且运转稳定的前提下，尽量使发动机的怠速转速保持最低，以降低怠速时的燃油消耗量。

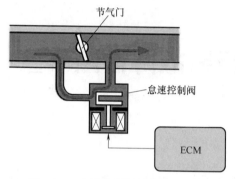

图 4-1-2　怠速控制阀的位置与作用

4.1.3 类型与结构

随着发动机电控技术的不断发展，怠速控制阀先后经历了水温（石蜡）感应型、双金属片（电加热）型、旋转电磁阀型和步进电机（也称步进马达）型的发展历程。目前的电控发动机由于普遍采用了电子节气门而取消了怠速控制阀怠。出于成本的考虑，少数车型的发动机目前还在使用机械节气门，与之配套采用的怠速控制阀多为四线制的步进电机型，如图 4-1-3 所示。怠速步进电机主要由转子、定子和螺纹传动机构等部分构成。定子由两组线圈构成，转子由永磁体构成，其上有两个磁极。

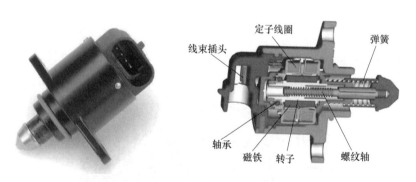

图 4-1-3　怠速步进电机结构

4.1.4 电路原理

怠速步进电机在发动机 ECM 的控制下，其动作分为 4 个工作状态（参见图 4-1-4）。

状态一：定子线圈 AB 通电（CD 断电），电流从 A 流向 B，根据电磁感应定率，此时产生的磁场方向是左边为 N 极，右边为 S 极，因为转子为永磁体，根据磁铁"同性相斥，异性相吸"的规律，转子会被定子线圈产生的磁场吸引成水平状态，并且左侧电极为 S，右侧电极为 N。

状态二：定子线圈 CD 通电（AB 断电），电流从 C 流向 D，这时定子线圈产生的磁场方向是上边为 N 极，下边为 S 极，由于转子被定子线圈产生的磁场吸引，由刚才的水平状态，顺时针旋转 90°变成垂直状态，并且上侧电极为 S，下侧电极为 N。

状态三：定子线圈 AB 通电（CD 断电），电流从 B 流向 A，这时产生的磁场方向为左边 S 极，右边为 N 极，转子会被吸引着顺时针旋转 90°，由垂直状态变成水平状态，并且左侧电极为 N，右侧电极为 S。

状态四：定子线圈 CD 通电（AB 断电），电流从 D 流向 C，这时产生的磁场方向为上边 S 极，下边 N 极，转子会被吸引着顺时针旋转 90°，由水平状态变成垂直状态，并且上侧电极为 N，下侧电极为 S。

以上四个状态，依上述顺序周而复始地循环，怠速步进电机的转子就被驱动着一直朝顺时针方向旋转，通过螺纹机构，把阀芯逐渐推出，使发动机进气量减小，进而调低发动机转速；同理，如果发动机 ECM 发出的脉冲信号顺序相反，即依次为状态四、三、二、一，则怠速步进电机的阀芯被缩回，进气量增加，发动机怠速升高。

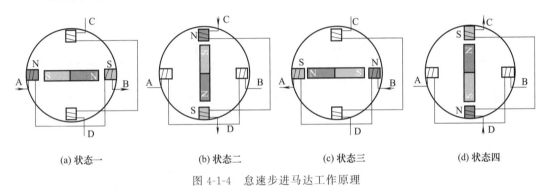

(a) 状态一　　　(b) 状态二　　　(c) 状态三　　　(d) 状态四

图 4-1-4　怠速步进马达工作原理

怠速步进电机的控制电路如图 4-1-5 所示，其两组线圈引出 4 条线，均直接与 ECM 连接。ECM 以一定时序通过分别控制每组线圈的电流走向实现对怠速步进电机阀芯的伸缩控制，进而实现对发动机怠速的调节。

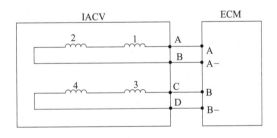

图 4-1-5　怠速步进电机控制电路

4.1.5　故障类型与症状

步进电机型怠速控制阀的常见故障主要有电路故障和怠速控制阀自身故障两个方面。电路故障主要包括断路和短路故障；而怠速控制阀自身故障主要包括线圈故障和机械故障（如卡滞、螺纹磨损等）。无论是电路故障还是怠速控制阀自身故障都将导致怠速控制阀无法正常动作，从而造成发动机怠速过高、怠速过低、喘振、甚至怠速熄火等故障症状。

4.1.6 故障诊断

(1) 人工经验检查

通过目视检查怠速控制阀外观是否洁净、线束插头是否插接牢固完好、线束是否破损/断裂等，必要时可拆卸怠速控制阀，检查内部阀芯和旁通气道的洁净状况。

> **提示**
>
> 在清洗了脏污的怠速控制阀阀芯、旁通气道或节气门体后，发动机往往会出现怠速过高的状况。这时需要利用专用诊断设备（部分车型可以采用断电方法）进行怠速系统的初始化设定，以使发动机恢复到正常的怠速转速，否则，只能通过一定周期的发动机ECM自学习来完成对怠速转速的修正。

(2) 车载诊断系统诊断故障

① 故障码查询　利用诊断仪器查询ECM存储的怠速控制系统故障码，能够引导维修人员快速准确地找到故障方向或故障点。与怠速控制阀相关的故障码如表4-1-1所示。

表4-1-1　与怠速控制阀相关的故障码

故障码	含　义	故障码设置说明	可能的故障原因
P0506	发动机怠速低于设定值	ECM检测到发动机转速低于理想转速超过一定限值（如超过100r/min） ＊故障灯点亮	①怠速控制阀（卡滞等） ②怠速控制阀线路 ③节气门体脏污 ④ECM故障
P0507	发动机怠速高于设定值	ECM检测到发动机转速高于理想转速超过一定限值（如超过200r/min） ＊故障灯点亮	①怠速控制阀（卡滞等） ②怠速控制阀线路 ③进气泄漏 ④ECM故障

② 作动测试　目前各汽车生产厂家配套的专用诊断仪器大都具有针对执行器的"作动测试"功能，利用该功能可以人为驱动怠速步进电机的伸展或收缩，与其对应的是发动机转速应发生相应变化。

a. 如果转速没有变化且诊断仪器与发动机ECM通讯正常，则故障应该出现在怠速控制阀本身或与ECM连接的线路上，应对怠速控制阀和其线路进行检查。

b. 如果作动测试正常，但发动机运行时怠速控制不正常，那么问题可能出现在其他方面，譬如：传感器向ECM提供了错误的信息；机械系统出现了异常，如进气歧管漏气、气门封闭不严等。

③ 数据流读取与分析　在查询故障码后，通常还需要读取与故障码相关的数据流，对故障原因进行深入的分析。与怠速控制阀相关的数据流主要有：发动机转速（r/min）、冷却液温度（℃）、节气门开度（V、%）、负荷（%）、电源电压（V）以及怠速控制阀动作步数等。

在怠速控制阀作动测试正常的前提下，结合故障码，对与怠速相关的数据流进行系统比对，可以发现其中异常的信息，为找出故障原因指明方向。

另外，还可以通过读取发动机运行时的动态数据流来观察发动机怠速时怠速步进电机步数是否正常（例如，在水温 87℃、怠速 750r/min 时，步数参考范围为 35～70）。踩下加速踏板然后松开，观察发动机转速升高和降低过程中步进电机的步数变动，应符合规律和标准。

(3) 仪器设备检测

① 电路测试　四线制怠速步进电机由于其 4 个端子均受 ECM 控制，且端子电压均在 0～12V 之间交替变化，所以对其控制电路的检测一般不使用万用表，而是采用试灯。

a. 怠速空气控制电路始终具有成对搭铁或电压信号。如果试灯在多于或少于 2 个的端子上启亮，则电路之一对电压短路或开路。

b. 怠速空气控制电路不断在搭铁和电压之间切换，所以连接到搭铁的试灯应在所有电路上闪烁。

c. 如果试灯不熄灭，表明电路对电压短路。

② 电阻检测　如图 4-1-6 所示，关闭点火开关，拔掉怠速步进电机的线束插头，用万用表的电阻挡分别测量怠速步进电机两组线圈的电阻，阻值约为 40～80Ω。

③ 线路通断性检测　关闭点火开关，断开怠速控制阀线束插头和 ECM 插接器，使用万用表电阻挡分别检测怠速控制阀线束插头与 ECM 插接器之间线路的阻值，正常情况下阻值应小于 0.5Ω，否则，说明线路断路或有附加电阻。

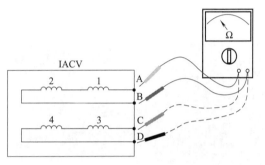

图 4-1-6　怠速步进电机的电阻检测

4.2　电子节气门

电子节气门控制系统（Electronic Throttle Control System，ETCS）主要由加速踏板位置传感器（APP）、电子节气门（电机、TPS）和 ECM 组成。如图 4-2-1 所示，ECM

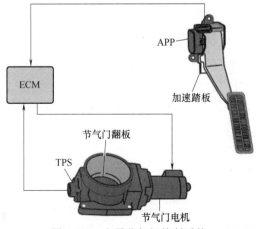

图 4-2-1　电子节气门控制系统

根据 APP 提供的加速踏板位置信息，结合当前发动机的工况计算出最佳节气门开度，并与 TPS 检测到的节气门位置进行对比，向节气门电机发出指令，控制节气门电机工作，将节气门调整到合适的开度。之后，TPS 向 ECM 反馈当前节气门位置，ECM 以此判断节气门的开度是否与目标开度相符。

4.2.1 位置

电子节气门，位于电控汽油发动机的进气管路上，是进气软管与进气歧管的分界线，如图 4-2-2 所示。

4.2.2 作用

电子节气门取消了传统节气门的机械拉索和怠速控制阀，不但为车辆布置提供了便利，而且故障几率也大大降低。与传统节气门相较而言，电子节气门具有更多的作用和优势：

① 直接完成对发动机怠速转速的调节（图 4-2-3）。

图 4-2-2　电子节气门位置

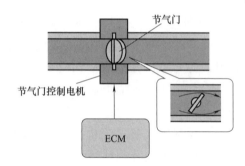

图 4-2-3　电子节气门的怠速控制

② 节气门开度控制更加精确。
③ 在发动机全部转速范围内实现最佳扭矩的输出。
④ 提高燃油经济性，改善发动机排放性能。
⑤ 采用冗余设计，具有多种工作模式，提供车辆行驶可靠性。
⑥ 在不增加硬件设施的条件下实现定速巡航功能。
⑦ 可实现与加速踏板行程不一致的节气门开度控制，满足牵引力控制需求。

4.2.3 结构

电子节气门主要由节气门位置传感器（TPS）、节气门电机、传动齿轮和节气门翻板组成，如图 4-2-4 所示。其中节气门电机为双向直流电机，它能够按照供给电流的正反方向，通过传动齿轮驱动节气门翻板开启和关闭。为了保证在电子节气门失效的情况下发动机也能保持运转，节气门翻板轴上装有负载弹簧（也称双向弹簧），可以保证节气门不在电机驱动时也能保持一定的开度。

4.2.4 电路原理

如图 4-2-5 所示，电子节气门的电路通常由 6 条线路构成，其中 TPS 有 4 条线路，分别是 1 条电源线（5V）、2 条信号线和 1 条搭铁线；直流电机有 2 条线路，分别为"电机＋"和"电机－"，由 ECM 直接以占空比方式供电（12V）和控制电流方向。6 条线路

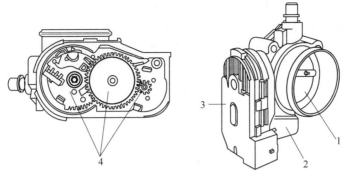

图 4-2-4　电子节气门结构

1—节气门翻板；2—节气门电机；3—节气门位置传感器（TPS）；4—传动齿轮

均与 ECM 直接相连。

当节气门电机断电时，其内部的齿轮减速机构和负载弹簧会使节气门翻板保持一个特定的开度，这个开度大于怠速状态的开度，此时节气门翻板所处的位置通常称为静止位置。当直流电机两个端子之间的等效电压差值发生变化时，节气门电机转动，并带动翻板转动；当电机的扭矩与节气门体内部的负载弹簧扭矩平衡时，节气门电机停止转动，使节气门翻板的位置保持不变，从而实现对节气门开度的控制。

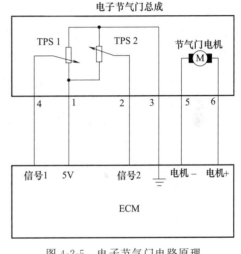

图 4-2-5　电子节气门电路原理

4.2.5　工作模式

电子节气门控制系统的工作分为正常模式和故障模式两种类型。

正常模式主要包括：

① 蓄电池节电模式。当发动机熄火持续一定时间后，ECM 会指令蓄电池进入节电模式。在蓄电池节电模式期间，ECM 将撤除节气门电机控制电路上的电压，以清除用于保持怠速位置的电流，使节气门返回至默认的弹簧负载位置（静止位置）。

② 破冰模式。该模式主要为防止节气门被冻结无法动作而采取的措施。如果节气门翻板无法达到预定的最小节气门位置，就会进入破冰模式，此时，ECM 会给节气门电机施加几次向节气门关闭方向的最大脉宽。

当 ECM 检测到电子节气门控制系统（包括 APP、TPS 和节气门电机）发生故障时，ECM 将控制发动机进入故障模式，降低发动机功率，生成故障代码，点亮故障指示灯。降低发动机功率可能导致以下一种或多种情况：

① 限制加速模式。在此种模式下，ECM 将继续使用加速踏板控制节气门，但车辆加速将受到限制。

② 限制节气门模式。在此种模式下，ECM 将继续使用加速踏板控制节气门，但节气门最大开度将受到限制。

③ 跛行回家模式。也称节气门默认模式，在此种模式下，ECM 将关闭节气门执行器电机，节气门将返回到弹簧负载的默认位置（即静止位置）。

④ 强行怠速模式。在此种模式下，ECM 将控制发动机转速限制在怠速位置，忽略加速踏板信号的输入。

⑤ 发动机关闭模式。此时，ECM 将关闭燃油喷射并使节气门电机断电，发动机熄火。

4.2.6 故障诊断

(1) 人工经验检查

通过目视检查电子节气门与进气管路连接是否良好、线束插头是否插接牢固完好、线束是否破损/断裂等，必要时可拆卸电子节气门，检查节气阀门及气道的洁净状况。

> 提示
>
> 对于清洗过的电子节气门，都需要进行"节气门位置自学习"，否则，发动机可能出现怠速不稳或者 ECM 设置相关故障码的情况。通常使用专用诊断设备，按照设备的引导完成"节气门位置自学习"的操作。对于一些老款汽车，也可以利用人工操作方式完成"节气门位置自学习"，具体操作过程是：首先应保证车辆同时满足蓄电池电压高于 8V、车速为零、发动机温度在 5~100℃、进气温度高于 5℃、无电子节气门相关故障码等条件，松开加速踏板，执行如下操作：
> ① 将点火开关置于"ON"挡，不启动发动机，保持 30s；
> ② 关闭点火开关至"OFF"挡，保持 30s；
> ③ 启动发动机，检查发动机怠速，如果怠速异常，则重复上述步骤。

(2) 车载诊断系统诊断故障

① 故障码查询　利用诊断仪器可以查询 ECM 存储的与电子节气门相关的故障码，具体如表 4-2-1 所示。

表 4-2-1　与节气门电机相关的故障码

故障码	含义	故障码设置说明	可能的故障原因
P0506	发动机怠速低于设定值	ECM 检测到发动机转速低于理想转速超过一定限值（如超过 100r/min） ＊故障灯点亮	①节气门电机（卡滞等） ②节气门体脏污
P0507	发动机怠速高于设定值	ECM 检测到发动机转速高于理想转速超过一定限值（如超过 200r/min） ＊故障灯点亮	①节气门电机（卡滞等） ②进气泄漏

② 作动测试　节气门电机可以利用专用诊断仪的"作动测试"功能进行动作测试。通过人为调整节气门开度（%），正常情况下发动机转速应对应节气门的开度发生相应的改变，这也间接表明了节气门电机、ECM 与节气门电机间的通讯都是正常的。

如果发动机转速没有变化且诊断仪器与发动机 ECM 通讯正常，则故障应该出现在电子节气门本身或与 ECM 连接的线路上，应对节气门电机和其线路进行检查。

如果作动测试正常，但发动机运行时转速控制不正常，那么问题可能出现在其他方面，诸如：传感器向 ECM 提供了错误的信息，机械系统异常（如进气歧管漏气、气门封闭不严）等。

③ 数据流读取与分析　在查询故障码后，通常还需要读取与故障码相关的数据流，对故障原因进行深入分析。与节气门电机相关的数据流主要有：发动机转速（r/min）、冷却液温度（℃）、节气门开度（V、%）、负荷（%）、电源电压（V）等。

在节气门电机作动测试正常的前提下，结合故障码，对与发动机转速相关的数据流进行系统比对，利于发现其中异常的信息，找出真正的故障原因。

(3) 仪器设备检测

① 电阻检测　关闭点火开关，拔掉电子节气门的线束插头，用万用表的电阻挡测量节气门电机阻值，阻值应该非常小。如果测得的结果为 0 或无穷大，则说明节气门电机损坏，应更换电子节气门总成，并应执行"节气门位置自学习"操作。

② 线路通断性检测　关闭点火开关，断开电子节气门线束插头和 ECM 插接器，使用万用表电阻挡分别检测电子节气门电机线束端子与 ECM 插接器之间线路的阻值，正常情况下阻值应小于 0.5Ω，否则，说明线路断路或有附加电阻。

4.3　喷　油　器

4.3.1　位置

现代汽油电控发动机的燃油喷射系统按照喷油器的安装位置通常分为两种类型，一种是进气管喷射，另一种是缸内直喷。进气管喷射的喷油器安装在进气歧管上，将燃油喷射在进气门附近；缸内直喷的喷油器直接伸入到发动机的燃烧室中，将燃油直接喷射在燃烧室内。这两种燃油喷射系统的喷油器安装位置如图 4-3-1 所示。

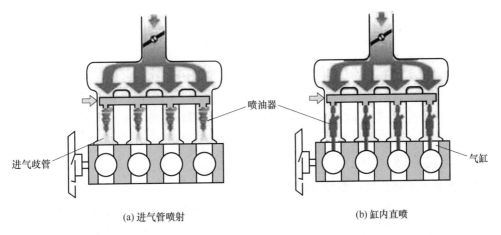

图 4-3-1　喷油器位置

4.3.2　作用

喷油器的作用就是按照发动机 ECM 计算出的喷射正时和喷油量（喷油脉宽），在特定的时刻向进气歧管或气缸内喷射一定量的燃油。

4.3.3 类型与结构

由于安装位置和使用条件的不同，进气管喷射的喷油器和缸内直喷的喷油器有着不同的外观形状，如图 4-3-2 所示。缸内直喷的喷油器有一个长而细的端头，这种结构一方面便于喷油器的安装，更重要的是有利于高压燃油的冷却。

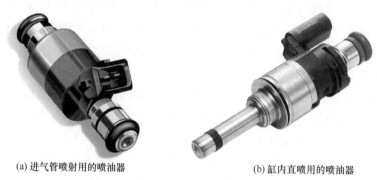

(a) 进气管喷射用的喷油器　　　　(b) 缸内直喷用的喷油器

图 4-3-2　喷油器类型

无论是进气管喷射还是缸内直喷，电控汽油发动机的喷油器实质就是一个电磁阀，其结构主要由电磁线圈、衔铁、弹簧、针阀/球阀等组成，如图 4-3-3 所示。

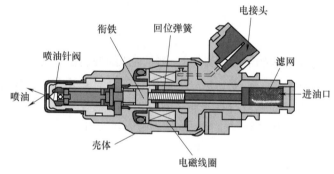

图 4-3-3　喷油器结构

当喷油器不通电时，回位弹簧通过衔铁使针阀紧压在阀座上，防止滴漏；当电磁线圈通电时，产生电磁力，将衔铁吸起并带动针阀离开阀座，同时回位弹簧被压缩，燃油经过针阀并由轴针与喷口的环隙或喷孔中喷出；当电磁线圈断电时，电磁吸力消失，回位弹簧迅速使针阀回位，喷油器停止喷油。

4.3.4 电路原理

(1) 进气管喷射的喷油器控制电路

如图 4-3-4（a）所示，进气管喷射的喷油器采用两个接线端子，即"电源"端子和"搭铁控制"端子。"电源"端子由外部电源（通常不通过 ECM 提供）提供 12V 电源，"搭铁控制"端子由 ECM 控制其是否搭铁。12V 电源通常在点火开关位于"ON"挡时就已提供，ECM 根据发动机转速和喷油正时等信息控制"搭铁控制"端子是否搭铁。当搭铁电路接通时，喷油器喷油；当搭铁电路断开时，喷油中止。

(2) 缸内直喷的喷油器控制电路

如图 4-3-4（b）所示，缸内直喷的喷油器同样采用"电源"和"搭铁控制"两个接线端子。所不同的是,"电源"和"搭铁控制"两个端子均由ECM控制。缸内直喷喷油器的搭铁控制与进气管喷射的喷油器基本相同,但电源控制则不相同。缸内直喷喷油器的电源控制过程是:喷油伊始,首先由ECM通过内部的升压电路为喷油器提供一个较高的开启电压(如上汽通用汽车采用65V),以克服高压燃油压力打开喷油器;在喷油器打开之后,ECM为喷油器提供12V电压,使喷油器维持开启的工作状态。

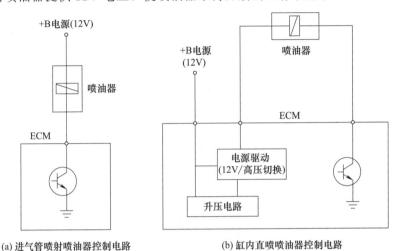

图 4-3-4 喷油器控制电路

> **提示**
>
> 对于进气管喷射的喷油器线路,由于所有喷油器共用一条相同的电源线路,因此,各喷油器的电源线颜色相同,而搭铁控制线颜色各异,根据这一特点,即使在没有维修资料参考的情况下,也可以根据线色轻松地分辨出电源线和搭铁控制线;对于缸内直喷的喷油器,由于每个喷油器的电源和搭铁均由ECM分别控制,所以各喷油器的电源线和搭铁控制线颜色都不相同。

4.3.5 故障类型与症状

喷油器的常见故障主要分为喷油器自身故障、拆装故障和电路故障等几个方面。

(1) 喷油器的自身故障

多为机械故障,通常表现为喷油器堵塞和滴漏等状态。

① 喷油器堵塞会导致混合气过稀,出现发动机启动困难、怠速不稳(抖动)、加速不良等症状。

> **提示**
>
> 喷油器堵塞时其作动的声音较为沉闷,有别于正常喷油器清脆的"嗒嗒嗒"的声音,通常,在发动机正常怠速时,所有喷油器工作的声音应该是相同的。所以可以利用听诊器,通过辨别喷油器的作动声音来判断喷油器是否正常。

第 **4** 章 电控发动机执行器故障诊断

② 喷油器的滴漏通常表现在发动机的停机阶段，对发动机运行时的工况影响不大，但对发动机停机一段时间后的热机启动影响较大，通常会造成发动机因混合气过浓而出现热机难以启动的故障症状。譬如：在夏季环境温度较高的情况下，行车之后熄火，停止一段时间（如30min左右）再启动车辆会发现启动困难，而在熄火后立刻启动，则很顺利，这说明喷油器存在滴漏的问题。

 提示

　　车辆也会经常出现冷车启动困难的现象（特别是在寒冷的冬天）。排除发动机机械故障（如气缸压力过低）、喷油器堵塞、点火能量不足等因素，造成这一现象的原因通常是积炭。冷车启动时由于温度较低，不利于混合气的形成。因此需要喷油加浓来保证有足够燃油蒸发与空气形成可燃混合气，但是，如果积炭过多，就会将大量的燃油吸附其中，影响了可燃混合气的形成，造成混合气过稀，从而导致冷车启动困难的故障现象。

(2) 喷油器的拆装故障

　　属人为故障，可以归结为密封问题。通常是由于人为操作不当导致喷油器与油轨之间或喷油器与进气歧管（或燃烧室）之间发生泄漏，出现漏油或漏气的故障现象。漏油的故障显而易见，轻微的漏气则不宜发现。

 提示

　　轻微漏气时发动机会怠速抖动，并且伴有"咝咝"的漏气声音（对于进气管喷射系统而言），此时，向喷油器与进气歧管结合部位喷射清洗剂，发动机转速会发生明显变化。

(3) 喷油器的电路故障

　　多为外部供电或控制电路故障，喷油器自身电磁线圈断路或短路故障很少见。当喷油器电路出现故障时，最明显的症状就是该缸不工作，发动机缺缸、抖动。

 提示

　　绝大多数的发动机电控燃油喷射系统都利用曲轴位置传感器（或凸轮轴位置传感器）提供的点火触发信号来触发喷油器。如果该信号丢失，ECM就无法控制喷油器的触发。所以，当发动机出现无法启动的故障时，发现喷油器不喷油，应先检查点火系统是否工作正常。

4.3.6 故障诊断

(1) 人工经验检查

　　① 通过目视来检查喷油器外观是否洁净、线束插头是否插接牢固完好、线束是否破损/断裂等。

　　② 使用听诊器来检查喷油器。在发动机正常怠速时，所有喷油器工作的声音应该是相同的；一旦喷油器堵塞，其作动的声音就会变得较为沉闷，有别于正常喷油器清脆的"嗒嗒

嗒"的声音，所以，可以利用听诊器，通过辨别喷油器的作动声音来判断喷油器是否正常。

（2）车载诊断系统诊断故障

① 故障码查询　当喷油器电路出现断路或短路等故障时，ECM中会存储相应的故障信息，利用诊断仪器能够查询出这些故障码，具体如表4-3-1所示。

表4-3-1　与喷油器相关的故障码

故障码	含义	故障码设置说明	可能的故障原因
P0200	喷油器控制电路故障	ECM检测到驱动喷油器的电压不正确 ＊故障灯点亮	①喷油器电源断路 ②喷油器控制电路断路 ③喷油器控制电路短路（对电源或对搭铁短路） ④喷油器
P0201 （～P0212）	喷油器控制电路故障	ECM检测到驱动#1喷油器（～#12喷油器）的电压不正确 ＊故障灯点亮	①喷油器电源断路 ②喷油器控制电路断路 ③喷油器控制电路短路（对电源或对搭铁短路） ④喷油器 提示：对于缸内直喷的喷油器，故障原因主要是喷油器的高电源电压电路或高电压控制电路开路
P0261	1缸喷油器控制电路电压过低	ECM检测到1缸（～4缸）喷油器控制电路的电压过低且持续时间超限 ＊故障灯点亮	①喷油器电源断路 ②喷油器控制电路对搭铁短路 ③喷油器 提示：对于缸内直喷的喷油器，故障原因主要是喷油器的高电压控制电路对搭铁短路
P0264	2缸喷油器控制电路电压过低		
P0267	3缸喷油器控制电路电压过低		
P0270	4缸喷油器控制电路电压过低		
P0262	1缸喷油器控制电路电压过高	ECM检测到1缸（～4缸）喷油器控制电路的电压过高且持续时间超限 ＊故障灯点亮	①喷油器控制电路对电源短路 ②喷油器 提示：对于缸内直喷的喷油器，故障原因主要是喷油器的高电压控制电路对电压短路
P0265	2缸喷油器控制电路电压过高		
P0268	3缸喷油器控制电路电压过高		
P0271	4缸喷油器控制电路电压过高		
P2147	缸内直喷系统1缸喷油器高电平控制电路电压过低	ECM检测到喷油器高电源电压电路对搭铁短路且持续时间超限 ＊故障灯点亮	喷油器高电源电压电路对搭铁短路
P2150	缸内直喷系统2缸喷油器高电平控制电路电压过低		
P2153	缸内直喷系统3缸喷油器高电平控制电路电压过低		
P2156	缸内直喷系统4缸喷油器高电平控制电路电压过低		
P2148	缸内直喷系统1缸喷油器高电平控制电路电压过高	ECM检测到喷油器高电源电压电路对电压短路且持续时间超限 ＊故障灯点亮	喷油器高电源电压电路对电压短路
P2151	缸内直喷系统2缸喷油器高电平控制电路电压过高		
P2154	缸内直喷系统3缸喷油器高电平控制电路电压过高		
P2157	缸内直喷系统4缸喷油器高电平控制电路电压过高		

② 作动测试　为了判断喷油器的作动及其线路是否正常，最简单的方法就是利用专用诊断仪中的"喷油器测试功能"，具体操作步骤如下：

a. 关闭点火开关，将专用诊断仪与车辆连接。

b. 打开点火开关至"ON"挡，不启动发动机，在专用诊断仪的项目中依次选择"发动机系统"→"控制功能"（或"测试功能"）→"喷油器测试"。

c. 执行喷油器测试：应能听到所选喷油器发出"嗒嗒"的动作声音，否则，说明喷油器及其线路存在故障。

另外，当发动机出现缺缸症状时，还可以利用专用诊断仪中的喷油器"作动测试"功能来判断哪个气缸缺缸。其判断机理是：在发动机运行时，利用专用诊断仪中的喷油器"作动测试"功能依次中断每个气缸喷油器的燃油喷射，观察该缸中断喷油后发动机的运行状况，如果发动机抖动地更加严重了，说明该缸工作正常；如果发动机运行状况没有改变，则说明该缸不工作。

提示

这种方法特别适合于喷油器插头、点火线圈插头位置隐蔽、不易进行插拔的车辆。

③ 喷油器平衡测试　喷油器平衡测试是一种可以间接判断喷油器是否存在堵塞（喷油偏少）或磨损（喷油偏多）的测试方法。其基本原理是：在保持燃油供给初始压力一定的条件下，对选定的喷油器执行固定时长的燃油喷射，记录该喷油器喷射后的燃油压力，用初始燃油压力减去喷射后燃油压力，计算得出该喷油器喷射后的压降值；重复以上步骤，对每个喷油器都执行相同的操作，计算并记录每个喷油器喷射后的压降值；将所有压降值累加，再除以喷油器个数，得到平均压降值；用每个喷油器喷射后的压降值与平均压降值比较，以判断喷油器是否正常。

目前各车型配套的专用检测仪通常都具有"喷油器平衡测试功能"，只是菜单选项或名称等会有所差别（具体细节根据实际使用的专用检测仪而定），下面举例说明。

a. 对于进气管喷射系统执行的喷油器平衡测试　以别克君威轿车为例，使用通用汽车的专用诊断仪 TECH-2 执行喷油器平衡测试，具体步骤如下：

（a）将燃油压力表连接到燃油压力测试端口。

（b）将 TECH-2 诊断仪与车辆连接。

（c）接通点火开关，保持发动机熄火。

（d）在诊断仪的"特殊功能"菜单中选择"喷油器平衡"。

（e）选择将要测试的喷油器。

（f）按 Enter 回车键，使燃油泵注油。

（g）燃油压力稳定后记录燃油压力表上指示的燃油压力，即为第 1 个读数，确保燃油压力表上的读数燃油压力测量值符合规定范围，如 333~380kPa（燃油压力值视具体车型而定，应参阅维修手册）。

（h）按诊断仪上的脉动喷油器按钮，使喷油器通电（每个喷油器的通电时间均相同），以降低燃油压力。

(i) 当燃油压力表指针停止移动后，记录燃油压力表上指示的燃油压力，即为第 2 个读数。

(j) 再次按下 Enter 回车键，回到选择喷油器屏幕。

(k) 对于每个喷油器重复本测试。

(l) 对于每一个喷油器，从第 1 读数中减去第 2 读数，结果即为压降。

(m) 计算出各喷油器的压降值。

(n) 将所有各个压降值加在一起即得总压降值。

(o) 将总压降值除以喷油器个数，即得平均压降值。

(p) 任何喷油器的压力降低值高于规定平均压降值或低于规定平均压降值 20kPa（具体数值应参考各车型维修手册的规定），则应更换该喷油器。

b. 对于缸内直喷系统执行的喷油器平衡测试　缸内直喷喷油器平衡测试的基本步骤如下：

(a) 检查并确认低压侧燃油压力正确。

(b) 使发动机保持怠速运转，确认故障诊断仪上的"Fuel Rail Pressure Sensor（燃油导轨压力传感器）"参数约为 3MPa。注意：执行该测试时，发动机转速必须在 600～1000r/min 之间。

(c) 在故障诊断仪的"Control Functions（控制功能）"菜单中选择"Fuel Injector Balance（喷油器平衡）"功能。

(d) 选择并测试喷油器，对每个喷油器执行重复操作。

(e) 对每个喷油器计算并记录压降值。

(f) 将每个压力降值相加（怀疑有故障的喷油器除外），该值即为总压降。

(g) 将总压降除以相加的喷油器个数，即为平均压降。

(h) 将平均压降乘以 0.20，即为平均压降的可接受变量（20%）。

(i) 确认任一个喷油器的压降与平均压降之差应不大于可接受变量。如果大于可接受变量，则应更换该喷油器。

④ 数据流读取与分析　与喷油器相关的数据流主要有：喷油脉宽（ms）、发动机转速（r/min）、冷却液温度（℃）、进气质量（g/s）、进气压力（kPa）、节气门开度（V，%）、负荷（%）、电源电压（V）、前氧传感器信号（V，mA）、短期燃油修正（%）、长期燃油修正（%）、燃油压力（kPa、bar、MPa）等。

对上述数据流进行读取、观察和分析，能够为燃油系统的故障诊断提供有效帮助。例如，通过观察长期燃油修正值、短期燃油修正值或喷油脉宽，可以确定燃油系统的状态是否正常；还可以根据数据流来判断故障出在发动机的哪个系统。

发动机燃油系统数据流的读取通常在怠速和 3000r/min 时进行。以上汽通用新君威 3.0L 发动机为例，表 4-3-2 为其怠速时的燃油系统部分数据流。喷油器怠速时喷油脉宽为 1.59ms，在正常值 1.5～2.0ms 的范围之内，说明动力控制模块 PCM 对喷油器的控制是正常的；同时可以看到，短期燃油修正值为 -4%，远低于标准范围 -20%～+20%，说明喷油器工作正常；长期燃油修正值为 0%，表明发动机燃油喷射系统工作良好。

表 4-3-2　君威 3.0L 发动机燃油系统数据流（部分）

参数名称	控制模块	数值	单位
空气/燃油当量比指令	发动机控制模块	0.82	
喷油器负载循环，缸列 1	发动机控制模块	1.59	毫秒
喷油器负载循环，缸列 2	发动机控制模块	1.59	毫秒
HO2S 气缸组 1 传感器 1	发动机控制模块	0.95	伏
HO2S 气缸组 1 传感器 2	发动机控制模块	1.07	伏
HO2S 气缸组 2 传感器 1	发动机控制模块	0.96	伏
HO2S 气缸组 2 传感器 2	发动机控制模块	1.04	伏
短期燃油修正气缸组 1	发动机控制模块	－4	％
短期燃油修正气缸组 2	发动机控制模块	－4	％
长期燃油修正气缸组 1	发动机控制模块	0	％
长期燃油修正气缸组 2	发动机控制模块	0	％

（3）仪器设备检测

① 电阻检测　进气管喷射系统所使用的喷油器按阻值大小可分为低阻型（2～3Ω）和高阻型（12～16Ω），多使用高阻型喷油器；缸内直喷系统所使用的喷油器阻值很小，约为 1Ω 左右。喷油器的阻值如果不正常将会影响到喷油量，只有所有喷油器的阻值相同才能保证发动机工作正常。因此，在同一温度环境状态下对所有喷油器进行电阻检测是燃油喷射系统的常规检测项目之一。

如图 4-3-5 所示，检测电阻时，断开所有喷油器的线束插接器，用万用表的电阻挡测量喷油器两个端子之间的电阻，并与标准电阻值比较。喷油器的电阻值测量应该在冷机和热机时各进行一次，如果测量值超出标准范围，应更换喷油器。

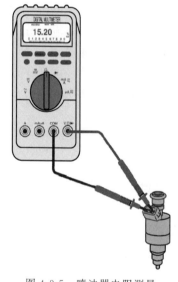

图 4-3-5　喷油器电阻测量

 提示

由于高电压的存在，缸内直喷系统喷油器的插接器必须保证接触良好，因此，缸内直喷系统喷油器的插接器不允许频繁插拔，有些车型还限定了插拔次数。

② 电路测试　对喷油器控制电路的检测通常采用试灯和示波器两种方法。

a. 利用试灯测试喷油器控制电路

如图 4-3-6 所示，关闭点火开关，断开喷油器线束插接器，将试灯两个针脚分别插入线束插接器的两个端子上。启动发动机，观察试灯的工作情况：正常状态下，

图 4-3-6　利用试灯测试喷油器控制电路

试灯应该以一定频率闪烁；如果试灯常亮，表明喷油器的供电与搭铁端子间存在电压差，ECM 内部或线路可能对地短路；如果试灯亮度较暗，说明喷油器线路电阻过大或电压过低，应该检查喷油器的电源和搭铁端；如果试灯不亮或不闪烁，说明喷油器的电源或搭铁线路开路。

> **提示**
>
> 测试喷油器用的试灯通常是利用两个发光二极管与一个 330Ω 的电阻串联制作而成，具体制作方法如图 4-3-7 所示。不能用普通的车用灯泡（如转向灯泡等）代替试灯使用，以防负载过大造成 ECM 内部的驱动三极管损坏。

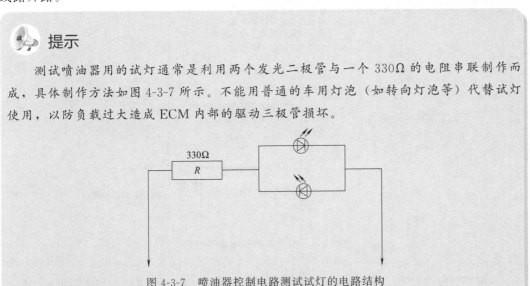

图 4-3-7　喷油器控制电路测试试灯的电路结构

b. 利用示波器测试喷油器控制电路　喷油器工作时的电压波形能够为喷油器工作状态是否良好提供直观的依据。如图 4-3-8 所示，在测试喷油器电压波形时，需要将示波器的测试探针连接在 ECM 控制喷油器搭铁的线路中；启动发动机，在怠速和高转速状态下分别记录喷油器的工作波形；通过与喷油器正常波形的对比来判断喷油器工作是否正常。

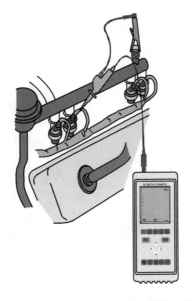

图 4-3-8　利用示波器测试喷油器（搭铁）控制电路

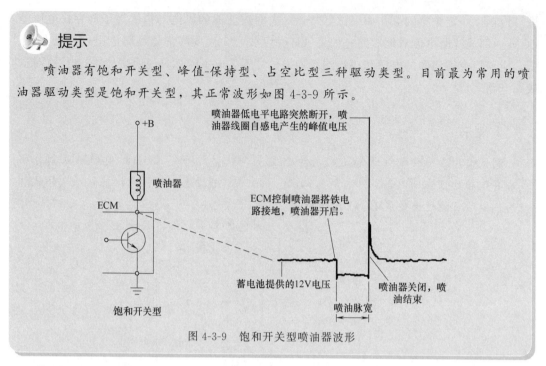

图 4-3-9　饱和开关型喷油器波形

③ 线路通断性检测　当试灯或示波器测试都无反应时，最大的可能就是喷油器的线路出现了断路或短路，需要进行的检测之一就是线路的通断性检测。具体操作为：关闭点火开关，断开喷油器线束插头和ECM插接器，使用万用表电阻挡分别检测喷油器线束插头与ECM插接器之间线路的阻值，正常情况下阻值应小于0.5Ω，否则，说明线路断路或有附加电阻。

4.4　燃　油　泵

电控汽油发动机形成可燃混合气的前提条件之一就是要为燃油喷射系统提供足量、足压的燃油，完成这一任务的元件就是燃油泵。在搭载电控汽油发动机的车辆中，燃油泵主要分为电动燃油泵和机械式高压燃油泵，如图4-4-1所示。进气管喷射系统的车辆通常只

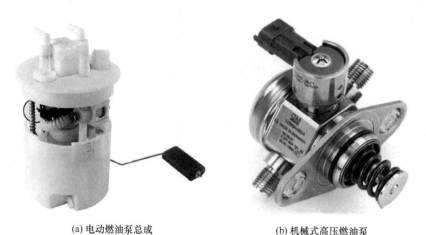

(a) 电动燃油泵总成　　　　(b) 机械式高压燃油泵

图 4-4-1　燃油泵的类型

装有一个电动燃油泵；而缸内直喷系统的车辆不仅装有电动燃油泵，同时还装有一个机械式高压燃油泵。

 提示

严格意义上说，燃油泵并不属于执行器。对于电动燃油泵而言，真正的执行器是燃油泵继电器；机械式高压燃油泵与电控系统没有直接关系，更不属于执行器的范畴。但是，作为燃油供给系统的重要组成部分，燃油泵直接关系到发动机的运行状况，因此，有必要对其工作特点、故障症状及诊断方法进行介绍。

4.4.1 位置

无论是进气管喷射还是缸内直喷系统，目前汽车的电动燃油泵都普遍采用内置式，即安装在燃油箱内，其目的是为了对电动燃油泵进行有效冷却，同时避免气阻现象的发生。

机械式高压燃油泵仅应用在缸内直喷系统中，通常安装在发动机上部，如图4-4-2所示，由凸轮轴直接驱动。

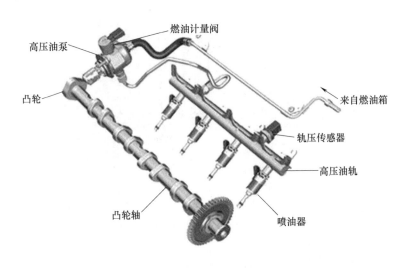

图 4-4-2 机械式高压燃油泵的位置

4.4.2 作用

如图4-4-3所示，在进气管燃油喷射系统中，电动燃油泵的作用就是通过燃油滤清器和供油管路将燃油输送至油轨，并建立燃油压力。

如图4-4-4所示，缸内直喷系统的燃油供给管路分为低压燃油管路和高压燃油管路，其中，"电动燃油泵（滤清器）→低压油管→高压油泵"为低压燃油管路；"高压油泵→高压油管→高压油轨→喷油器"为高压燃油管路，以高压油泵为分界点。

在缸内直喷系统中，电动燃油泵的作用是通过低压油管为高压油泵输送低压燃油；高压油泵的作用是建立高压燃油并泵送给高压油轨，为喷油器的燃油喷射提供充足的高压燃油。

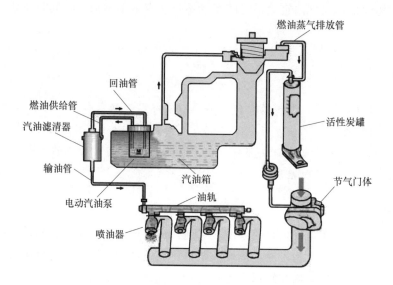

图 4-4-3 进气管燃油喷射系统的燃油供给管路

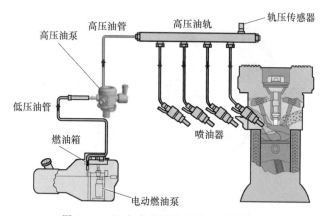

图 4-4-4 缸内直喷系统的燃油供给管路

4.4.3 类型与结构

(1) 电动燃油泵

电动燃油泵是由一个小型直流电机驱动的输油泵，主要由电机和泵体两部分组成，其基本结构如图 4-4-5 所示。电动燃油泵上通常设有一个单向阀和一个限压阀。

单向阀，也称止回阀，位于电动燃油泵的出油口处，从燃油泵泵出的燃油只能经过该单向阀被输送到供油管路，而不能回流。其主要作用是保证发动机关闭时，燃油管路中仍能保持一定的残余油压。残余油压有助于发动机下一次的顺利启动，并可防止气阻产生。

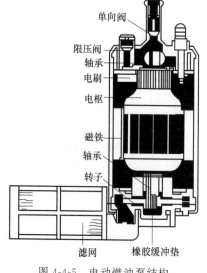

图 4-4-5 电动燃油泵结构

限压阀位于电动燃油泵出油口旁的壳体上,其结构与单向阀基本相同,但开启压力较大。其主要作用是当燃油管路出现堵塞而造成燃油泵泵油压力过高时,会自动开启泄压,保证电动燃油泵的泵油压力不超过规定的最高压力,以防止电动燃油泵因为负荷过大而损坏。

(2) 高压油泵

目前,缸内直喷电控汽油发动机所采用的高压油泵大都是由凸轮轴驱动的单缸泵(个别车辆采用多柱塞泵),其结构如图 4-4-6 所示,主要由柱塞、燃油计量阀、限压阀和压力缓冲器等组成。

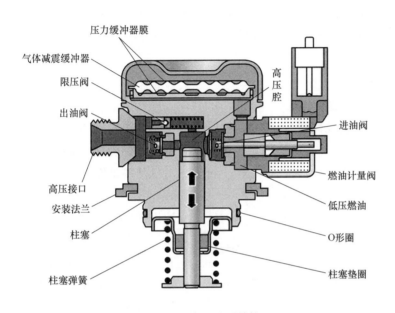

图 4-4-6　高压油泵结构

 提示

燃油计量阀与高压油泵集成为一体,是高压油泵不可分割的一部分,高压油泵之所以能建立高压,关键在于燃油计量阀的控制。无论是油泵损坏还是燃油计量阀故障,都必须整体更换。虽然高压油泵本身是一个单缸机械式油泵,不属于发动机电控系统的执行器,但燃油计量阀则是由 ECM 直接控制的,因此,可以把高压油泵总成视为发动机电控系统的执行器。

高压油泵的泵油油量取决于发动机转速和 ECM 对燃油计量阀的控制。燃油计量阀又称油压调节阀,它是一个电磁阀,其作用是提供给喷油器所需要的油压,并且保证进入到油轨当中的燃油压力与需要的油压保持一致。

柱塞是高压油泵建立高压燃油的关键部件之一。柱塞由发动机凸轮轴上的凸轮驱动,上行压油,下行吸油,与燃油计量阀的动作协调配合,从而在油腔中实现吸油和压缩泵油的过程。

高压油泵上集成有油压限压阀。限压阀帮助保护组件，确保高压系统的可靠运行。限压阀用于限制油轨中的最大油压［缸内直喷电控汽油发动机的最大油压大都限定在200bar（20MPa）］，如果超过最大允许值，限压阀打开，将过量的燃油泄放回低压侧。

出油阀是一个单向阀，位于高压接口的内部，其作用是保持高压端的油压，防止油泵柱塞下行或油腔与低压油路相通时，高压端燃油回流泄压。

在低压燃油管路与燃油计量阀的交界处有一个单向阀，称为进油阀，其作用是与燃油计量阀共同配合，实现高压油腔与低压油路间的通断。

压力缓冲器位于高压油泵的顶端，其结构与进气管喷射系统中的脉动衰减器基本相同，由两层隔膜组成，在两层隔膜之间设有气垫。压力缓冲器的作用是衰减低压油路中由高压油泵产生的脉冲振动，以保证高压腔在发动机转速比较高的情况下也有良好的充油效果。

4.4.4 电路原理

（1）电动燃油泵控制电路

① 燃油泵继电器控制燃油泵电路　当前普遍采用的电动燃油泵控制电路如图4-4-7所示，ECM通过控制燃油泵继电器来实现对电动燃油泵的间接控制。具体控制过程如下：将点火开关置于"ON"挡，ECM控制燃油泵继电器吸合，燃油泵开始工作，供油管路随之建立油压。如果在1~2s后，ECM没有接收到发动机转速信号（由曲轴位置传感器或凸轮轴位置传感器提供），将会控制燃油泵继电器断开，燃油泵停止运转；如果ECM能够持续接收到发动机转速信号，将会保持燃油泵继电器吸合，使燃油泵持续工作。

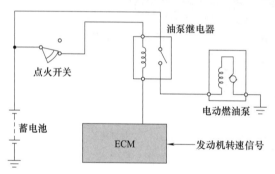

图4-4-7　电动燃油泵控制电路一

提示

在有些车辆中，发动机机油压力作为ECM控制燃油泵继电器的一个备用信号，当机油压力达到28kPa时，ECM将控制燃油泵继电器吸合，燃油泵开始工作。

② 燃油泵模块控制燃油泵电路　目前，有些车型的燃油供给系统（包括缸内直喷系统的低压油路部分）采用了无回流燃油供给系统，这就需要电动燃油泵输送的油量与发动机需要的目标油量高度一致，为此，这类燃油供给系统对电动燃油泵采用了更为精确的控制方式，控制电路原理如图4-4-8所示。在该控制电路中，增加了一个燃油压力传感器和一个燃油泵控制模块。

以长安福特新蒙迪欧2.0T缸内直喷发动机为例，说明该控制电路的具体控制过程：ECM接收燃油压力传感器的信号，并与当前需要的目标油量（油压）比较，将所需要油

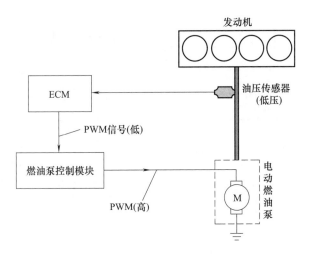

图4-4-8 电动燃油泵控制电路二

压的控制信号传递给燃油泵控制模块,该信号是一个低频的PWM信号(可变脉宽的脉冲信号),占空比在10%～85%之间(占空比是指正脉冲的持续时间与脉冲总周期的比值),燃油泵控制模块在收到ECM发送过来的所需油压的控制信号后又以高频PWM信号驱动电动燃油泵,此时占空比在0～100%之间调整(根据油压需要调整占空比)。电动燃油泵根据该信号给高压油泵供油,而发动机不同工况所需的燃油量由ECM进行计算和控制,所以不存在回油。低压管路的油压传感器把当前的低压管路油压值传送给ECM,这样就构成了闭环控制回路。由于ECM对低压管路油压进行控制,所以施加在高压油泵上的油压只有380～620kPa。

(2) 高压油泵(燃油计量阀)控制电路

高压油泵(燃油计量阀)的控制电路如图4-4-9所示,采用"电源"和"搭铁控制"两个接线端子。ECM通过PWM信号控制燃油计量阀的搭铁线,实现对燃油计量阀的开启和关闭控制,并与高压油泵柱塞协同配合,共同完成高压油泵的吸油过程和泵油过程。

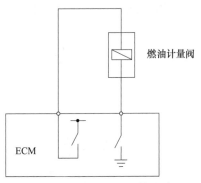

图4-4-9 高压油泵(燃油计量阀)控制电路

① 吸油过程 如图4-4-10所示,柱塞下行,燃油计量阀开启(断电),此时燃油通过进油阀流到高压油腔。高压油腔的充油过程由下列两种因素共同作用而实现:

a. 泵柱塞的向下运动使得燃油被吸到高压油腔;

b. 燃油被低压侧的压力压到高压油腔中。

在随后的泵油过程,柱塞到达下止点后燃油计量阀仍然保持最初的开启位置。

② 泵油过程 如图4-4-11所示,在柱塞到达下止点后燃油计量阀仍然保持最初的开启位置。在设定的时间点后,油量计量阀通电,关闭了低压燃油供给管路,高压油在腔里的燃油柱塞(上行)的作用下增压。当高压油腔里的油压超过高压管路里油轨的压力时,出油阀被打开,高压燃油就被泵送到油轨中。

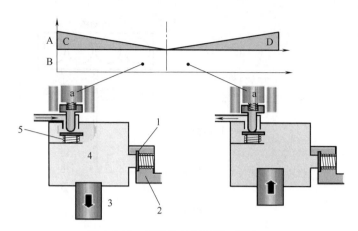

图 4-4-10　燃油计量阀开启（断电）

1—出油阀；2—高压管路；3—柱塞；4—高压油腔；5—进油阀；
A—柱塞行程；B—燃油计量阀工作；C—吸油过程；D—泵油过程；a—燃油计量阀开启（断电）

在确定的时间段后，燃油计量阀停止供电。在减少电流的过程中进油阀仍然关闭。原因是：高压油腔的压力加上进油阀的弹簧力推动进油阀回到阀座上，保持低压燃油供给管路关闭。在柱塞到达上止点和吸油行程开始之前，燃油被泵到油轨中。高压腔的油压再次下降，因此，出油阀先关闭随后进油阀打开。

ECM根据要求的泵油量和油轨压力计算燃油计量阀作动的时间点。

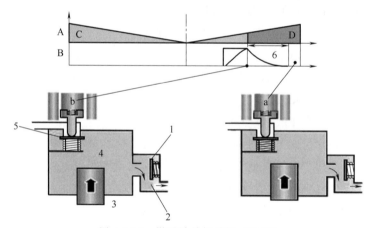

图 4-4-11　燃油计量阀关闭（通电）

1—出油阀；2—高压管路；3—柱塞；4—高压油腔；5—进油阀；6—电流减少阶段；A—柱塞行程；
B—燃油计量阀工作；C—吸油过程；D—泵油过程；a—燃油计量阀开启（断电）；b—燃油计量阀关闭（通电）

提示

a．断电情况下燃油计量阀的针阀推力较大，会将进油阀推开，从而呈现燃油计量阀开启的状态，使高压油腔与低压管路相通，高压油腔无法产生高压；而当给燃油计量阀通电时，计量阀的线圈会产生磁力，减小针阀推力，进油阀就在弹簧力的作用下关闭，呈现出燃油计量阀关闭的状态。

b. 在泵油过程中，油量计量阀关闭之前一些燃油先会被从高压油腔中压回到低压燃油管路中。这个压力会使缓冲器隔膜变形，将在各个工作点上被分离出来的一定量的燃油暂时收集起来；而在吸油过程中，这些被储存在缓冲器隔膜中的燃油将被释放。

c. 在故障情况下，燃油计量阀会处于打开状态，车辆进入"跛行回家"模式，此时发动机的工作油压与低压燃油系统油压相同。

d. 燃油计量阀持续通电的时间超过3s将导致燃油计量阀损坏，因此不允许将外接电源连接到燃油计量阀上。

4.4.5 故障类型与症状

(1) 电动燃油泵（低压）的故障类型与症状

电动燃油泵的常见故障主要有自身故障、拆装故障和电路故障等几种类型，其具体的故障原因和导致的故障现象如表4-4-1所示。

表 4-4-1 电动燃油泵的故障类型与症状

故障类型	故障原因	对燃油供给的影响	故障症状
自身故障	燃油泵(滤网)堵塞	供油压力不足	启动困难、怠速不稳、加速无力
		没有油压	发动机无法启动、熄火
	电刷磨损/卡滞	电机不转,无油压	敲击振动油箱,车辆方能启动
	电机烧坏	无燃油供给	发动机无法启动、熄火
	油泵磨损	供油压力不足	启动困难、怠速不稳、加速无力
	油泵单向阀卡滞常开	无系统残压	启动时间偏长
	限压阀漏油或弹簧失效	供油压力不足	启动困难、怠速不稳、加速无力
拆装故障	油泵与供油管路连接不到位,有泄漏	燃油泄漏,油压不足	启动困难、怠速不稳、加速无力
	连接油泵的供油管路脱落	燃油完全泄漏在油箱,无燃油供给	发动机无法启动、熄火
	油泵线路插接器接触不到位或脱落	油泵不转,无燃油供给	发动机无法启动、熄火
电路故障	保险丝、继电器、线路等断路	油泵不转,无燃油供给	发动机无法启动、熄火
	ECM控制故障	油泵不转,无燃油供给	发动机无法启动、熄火

(2) 高压油泵的故障类型与症状

高压油泵的常见故障主要有自身故障和电路故障，由于高压油泵不允许拆卸分解，所以由于拆装而导致的故障在高压油泵上并不多见。高压油泵常见的故障类型、故障原因和故障症状如表4-4-2所示。

表 4-4-2 高压油泵的故障类型与症状

故障类型	故障原因	对燃油供给的影响	故障症状
自身故障	油泵堵塞	高压压力不足	启动困难、怠速不稳、加速无力
		没有油压	发动机无法启动、熄火

续表

故障类型	故障原因	对燃油供给的影响	故障症状
自身故障	油泵（内部的阀）卡滞	高压与低压相同	启动时间偏长，发动机处于"跛行回家"状态
自身故障	燃油计量阀损坏	高压与低压相同	启动时间偏长，发动机处于"跛行回家"状态
电路故障	燃油计量阀线路断路	高压与低压相同	启动时间偏长，发动机处于"跛行回家"状态
电路故障	ECM控制故障	高压与低压相同	启动时间偏长，发动机处于"跛行回家"状态

4.4.6 故障诊断

(1) 人工经验检查

① 目视检查

a. 目视检查电动燃油泵或高压油泵（燃油计量阀）的线束插头是否插接牢固完好、线束是否破损/断裂等。

b. 目视检查与燃油泵连接的燃油管路是否完好，有无泄漏。

② 倾听检查

a. 为了确保车辆顺利启动，现代电控汽油发动机在点火开关置于"ON"挡时，ECM会控制电动燃油泵运转1~2s，为供油管路建立油压，在此期间，电动燃油泵会发出"滋……"的运转声音，然后静止。这说明电动燃油泵的控制和运转都正常，否则，应对电动燃油泵及其控制电路进行诊断、检查。

b. 使用听诊器来检查油压。对于带有回油管路的燃油系统，在电动燃油泵加压但不启动发动机时，利用听诊器在燃油压力调节器的位置可以听到燃油流回燃油箱的声音。如果听到了回油声，说明燃油泵压力高于调节压力，正常；如果听不到回油声，则说明燃油泵或油压调节器异常。

c. 利用听诊器检查燃油计量阀。对于缸内直喷的电控汽油发动机，在发动机正常运行时，其高压油泵上的燃油计量阀会发出类似于喷油器的清脆的"嗒嗒"声，这可以通过听诊器进行检查。如果燃油计量阀没有声音，则应对燃油计量阀及控制电路进行检查，必要时更换高压油泵总成。

③ 振动检查

a. 对于燃油计量阀不动作的故障，在外部控制电路正常的情况下，可以通过振动（或敲击）燃油计量阀的方法，检查燃油计量阀是否出现了卡滞。

b. 车辆无法启动的一个主要原因就是电动燃油泵不工作。对于这种情况，可以在车辆启动过程中使用橡胶锤敲击燃油箱底部尝试让燃油泵恢复工作。如果车辆能够启动，则不要熄火，应当尽快将车辆开到修理厂，更换电动燃油泵。这项尝试可以确认燃油泵电刷已经脏污磨损了，应该更换燃油泵总成。

(2) 车载诊断系统诊断故障

① 故障码查询　表4-3-3所列出的故障信息既包括电动燃油泵及控制电路的故障码，也包含了高压油泵中燃油计量阀（油压调节阀）及电路的故障码。

表 4-4-3　与燃油泵相关的故障码

故障码	含义	故障码设置说明	可能的故障原因
P0231	燃油泵控制电路电压过低	燃油泵电源控制模块检测到燃油泵控制电路电压过低且持续时间超过限值 ＊故障灯点亮	①燃油泵控制电路对搭铁短路 ②燃油泵电源控制模块 ③燃油泵
P0232	燃油泵控制电路电压过高	燃油泵电源控制模块检测到燃油泵控制电路电压过高且持续时间超过限值 ＊故障灯点亮	①燃油泵控制电路对电源短路 ②燃油泵控制电路开路或电阻过大 ③燃油泵电源控制模块 ④燃油泵
P023F	燃油泵控制电路开路故障	燃油泵电源控制模块检测到燃油泵电流小于1A并且燃油泵占空比大于标定阈值50％，且持续时间超过限值 ＊故障灯点亮	燃油泵控制电路开路或电阻过大
P2635	燃油泵流量性能异常	燃油泵电源控制模块检测到目标燃油压力和实际燃油压力之间的差值超出范围且持续时间超过限值 ＊故障灯点亮	①燃油泵 ②燃油泵电源控制模块 ③燃油泵控制电路
P0089	（别克）油压调节器（阀）性能	高压燃油泵已超过其控制限制 ＊故障灯点亮	①油压调节阀及电路 ②高压油泵 ③管路泄漏或堵塞 ④喷油器泄漏或堵塞 ⑤燃油蒸气堵塞 ⑥凸轮轴凸轮
P0090	（别克）油压调节器（阀）控制电路	发动机控制模块检测到油压调节阀低电平控制电路开路 ＊故障灯点亮	油压调节阀低电平控制电路开路
P0091	（别克）油压调节器（阀）控制电路电压过低	发动机控制模块检测到油压调节阀低电平控制电路对搭铁短路 ＊故障灯点亮	油压调节阀低电平控制电路对搭铁短路
P0092	（别克）油压调节器（阀）控制电路电压过高	发动机控制模块检测到油压调节阀低电平控制电路对电压短路 ＊故障灯点亮	油压调节阀低电平控制电路对电压短路
P00C8	（别克）油压调节器（阀）高电平控制电路	发动机控制模块检测到油压调节阀高电平控制电路开路 ＊故障灯点亮	油压调节阀高电平控制电路开路
P00C9	（别克）油压调节器（阀）高电平控制电路电压过低	发动机控制模块检测到油压调节阀高电平控制电路对搭铁短路 ＊故障灯点亮	油压调节阀高电平控制电路对搭铁短路
P00CA	（别克）油压调节器（阀）高电平控制电路电压过高	发动机控制模块检测到油压调节阀高电平控制电路对电压短路 ＊故障灯点亮	油压调节阀高电平控制电路对电压短路

续表

故障码	含义	故障码设置说明	可能的故障原因
P228C	油压调节器（阀）1控制性能——压力过低	实际燃油导轨压力比期望的燃油导轨压力低且低于下限值（如3MPa） ＊故障灯点亮	①油压调节阀及电路 ②高压油泵 ③管路泄漏或堵塞 ④凸轮轴凸轮磨损
P228D	油压调节器（阀）1控制性能——压力过高	实际燃油导轨压力比期望的燃油导轨压力高且高于上限值（如3MPa） ＊故障灯点亮	①油压调节阀及电路 ②高压油泵 ③喷油器堵塞

② 作动测试　利用专用诊断仪中的"燃油泵测试功能"来测试电动燃油泵及其控制电路是否正常，具体操作步骤如下：

a. 关闭点火开关，将专用诊断仪与车辆连接。

b. 打开点火开关至"ON"挡，不启动发动机，在专用诊断仪的项目中依次选择"发动机系统"→"控制功能"（或"测试功能"）→"燃油泵测试"。

c. 执行燃油泵测试：应能听到电动燃油泵发出"滋……"的运转声音，否则，说明电动燃油泵或其控制电路存在故障。

 提示

"燃油泵测试功能"只能用来判断电动燃油泵是否运转以及控制电路是否正常，而无法判断电动燃油泵的供油压力（或供油量）是否符合标准要求。

(3) 仪器设备检测

① 电阻检测

a. 电动燃油泵的电阻测量：利用万用表的电阻挡测量电动燃油泵上两个接线端子的电阻，其阻值应为2～3Ω（20～40℃），否则，应更换电动燃油泵。

b. 高压油泵燃油计量阀的电阻测量：利用万用表的电阻挡测量燃油计量阀上两个插头的电阻，其阻值通常为0.3～3.1Ω，具体标准以不同车型的维修手册为准。

② 电流消耗测试　如图4-4-12所示，将数字式万用表的直流电流挡串联到电动燃油泵的回路中测量电流。

通常情况下，对于自然吸气多点喷射发动机，其电动燃油泵的电流标准值为4～8A；对于涡轮增压发动机，其电动燃油泵的电流标准值为6～10A。如果电流过大，应检查燃油滤清器及其管路是否堵塞，否则，更换电动燃油泵；如果电流过小，应检查线路连接器是否电阻过大、线路是否接地不良，否则，更换电动燃油泵。

③ 燃油压力测试　燃油压力测试既是针对电控汽油发动机燃油供给系统所进行的必要检测项目，也是判断电动燃油泵工作性能好坏的必要手段。

燃油压力测试通常使用燃油压力表进行。如图4-4-13（a）、（b）所示，分别是针对带回油管路的燃油系统和不带回油管路的燃油系统进行燃油压力测试时燃油压力表的连接方式。

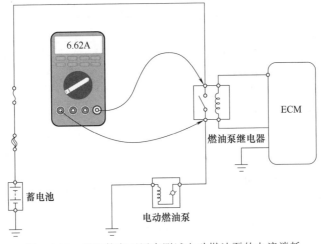

图 4-4-12 利用数字万用表测试电动燃油泵的电流消耗

a. 静态压力测试 在不启动发动机的情况下，将点火开关转至"ON"挡（也可以利用专用诊断仪中的"燃油泵测试功能"来驱动电动燃油泵，或者还可以直接为燃油泵供电），使电动燃油泵运转。通过燃油压力表观察燃油压力，此时的压力为电动燃油泵的静态压力。对于进气管喷射的燃油系统，其工作压力通常维持在 300~400kPa。

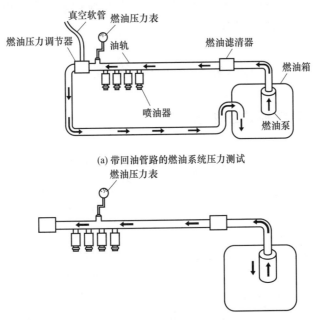

图 4-4-13 利用燃油压力表测试（低压）燃油压力

b. 保压测试 保压测试可以检查燃油系统是否存在泄漏。在电动燃油泵停止运行 5min 后观察燃油压力表，压力应保持在规定范围内。如果压力下降明显，说明压力调节器、燃油泵止回阀、喷油器等存在泄漏。对于有回油管路的燃油系统，可以按照表 4-4-4 的步骤确定油压下降的原因。

表 4-4-4　有回油管路的燃油系统燃油泄漏的检查

步骤	操　作	结果：是	结果：否
1	激活电动燃油泵，建立燃油系统压力	进入第 2 步	
2	堵住燃油导轨上的回油管，油压是否停止下降？	油压调节器失效	进入第 3 步
3	在燃油系统加压后堵住进油管，油压是否停止下降？	燃油泵止回阀失效	喷油器泄漏

提示

通常情况下，如果在电动燃油泵停止运转后燃油压力瞬间下降为 0，往往是燃油泵止回阀卡滞常开造成的。止回阀卡滞常开会延长发动机启动油压的建立时间，造成发动机启动时间偏长，但对发动机启动后的运行没有影响。

　　c. 动态压力测试　动态压力测试是在发动机运转过程中进行的燃油压力测试。如果燃油导轨上有回油管，在动作节气门时燃油压力应该改变，如果不变，应检查真空管路。油压调节器的真空侧不允许出现燃油。

　　④ 供油量测试　供油量直接影响发动机的运行状况。压力相同、供油管路的直径不同，则供油量也不相同，因此，油压正常并不足以保证发动机正常运行。为保证发动机在各工况下正常运行，供油量最少要达到 2L/min。供油量测试通常使用燃油流量计进行，流量计串联在电动燃油泵与燃油导轨之间。

4.5　点火线圈

4.5.1　电控点火系统基本组成与原理

(1) 基本组成

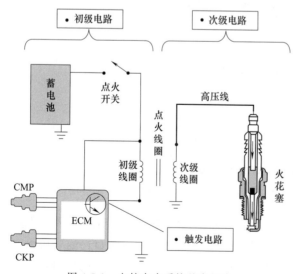

图 4-5-1　电控点火系统基本组成

现代电控汽油发动机的点火系统都采用无分电器式电控点火系统，也称直接点火系统，通常由蓄电池、点火开关、点火线圈、高压线、火花塞、ECM 和相关传感器（如曲轴位置传感器、凸轮轴位置传感器、爆震传感器等）组成，如图 4-5-1 所示。点火线圈初级线圈的一端通过点火开关连接到蓄电池正极，另一端连接到 ECM，由 ECM 控制搭铁；点火线圈次级线圈的一端搭铁［也有的与初级线圈正极相连，参见图 4-5-2(a)］，另一端通过高压线（或直接）连接到火花塞，火花塞自身搭铁。

(2) 基本工作原理

当初级线圈有电流（约为2～6A）通过时，具体电流走向为：蓄电池正极→点火开关→初级线圈→ECM（控制）→搭铁→蓄电池负极，这一回路称为初级电路或低压电路。导通的初级电路使初级线圈在其周围产生磁场，并通过铁芯的作用使磁场得到加强，当ECM接收CKP、CMP的信号确定活塞运行到压缩上止点时，ECM会通过内部控制电路（这个电路也称为触发电路）瞬间断开初级电路，初级线圈内电流迅速减少，由于互感作用，此时次级线圈会产生互感高压电动势（约为20～40kV），具体电流（约为20～80mA）走向为：次级线圈一端（高压电动势＋）→高压线→火花塞中心电极→火花塞跳火（点燃混合气）→火花塞侧电极→搭铁→次级线圈另一端（高压电动势－），这一回路称为次级电路或高压电路。

4.5.2 作用

由电控点火系统基本工作原理可以看出，点火线圈就是一个升压变压器，其作用是将蓄电池提供的12V低压电转换成点火所需要的高压电，使火花塞跳火。

4.5.3 类型与结构

单纯的点火线圈主要由初级线圈、次级线圈和铁芯等组成。点火线圈中的初级线圈和次级线圈有的彼此相连［图4-5-2（a）］，有的相互分开［图4-5-2（b）］。

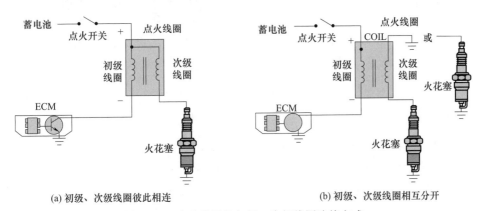

图4-5-2 点火线圈的初级、次级线圈连接方式

目前，电控汽油发动机所采用的直接点火系统按照高压配电方式的不同可分为同时点火方式（也称分组点火）和独立点火方式。以直列四缸发动机为例，采用同时点火方式时，1、4缸（两个气缸的活塞同时到达上止点）共用一个点火线圈，2、3缸共用一个点火线圈；采用独立点火方式时，每个气缸单独使用一个点火线圈。如图4-5-3所示，采用不同点火方式时，点火线圈的形式和安装位置也不相同。

(1) 同时点火方式采用的点火线圈

同时点火方式采用的点火线圈通常有两种形式，一种是用于2个气缸点火（双缸点火）的点火线圈［见图4-5-4（a）］，对于四缸发动机而言，需要2个，而六缸发动机则需要3个；另一种是将两个点火线圈集成在一起的点火线圈总成［见图4-5-4（b）］，主要用于四个发动机。

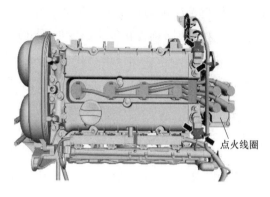

(a) 同时点火方式

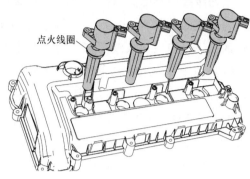

(b) 独立点火方式

图 4-5-3　不同点火方式点火线圈的形式与安装位置

(a) 用于双缸点火的点火线圈

(b) 用于四缸点火的点火线圈总成

图 4-5-4　同时点火方式采用的点火线圈

提示

① 用于双缸点火的点火线圈多为单纯的点火线圈，插接器为 2 个端子。

② 直接用于四缸点火的点火线圈总成，有的插接器为 3 个端子，这种点火线圈总成实际上就是两个点火线圈的集成；有的插接器为 4 个端子，这种点火线圈总成内部除了有两个点火线圈外，还有一个驱动电路，所以，这种点火线圈也称为点火模块。如图 4-5-5 所示。

(a) 3端子式

(b) 4端子式

图 4-5-5　用于四缸点火的点火线圈总成

(2) 独立点火方式采用的点火线圈

按照插接器端子数量的不同,独立点火方式采用的点火线圈分为 2 端子式、3 端子式和 4 端子式,如图 4-5-6 所示。2 端子式的独立点火线圈就是单纯的点火线圈;4 端子式的独立点火线圈内部除了有单纯的点火线圈外,还含有驱动电路,因此,4 端子式的独立点火线圈实际上是一个点火模块;3 端子式的独立点火线圈比较复杂,它既有可能是单纯的点火线圈,也有可能是一个点火模块,关键在于其内部结构。

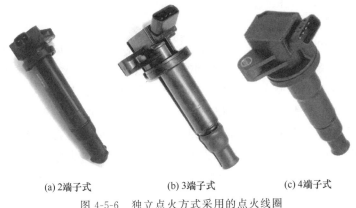

(a) 2端子式　　(b) 3端子式　　(c) 4端子式

图 4-5-6　独立点火方式采用的点火线圈

4.5.4　电路原理

(1) 同时点火系统控制电路之一

如图 4-5-7 所示为一直列四缸发动机采用两个双缸点火的点火线圈进行点火控制的同时点火系统控制电路。每个点火线圈的插接器有两个端子,分别与初级线圈两端相连,其中"1"端子连接点火挡电源,"2"端子与 ECM 相连,通过 ECM 控制初级回路的通断,以实现点火控制;次级线圈的两端分别与两个气缸(1、4 缸或 2、3 缸)的火花塞相连。

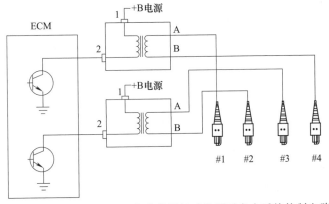

图 4-5-7　两个双缸点火的点火线圈组成的同时点火系统控制电路

以 1、4 缸高压跳火时的次级电路走向为例,当 1 缸接近压缩行程上止点而 4 缸接近排气行程上止点时,假定次级电流流向为 A→B,此时次级电路的走向为:次级线圈一端 A(高压电动势+)→高压线圈护套内芯弹簧→1 缸火花塞中心电极→1 缸火花塞跳火(点燃压缩混合气)→1 缸火花塞侧电极→搭铁→4 缸火花塞侧电极→4 缸火花塞跳火(废气)→4 缸火花塞中心电极→高压线→次级线圈另一端 B(高压电动势-),构成闭合回路。

（2）同时点火系统控制电路之二

如图4-5-8所示为一直列四缸发动机采用一个点火线圈总成进行点火控制的同时点火系统控制电路。该点火线圈总成实际上是两个点火线圈的组合。插接器有三个端子，端子"2"将两个初级线圈的一端连接在一起并与点火挡电源相通，"1""3"两个端子分别作为两个初级线圈的另一端与ECM相连，通过ECM控制初级回路的通断，以实现点火控制；次级电路的构成与图4-5-7相同。

（3）同时点火系统控制电路之三

与图4-5-8基本相同，图4-5-9所示也是一直列四缸发动机采用一个点火线圈总成进行点火控制的同时点火系统控制电路。所不同的是，该点火线圈总成不是单纯两个点火线圈的组合，而是含有驱动电路的一个点火模块。如图4-5-9所示，点火模块的插接器为四个端子，端子"2"将两个初级线圈的一端连接在一起并与点火挡电源相通，端子"3"用于驱动电路的外接搭铁，"1""4"两个端子分别作为控制两个初级回路通断的控制端与ECM相连，通过ECM控制初级回路的通断，以实现点火控制；次级电路的构成与图4-5-7相同。

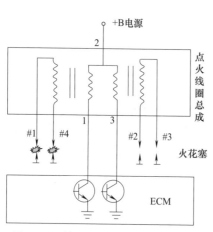

图4-5-8 使用3端子式点火线圈总成的同时点火系统控制电路

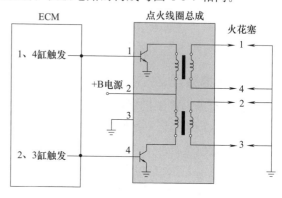

图4-5-9 使用4端子式点火线圈总成的同时点火系统控制电路

> **提示**
>
> ① 同时点火方式是利用一个点火线圈对活塞接近压缩行程上止点和排气行程上止点的两个气缸同时点火。处于压缩行程的气缸点火，使可燃混合气燃烧做功，该点火为有效点火；处于排气行程的气缸点火，是无效的，称为废火，废火的击穿电压通常只为2～3kV，更多的点火能量被用于压缩行程的气缸。
>
> ② 连接在一个次级线圈上的两个火花塞同时点火，但跳火方向不同：一个是从中心电极向侧电极跳火，另一个则是从侧电极向中心电极跳火。
>
> ③ 在同时点火方式中，如果一个气缸的火花塞或高压线出现了故障，在急速或小负荷的情况下，通常不会影响到与之配对的另一气缸的工作，但在发动机急加速或大负荷的情况下，则会同时影响两个气缸的工作。

（4）独立点火系统控制电路之一

如图4-5-10所示为独立点火系统控制电路的类型之一。在这一类型的点火电路中，每个气缸所采用的都是单纯的一个点火线圈。每个点火线圈的插接器有两个端子，端子"1"将点火挡电源连接到初级线圈的一端，初级线圈的另一端通过端子"2"引入到ECM中，由ECM控制初级回路的通断，以实现点火控制；次级线圈的两端分别与初级线圈正极和火花塞中心电极相连，高压跳火时，次级电路走向为：次级线圈一端（高压电动势＋）→点火挡电源线→蓄电池正极→蓄电池负极→搭铁→火花塞侧电极→火花塞跳火（点燃混合气）→火花塞中心电极→高压线圈护套内芯弹簧→点火线圈内置高压二极管→次级线圈另一端（高压电动势－），形成高压闭合回路。

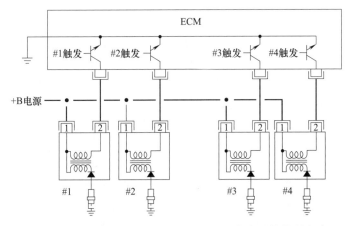

图4-5-10　使用2端子式点火线圈的独立点火系统控制电路

（5）独立点火系统控制电路之二

图4-5-11所示的独立点火系统控制电路与图4-5-10基本相同，采用的也是单纯的点火线圈，所不同的是，每个点火线圈的插接器为三个端子。三个端子中，初级线圈的两个端子"1""3"没有任何变化，只是次级线圈不再与初级线圈相连，而是通过端子"2"搭铁实现另一种次级高压闭合回路，电路的具体走向为：次级线圈一端（高压电动势＋）→端子"2"→搭铁→火花塞侧电极→火花塞跳火（点燃混合气）→火花塞中心电极→高压线

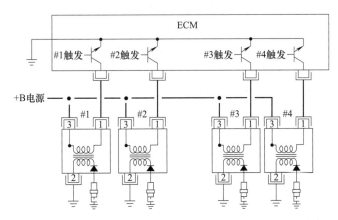

图4-5-11　使用3端子式点火线圈的独立点火系统控制电路

圈护套内芯弹簧→点火线圈内置高压二极管→次级线圈另一端（高压电动势一）。

(6) 独立点火系统控制电路之三

图 4-5-12 所示的独立点火系统控制电路从线路连接上看，与图 4-5-11 没有任何区别。但最大的区别是该控制电路使用的不是单纯的点火线圈，而是带有内置驱动电路的点火模块。点火模块三个端子的功用也有所不同：端子"3"没有变化，仍然是为初级线圈提供点火挡电源；端子"1"虽然仍与 ECM 相连，但另一端已不再与初级线圈相连（ECM 也不再直接控制初级电路是否搭铁和通断），而是作为驱动电路的一个端子，由 ECM 通过该端子来触发驱动电路的通断，当驱动电路接通时，初级电路通过端子"2"搭铁，形成初级闭合回路。

次级电路与图 4-5-10 所示相同。

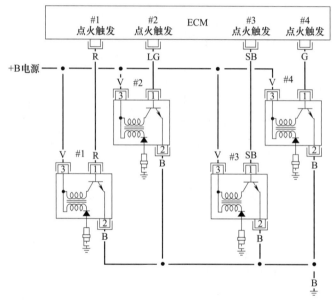

图 4-5-12　使用 3 端子式点火模块的独立点火系统控制电路

(7) 独立点火系统控制电路之四

图 4-5-13 所示为奥迪 A6 轿车采用的独立点火系统控制电路。在该控制电路中，每个点火线圈都是一个带有内置驱动电路的点火模块，其插接器为四个端子：端子"1"为初级线圈提供点火挡电源；端子"2"用来连接点火模块中驱动电路的外接搭铁；端子"3"用于 ECM 对点火模块中的驱动电路进行触发，从而控制初级电路的通断；端子"4"连接搭铁，以使次级线圈在互感产生高压电动势时形成闭合回路。

次级电路与图 4-5-11 所示基本一致。

 提示

很多车型的独立点火系统控制电路都采用这种类型的点火模块，其插接器的四个端子分别对应：一条电源线、一条信号线、两条搭铁线。

各端子所对应的具体线路请参照各车型的电路图手册。

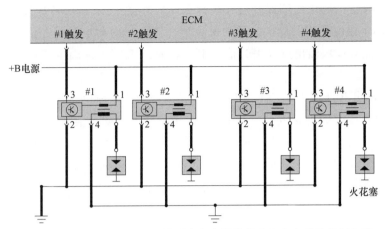

图 4-5-13 奥迪 A6 采用的 4 端子式点火模块的独立点火系统控制电路

(8) 独立点火系统控制电路之五

图 4-5-14 所示为丰田汽车所采用的独立点火系统控制电路,电路中的每个点火线圈也都是带有内置驱动电路的点火模块。虽然每个点火模块的插接器也是四个端子,但与奥迪 A6 的点火模块有所区别。

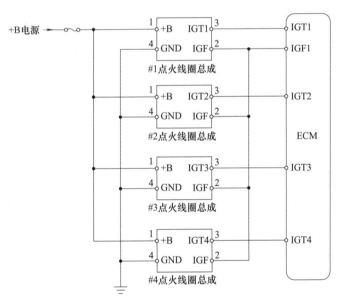

图 4-5-14 丰田汽车采用的 4 端子式点火模块的独立点火系统控制电路

在这四个端子中:端子"1"为初级线圈提供点火挡电源;端子"4"外接搭铁;端子"3"用于 ECM 向点火模块输出点火正时信号 IGT,从而使点火模块内的驱动电路对初级电路与搭铁间的通断进行控制;端子"2"用于点火模块向 ECM 发送点火确认信号 IGF。一言以蔽之,丰田独立点火系统所采用的点火模块,其插接器的四个端子分别对应:一条电源线、两条信号线、一条搭铁线。

图 4-5-15 揭示了丰田汽车独立点火系统控制电路的基本工作原理:ECM 根据节气门

位置传感器（或空气流量传感器、进气歧管压力传感器）、发动机转速传感器（如CKP、CMP）和冷却水温度传感器提供的发动机负荷、转速和冷却水温度等信号确定最佳点火提前角，并向点火模块输出点火正时信号IGT，而点火模块则确定和控制初级电路的通电时间。

当ECM输出IGT信号，点火线圈初级电路的电流中断而实现点火时，点火模块利用点火时初级线圈产生的自感电动势向ECM发送一个点火确认信号IGF，告知ECM点火模块已经点火（但实际上可能没有火花），ECM以此来监视点火控制电路是否工作正常；如果未收到IGF信号，作为失效保护，ECM将停止相应气缸喷油器的喷油，同时相应的故障信息也将存储在ECM中，这些故障信息也是用于判定发动机失火的参考信息。

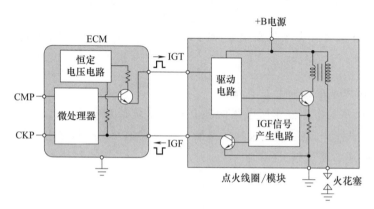

图4-5-15　丰田汽车采用的独立点火系统控制电路原理

独立点火方式不仅取消了容易导致电磁干扰的高压线，而且ECM还可以单独对每个气缸的点火正时进行调整，譬如，当爆震传感器检测到1缸在点火后发生了爆震，则ECM会单独对1缸的点火提前角进行延迟。这一点同时点火方式是无法做到的。

> **提示**
>
> ① 对于单纯的点火线圈，可以进行初级线圈和次级线圈阻值的测量；对于内部带有驱动电路的点火线圈，初级线圈的阻值通常无法测量，次级线圈的阻值是否能够测量应参照电路图提供的点火线圈内部线路结构而定。
>
> ② 次级线圈中串接高压二极管的作用：
>
> a. 在功率三极管导通的瞬间，初级电流会发生突变，这样在次级线圈中会产生约1kV的电压。在无分电器式的电控点火系统中，这个次级电压很有可能点燃处于进气行程气缸内的混合气，特别是火花塞间隙较小时，火花塞误跳火的可能性就更大，这将会引起回火等现象的发生，使发动机无法正常运转。
>
> b. 为防止产生这种现象的出现，在点火线圈的次级绕组中串联一个高压二极管。当功率三极管导通时，产生的感应电动势反向加在高压二极管上，由于二极管的反向截止功能，1kV的高压电就无法使火花塞跳火；而当功率三极管截止时，次级线圈产生的高压电与先前方向相反，二极管导通，使火花塞顺利跳火。

4.5.5 故障类型与症状

点火线圈的常见故障主要有自身故障、拆装故障和电路故障等几种类型,其具体的故障原因和导致的故障现象如表 4-5-1 所示。

表 4-5-1 点火线圈的故障类型与症状

故障类型	故障原因	对点火的影响	故障症状
自身故障	内部线圈断路、短路或驱动电路损坏	无高压电	发动机缺火,急速均匀抖动,加速不良
	绝缘层老化裂纹、击穿	漏高压电	发动机急速偶尔缺火 潮湿环境下缺火频繁 急加速或大负荷时发动机顿挫或一直缺火
拆装故障	点火线圈与高压线或火花塞连接不到位	漏高压电	发动机急速偶尔缺火 潮湿环境下缺火频繁 急加速或大负荷时发动机顿挫或一直缺火
	点火线圈插接器安装不到位或脱落	无高压电	发动机缺火,急速均匀抖动,加速不良 发动机无法启动、熄火
电路故障	电源线、信号线、搭铁线等线路断路	无高压电	发动机缺火,急速均匀抖动,加速不良 发动机无法启动、熄火
	ECM 控制故障		

4.5.6 故障诊断

(1) 人工经验检查

① 目视检查:点火线圈外观是否老化裂纹、破损;线束插头是否插接牢固完好、线束是否破损/断裂;点火线圈与高压线或火花塞是否安装牢靠,必要时动手操作予以验证。

② 在发动机运行时,向点火线圈附近喷洒水雾,检测是否有漏电情况发生。

③ 进行跳火试验(应使用火花测试仪):如果没有高压电,利用替换法,使用一个已知良好的点火线圈进行试验,如果有高压电,说明原点火线圈损坏;如果依然没有高压电,则问题在于线路和 ECM 的控制方面。

④ 路试:在上坡、低速高挡位的情况下(模拟大负荷工况)实施急加速,感受发动机是否有"突突突"的顿挫现象,如果有,则说明点火系统存在断电或漏电情况。

(2) 车载诊断系统诊断故障

当点火线圈及控制电路出现故障时,ECM 中会存储相应的故障信息,利用诊断仪器能够查询出这些故障码,具体如表 4-5-2 所示。

表 4-5-2 与点火线圈相关的故障码

故障码	含义	故障码设置说明	可能的故障原因
P0350	点火线圈初级/次级电路故障 (*故障与初级电路有关)	ECM 检测到驱动器的电压指令状态与控制电路的实际状态不匹配 *故障灯点亮	①点火线圈总成初级线圈开路或阻值过大 ②点火线圈总成与 ECM 之间的控制线路断路或短路 ③ECM

续表

故障码	含义	故障码设置说明	可能的故障原因
P0351 （～P0362）	点火线圈初级/次级电路故障 （*故障与初级电路有关）	ECM检测到用于驱动#1点火线圈（～#12点火线圈）的驱动器的电压指令状态与控制电路的实际状态不匹配 *故障灯点亮	①点火线圈总成（#1～#12）初级线圈开路或阻值过大 ②点火线圈总成（#1～#12）与ECM之间的控制线路断路或短路 ③ECM
P2300	点火线圈1控制电路电压过低	ECM检测到1缸（～4缸）点火线圈控制电路的电压过低且持续时间超限 *故障灯点亮	点火线圈总成与ECM之间的控制电路对搭铁短路
P2303	点火线圈2控制电路电压过低		
P2306	点火线圈3控制电路电压过低		
P2309	点火线圈4控制电路电压过低		
P2301	点火线圈1控制电路电压过高	ECM检测到1缸（～4缸）点火线圈控制电路的电压过高且持续时间超限 *故障灯点亮	点火线圈总成与ECM之间的控制电路对电压短路
P2304	点火线圈2控制电路电压过高		
P2307	点火线圈3控制电路电压过高		
P2310	点火线圈4控制电路电压过高		

(3) 仪器设备检测

① 电阻检测　对于单纯的点火线圈，可以利用万用表的电阻挡测量其初级线圈电阻和次级线圈电阻；对于带有内置驱动电路的点火模块，视其内部结构，有的可以进行次级线圈电阻测量，但初级线圈的阻值是无法测量的（因为存在内置驱动电路）。

为了保证测量的准确性，在测量之前应先断开点火线圈的线束插接器，具体操作如下：

a. 测量初级线圈电阻　将万用表调至 Ω 挡。把万用表的两支表笔分别接至初级线圈的两个端子，初级线圈的阻值通常约为1Ω（温度对电阻的测量会有一定影响），标准阻值应参考各车型的维修手册。

b. 测量次级线圈电阻　将万用表调至 kΩ 挡。对于用于同时点火的点火线圈，将万用表的两支表笔分别接至两个高压输出端子来测量次级线圈的阻值；对于用于独立点火的点火线圈，将万用表的一支表笔接至次级线圈输出端子（即连接火花塞的端子），另一支表笔接至次级线圈搭铁端或初级线圈正极端，读取次级线圈的阻值。次级线圈的阻值为 6～30kΩ，标准阻值应参考各车型的维修手册。

② 绝缘检测　使用万用表的电阻挡测量点火线圈插接器的任一端子及高压输出端子与外壳之间的电阻，所测阻值不应小于 50MΩ，否则说明点火线圈绝缘不良，应予以更换。

③ 初级电路供电测试　将点火开关置于"ON"挡，不启动发动机（KOEO 状态），

使用电压表或二极管试灯测量点火线圈正极侧的电压，正常应为12V左右；如果电压为0V，应检查电源电路（如熔断器、线路、点火开关等）。

④ 触发信号测试　启动发动机，利用电压表或二极管试灯检查点火线圈负极或是点火信号触发端，电压表应波动、二极管试灯应闪烁，表明初级线圈正在被进行通断控制；如果无触发信号，应检查相关传感器、线路、ECM等。

⑤ 火花测试　火花测试是检验点火线圈工作性能好坏的重要方法。正确的火花测试必须使用火花测试器，这是因为普通的火花塞在气缸外只需要3kV电压就可以击穿其间隙，而火花测试器则需要25kV电压才能击穿它的环形间隙，所以使用普通火花塞进行火花测试只能判断点火系统的触发控制是否存在，而无法判断火花塞在气缸内能够可靠点火。

火花测试的具体操作如下。

a. 独立点火系统的火花测试　如图4-5-16所示，在对独立点火系统进行火花测试时，将点火线圈连接在火花测试器的接线柱上，并将火花测试器搭铁（利用其夹子直接搭铁）。然后启动起动机带动曲轴和凸轮轴转动，触发点火系统使火花测试器跳火。如果火花为蓝色，说明点火线圈性能正常；如果火花弱，则视为无效火花，应更换点火线圈；如果无火花，应更换已知良好的点火线圈再行测试，如果依旧无火花，则应检查点火控制电路、相关传感器和ECM。

b. 同时点火系统的火花测试　对同时点火系统进行火花测试时，应将次级线圈两端的高压阻尼线连接在两支火花测试器上，检查火花状态。

图4-5-16　利用火花测试器测试点火线圈的点火能量

火花测试可以同时对所有点火线圈进行。如果所有火花测试器都不跳火，说明故障出在点火系统的电源供给、搭铁或控制电路等公共部分；如果仅某一支（独立点火系统）或某两支（同时点火系统）火花测试器不跳火或跳火无效，则说明故障在这条分支上，该点火线圈故障的可能性极大。

> **提示**
> - 同时点火的点火线圈应连接两个测试器。
> - 火花测试器产生断续火花视同无火花。
> - 火花测试时必须保证点火线圈接地。
> - 火花测试时必须终止燃油喷射。

⑥ 示波器测试点火波形　通过分析点火波形，可以有效检查车辆行驶性能及排放问题产生的原因。一般情况下，该波形主要用来检查点火线圈、火花塞、高压线是否存在短路或者开路现象，火花塞是否由于积炭而引起点火不良等情况。

在此，以K81汽车专用示波器为例介绍点火波形测试的方法和标准点火波形分析。

a. 点火次级波形测试和分析　由于被测试发动机的点火方式和点火系统的连接方式不尽相同，所以连接的方法也不一样，在测试次级点火波形前，应先确认被测试发动机的点火方式。

对于独立点火系统，选取 1 缸信号夹和一个容性感应夹。1 缸信号夹一端接 K81 的 CH3 端口，信号夹夹住发动机 1 缸点火线圈（查看信号夹上有"此面朝向火花塞"，注意不要夹反）；容性感应夹一端接 CH1 端口，然后将容性夹分别夹到各气缸点火线圈上。

对于同时点火系统，选取 1 缸信号夹和两个容性感应夹，1 缸信号夹一端接 K81 的 CH3 端口，信号夹夹住发动机 1 缸的高压线（查看信号夹上有"此面朝向火花塞"，注意不要夹反）；查看点火线圈的极性，假设一侧是正那么另一侧肯定为负，相同侧的极性相同，共用同一个容性夹，连接方法如图 4-5-17 所示。

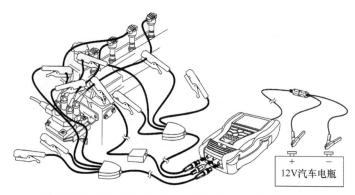

图 4-5-17　K81 测试分组点火系统次级波形的线路连接

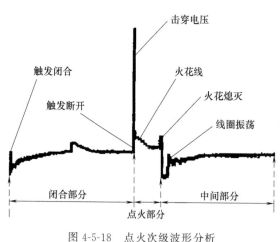

图 4-5-18　点火次级波形分析

测试时，在 K81 汽车专用示波器菜单下选择点火系统→次级点火，按照菜单提示完成发动机参数设定和波形显示设定。

标准的点火次级波形如图 4-5-18 所示，分为三个部分：闭合部分、点火部分、中间部分。闭合部分的时间段是三极管导通时间，应保持波形下降沿一致，表示各缸闭合角相同以及点火正时正确；点火部分呈现的是一条点火线和一条火花线（燃烧线），点火线是一条垂直线，代表的是击穿电压，火花线则是一条近似水平的线，代表维持电流通过火花塞间隙所需的电压；中间部分显示的是点火线圈中通过初级和次级的振荡来耗散剩余的能量，一般最少有 2 个振荡波。

b. 点火初级波形测试和分析　由于点火初级和次级线圈的互感作用，在次级发生跳火会反馈给初级电路，因此测试点火初级波形也能在一定程度上反映出次级点火的状况，因此对其进行测试也很有必要。

要测试点火初级波形，应将 1 缸信号夹一端接 K81 的 CH3 端口，信号夹夹住发动机

1缸的高压线（查看信号夹上有"此面朝向火花塞"，注意不要夹反）；测试探头一端接CH1端口，测试探针头部衰减开关拨到"×10"位置，并接至点火线圈的"IG－"信号线。

标准的点火初级波形如图4-5-19所示。

注意：测试时，K81示波器的CH2通道测试线不可接地。

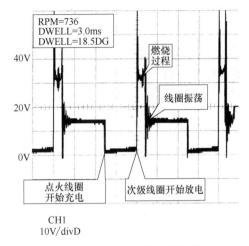

图 4-5-19　点火初级波形分析

4.6　VVT机油控制阀

VVT机油控制阀作为可变气门正时系统（简称VVT系统）中重要的执行器，要了解其结构、作用、工作原理和故障检测项目与方法，必须要基于整个VVT系统进行介绍，方能明晰。

4.6.1　VVT系统的作用

VVT（Variable Valve Timing），即可变气门正时系统，是汽车厂商为了满足发动机在不同转速和工况下的需求而研发的一种气门正时控制系统。VVT系统能够根据发动机转速和工况的不同来调整气门开启和关闭的时间，但不能改变发动机单位时间内的进气量，即不能像可变气门升程系统（Variable Valve Lift，VVL）那样通过改变气门升程来改变单位时间内的进气量。

VVT系统的主要作用就是：根据发动机工作条件，通过改变凸轮轴相对曲轴的位置来改变气门正时，得到最适宜的进气量，从而降低尾气排放，增大输出扭矩，提高燃料经济性与怠速稳定性。

4.6.2　VVT系统的类型

随着可变气门正时技术在发动机上的推广和应用，其类型也得到不断发展。如表4-6-1所示，为VVT系统的分类与类型。目前在发动机上应用最为广泛的可变气门正时技术是连续可变DVVT系统。

表 4-6-1　VVT系统的分类与类型

分类原则	类　　型	说　　明	备　　注
调整范围	单VVT	只调整进气门	VVT技术发展的初级产物
	DVVT	调整进、排气门	DVVT——Dual Variable Valve Timing，即双VVT系统，目前应用广泛
调整方式	非连续可变VVT	阶梯型调整气门正时	VVT技术发展的初级产物
	连续可变VVT	线性调整气门正时	目前应用广泛

4.6.3　连续可变DVVT的组成

连续可变DVVT系统主要包括：发动机控制模块（ECM）、进气/排气凸轮轴位置传感器（CMP）、进气/排气 VVT 机油控制阀（也称凸轮轴机油正时控制阀）、进气/排气 VVT 位置执行器（即凸轮轴正时齿轮总成）以及曲轴位置传感器（CKP）、空气流量计（MAF）或进气歧管绝对压力传感器（MAP）、节气门位置传感器（TPS）、冷却液温度传感器（ECT）和车速传感器（VSS）等组成。图 4-6-1 所示为连续可变 DVVT 系统的单侧（进气侧或排气侧）系统组成。

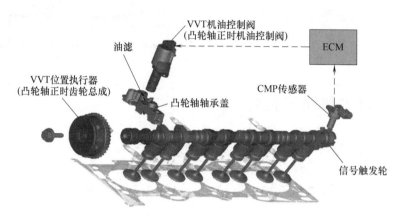

图 4-6-1　连续可变 DVVT 系统的组成（单侧）

DVVT 系统中的 VVT 机油控制阀通常位于凸轮轴的前端，凸轮轴位置传感器（CMP）通常位于凸轮轴的后端。

(1) VVT 位置执行器

VVT 位置执行器，即凸轮轴正时齿轮总成，其结构如图 4-6-2 所示。凸轮轴链轮和 VVT 定子（即执行器壳体）刚性连接，由曲轴驱动轮通过正时链条驱动。执行器的转子通过螺栓固定在凸轮轴前端，与凸轮轴同步运转。在每个转子叶片的左右两侧各形成一个油腔，分别为提前油腔与延迟油腔。

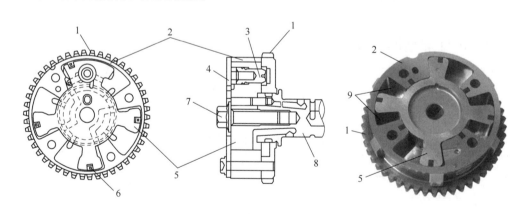

图 4-6-2　VVT 位置执行器的结构组成

1—凸轮轴链轮；2—VVT 定子；3—定位锁销；4—端盖；5—VVT 转子叶片；
6—密封垫；7—螺栓；8—凸轮轴；9—左、右油腔

执行器的转子由 VVT 机油控制阀控制的机油压力来驱动，可在腔体内顺时针或逆时针转动。在机油压力低时，定位锁销将转子与壳体固定在一起。定位锁销安装在转

子上的销孔内，定子上也有一个与之对应的销孔，并有液压机油油道通向 VVT 机油控制阀。在机油压力低时（如发动机停机等工况），定位锁销在回位弹簧的作用下进入定子锁销孔，将转子与定子锁定为一体；当机油压力高时（如发动机正常运转），压力机油进入定子锁销孔，将定位锁销全部推入转子锁销孔内，转子与定子解锁，二者可以独立转动。

为了确保在发动机停机时定位锁销能够将转子和定子正确锁定在一起，在 VVT 执行器上还设有一个回位弹簧，用以在发动机停机时利用自身弹力将转子旋转一定角度，使转子销孔与定子销孔完全对正。

VVT 位置执行器的各部件组成、作用及相互关系如表 4-6-2 所示。

表 4-6-2　VVT 位置执行器的部件组成、作用及相互关系

组成部件	说　明
定子与转子	①定子由曲轴驱动旋转 ②转子与凸轮轴同步旋转 ③定子与转子可以相对运动
定位锁销	①位于转子上，用于锁止定子与转子 ②定子上有与之对应的销孔 ③停机无油压时，弹簧力使锁销进入销孔（最大延迟） ④发动机运转，机油压力将锁销推回转子中，转子与定子分离
回位弹簧	用于停机时使转子旋转一定角度，使转子销孔与定子销孔对正，保证定位锁销将两者锁定到一起

提示

VVT 位置执行器作为一个总成，不允许分解检修。

(2) VVT 机油控制阀

如图 4-6-3 所示，VVT 机油控制阀是一个 2 线制的柱塞式油道控制电磁阀，其上共有 5 个油道：1 个进油道，2 个分别到执行器提前腔和延迟腔的油道，2 个回油道。

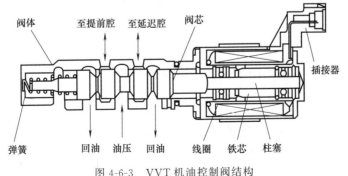

图 4-6-3　VVT 机油控制阀结构

VVT 机油控制阀由 ECM 控制。如图 4-6-4 所示，ECM 通过占空比信号控制 VVT 机油控制阀打开或关闭相关油道的时间，进而控制来自机油泵的压力机油究竟是进入延迟油腔还是提前油腔，卸掉提前油腔还是延迟油腔油压，从而实现气门延迟或气门提前。

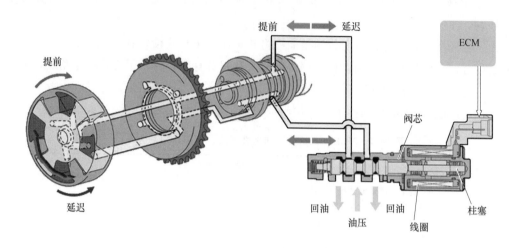

图 4-6-4　VVT 机油控制阀控制调节油路

4.6.4　连续可变 DVVT 控制原理

如图 4-6-5 所示为连续可变 DVVT 系统的控制原理。ECM 首先根据曲轴位置传感器（CKP）、空气流量计（MAF）/进气歧管绝对压力传感器（MAP）和节气门位置传感器（TPS）的信号确定目标气门正时，输出相应的占空比信号控制 VVT 机油控制阀执行气门正时；利用 CKP 与 CMP 传感器监测实际的气门正时，使实际气门正时与目标气门正时相一致；同时利用冷却液温度传感器（ECT）与车速传感器（VSS）信号不断修正气门正时，当水温或车速发生变化时，气门正时也会相应变化。可见，ECM 对连续可变 DVVT 系统的控制实际上是一个闭环控制过程。

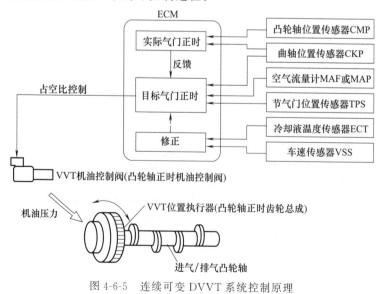

图 4-6-5　连续可变 DVVT 系统控制原理

ECM 通过"＋""－"两条控制线路对 VVT 机油控制阀实施占空比控制，控制电路如图 4-6-6 所示。

下面以长安福特汽车的连续可变 DVVT 系统（长安福特称为 VCT——Variable Camshaft Timing 系统，即可变凸轮轴正时系统）为例，介绍 DVVT 的正时操作和控制模式。

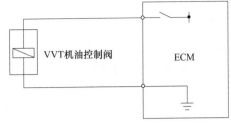

图 4-6-6　VVT 机油控制阀的控制电路

(1) DVVT 的正时操作

① 启动时的正时操作

a. 当发动机启动时，在定位锁销回位弹簧力的作用下，转子和定子仍然通过锁销锁定为一体，使转子处于最大的延迟位置，同时，凸轮轴链轮和转子作为一个整体旋转；

b. 当油压升高到足以克服锁销的弹簧力时，转子和锁销分离并能自由转动。

② 延迟气门正时　如图 4-6-4 所示，来自 ECM 的占空比信号移动 VVT 机油控制阀中的阀芯，打开正时延迟腔的油道；发动机机油直接进入正时延迟腔，而提前腔中的机油通过回油油道泄回油底壳；于是转子向正时延迟方向旋转，从而推迟了气门正时。

③ 提前气门正时　如图 4-6-4 所示，来自 ECM 的占空比信号移动 VVT 机油控制阀中的阀芯，打开正时提前腔的油道；发动机机油直接进入正时提前腔，而延迟腔中的机油通过回油油道泄回油底壳；于是转子向正时提前方向旋转，从而提前了气门正时。

可变气门正时操作的主要控制策略和目标如表 4-6-3 所示。

表 4-6-3　可变气门正时操作的控制策略和目标

发动机工况/状态	凸轮轴位置	目标	结　果
急速	无变化(最大延迟)	最小化的气门重叠	防止废气窜入进气通道，稳定急速
温度低	延迟气门正时	减小气门重叠	①防止废气窜入进气通道，稳定急速(当冷车高急速时) ②减少喷油量，改善燃油经济性
低负荷	延迟气门正时	减小气门重叠	稳定发动机输出
中负荷	提前气门正时	增加气门重叠	①提升 EGR 效率，降低燃烧温度和废气中 NO_x 的含量 ②提高燃油经济性
高负荷/低转速	提前气门正时	进气门提前关闭	提高容积效率，改善中低转速扭矩输出
高负荷/高转速	延迟气门正时	进气门延迟关闭	提高容积效率，改善发动机动力输出

(2) DVVT 的控制模式

长安福特汽车的 DVVT 系统有四种控制模式。

① 最大延迟模式　当发动机处于急速工况或 ECM 中存储有 ECT、TPS、CKP、CMP、MAP/MAF 及 VVT 机油控制阀等故障码时，启动最大延迟模式。

最大延迟模式是在急速、急速稳定处理过程中使气门正时延迟到最大位置。最大气门延迟的目标占空比等效于固定电流 100mA。当 100mA 的电流被提供时，VVT 机油控制阀打开延迟油道，压力机油进入延迟腔，从而使气门正时处于最大延迟位置（最小重叠角)。

最大延迟学习：进气凸轮轴正时（包括最大延迟位置）靠来自 CMP 传感器与 CKP 传感器信号之间的差异而进行监测。但是，两者之间的差异也有可能是由于其他原因造成的，比如部件磨损、装配位置不当等。为了避免这样的原因，只要 VVT 机油控制阀处在最大延迟位置，ECM 就记录 CMP 与 CKP 信号之间的差异。

② 保持模式　当实际气门正时与目标气门正时基本吻合时，启动保持模式，使 VVT 机油控制阀中的阀芯回到中间位置从而使气门正时得以保持。在反馈保持模式下目标电流大约为 600mA。由于存在机械磨损，ECM 不断地学习所需电流值（保持电流学习值）以保持 VVT 机油控制阀中的阀芯处于中间位置。

③ 清洗模式　清洗模式的作用是清洗掉 VVT 机油控制阀油道中的外来物质。在满足"发动机启动、燃油泵停止工作"的条件下，启动清洗模式。在清洗模式过程中，VVT 机油控制阀的电流在 100mA 与 1000mA 进行切换：当 100mA 的电流送到 VVT 机油控制阀时，VVT 机油控制阀打开延迟油道，压力机油直接进入延迟腔；当 1000mA 的电流送到 VVT 机油控制阀时，VVT 机油控制阀打开提前油道，压力机油直接进入提前腔。如此重复几次后，积存在 VVT 机油控制阀油道中的外来物质被移出，清洗模式完成。

④ 反馈模式　反馈模式用于改变气门正时以匹配发动机工作条件。当实际气门正时与目标气门正时存在差异时，通过设置 VVT 机油控制阀的工作电流以尽可能地接近 ECM 所确定的目标电流，从而使实际气门正时接近 ECM 所确定的目标气门正时。根据发动机工作条件，目标电流设置在 100mA 与 1000mA 之间，同时以 600mA 作为中间参考点。反馈模式只有在最大延迟模式、保持模式及清洗模式下才不会启动。

 提示

连续可变 DVVT 系统通过改变进排气门正时，能够实现发动机内部 EGR，所以很多发动机即使没有外部 EGR 阀，也可以实现 EGR 功能。

4.6.5　故障原因与症状

连续可变 DVVT 系统的常见故障部件及故障症状如表 4-6-4 所示。

表 4-6-4　DVVT 系统的故障原因与症状

故障部件	故障原因	可能出现的故障症状
VVT 机油控制阀	VVT 机油控制阀卡滞或滤网脏堵	①发动机不能启动或启动困难 ②发动机怠速不稳 ③发动机突然熄火 ④发动机加速性能下降 ⑤故障指示灯点亮等
	VVT 机油控制阀线圈断路或短路 VVT 机油控制阀控制线路断路或短路	①故障指示灯点亮等 ②发动机加速性能下降等

续表

故障部件	故障原因	可能出现的故障症状
CMP	CMP 传感器及线路或信号触发轮故障	①发动机不能启动或启动困难 ②发动机怠速不稳 ③发动机突然熄火 ④发动机加速性能下降 ⑤故障指示灯点亮等
正时链条	正时链条松动或跳齿	①发动机不能启动或启动困难 ②发动机怠速不稳 ③发动机突然熄火 ④发动机加速性能下降 ⑤故障指示灯点亮等
机油	机油品质差、油位过低（油压低）	①发动机怠速不稳 ②发动机加速性能下降 ③故障指示灯点亮等

4.6.6 故障诊断

对 VVT 机油控制阀的故障诊断主要包括人工经验检查、车载诊断系统故障诊断和仪器设备检测三种方式。

(1) 人工经验检查

① 目视检查 VVT 机油控制阀是否安装到位、密封良好，线束插头是否插接牢固完好、线束是否破损/断裂，必要时可以动手操作予以验证。

② 拆卸 VVT 机油控制阀，检查电磁阀的滤网是否脏赌；如果脏赌，进行清洗；如果清除不了脏赌物，则更换相同规格的 VVT 机油控制阀。

③ 如图 4-6-7 所示，人工为 VVT 机油控制阀断续通电，检查电磁阀的动作情况，是否存在卡滞现象；如果卡滞则更换新件。注意：对 VVT 机油控制阀不能持续通电，以免烧坏控制阀的线圈。

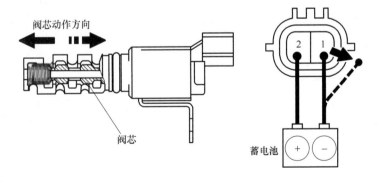

图 4-6-7 人工断续送电作动 VVT 机油控制阀

(2) 车载诊断系统诊断故障

① 故障码查询　当 VVT 机油控制阀及控制电路出现故障时，ECM 中会存储相应的故障信息，利用诊断仪器能够查询出这些故障码。与 DVVT 系统相关的故障码具体如表 4-6-5 所示。

表 4-6-5　与 DVVT 系统相关的故障码

故障码	含义	故障码设置说明	可能的故障原因
P0010	进气凸轮轴位置执行器控制电路(1列)	ECM 检测到驱动器的电压指令状态与控制电路的实际状态不匹配——进气凸轮轴位置执行器控制电路断路或短路 *故障灯点亮	①进气凸轮轴位置执行器控制电路断路或短路 ②进气凸轮轴正时机油控制阀总成 ③ECM
P0011	进气凸轮轴位置正时过度提前或系统性能(1列)	ECM 检测到期望的进气凸轮轴位置角度和实际的进气凸轮轴位置角度之间的偏差大于规定值(如:>6°)——进气气门正时持续超出提前范围 *故障灯点亮	①进气气门正时错误(凸轮轴、凸轮轴执行器或正时链条安装不当) ②机油液位过低(压力不足) ③进气凸轮轴正时机油控制阀总成 ④机油控制阀滤清器 ⑤进气凸轮轴正时齿轮总成 ⑥ECM
P0012	进气凸轮轴位置正时过度延迟(1列)	ECM 检测到期望的进气凸轮轴位置角度和实际的进气凸轮轴位置角度之间的偏差大于规定值(如:>6°)——进气气门正时持续超出延迟范围 *故障灯点亮	
P0013	排气凸轮轴位置执行器控制电路(1列)	ECM 检测到驱动器的电压指令状态与控制电路的实际状态不匹配——排气凸轮轴位置执行器控制电路断路或短路 *故障灯点亮	①排气凸轮轴位置执行器控制电路断路或短路 ②排气凸轮轴正时机油控制阀总成 ③ECM
P0014	排气凸轮轴位置正时过度提前或系统性能(1列)	ECM 检测到期望的排气凸轮轴位置角度和实际的排气凸轮轴位置角度之间的偏差大于规定值(如:>6°)——排气气门正时持续超出提前范围 *故障灯点亮	①排气气门正时错误(凸轮轴、凸轮轴执行器或正时链条安装不当) ②机油液位过低(压力不足) ③排气凸轮轴正时机油控制阀总成 ④机油控制阀滤清器 ⑤排气凸轮轴正时齿轮总成 ⑥ECM
P0015	排气凸轮轴位置正时过度延迟(1列)	ECM 检测到期望的排气凸轮轴位置角度和实际的排气凸轮轴位置角度之间的偏差大于规定值(如:>6°)——排气气门正时持续超出延迟范围 *故障灯点亮	
P0016	曲轴位置-进气凸轮轴位置不合理(1列)	EVCM 检测到进气凸轮轴相对于曲轴的提前量或延迟量大于规定值(如:>10°) *故障灯点亮	①进气气门正时错误(凸轮轴、凸轮轴执行器或正时链条安装不当) ②进气凸轮轴正时机油控制阀总成(处于最大提前或延迟) ③机油控制阀滤清器 ④进气凸轮轴正时齿轮总成 ⑤ECM
P0017	曲轴位置-排气凸轮轴位置不合理(1列)	EVCM 检测到排气凸轮轴相对于曲轴的提前量或延迟量大于规定值(如:>10°) *故障灯点亮	①排气气门正时错误(凸轮轴、凸轮轴执行器或正时链条安装不当) ②排气凸轮轴正时机油控制阀总成(处于最大提前或延迟) ③机油控制阀滤清器 ④排气凸轮轴正时齿轮总成 ⑤ECM

续表

故障码	含义	故障码设置说明	可能的故障原因
P2088	进气凸轮轴位置执行器电磁阀控制电路电压过低(1列)	ECM检测到驱动器的电压指令状态与控制电路的实际状态不匹配——进气凸轮轴位置执行器控制电路电压过低 ＊故障灯点亮	进气凸轮轴位置执行器控制电路对搭铁短路
P2089	进气凸轮轴位置执行器电磁阀控制电路电压过高(1列)	ECM检测到驱动器的电压指令状态与控制电路的实际状态不匹配——进气凸轮轴位置执行器控制电路电压过高 ＊故障灯点亮	进气凸轮轴位置执行器控制电路对电压短路
P2090	排气凸轮轴位置执行器电磁阀控制电路电压过低(1列)	ECM检测到驱动器的电压指令状态与控制电路的实际状态不匹配——排气凸轮轴位置执行器控制电路电压过低 ＊故障灯点亮	排气凸轮轴位置执行器控制电路对搭铁短路
P2091	排气凸轮轴位置执行器电磁阀控制电路电压过高(1列)	ECM检测到驱动器的电压指令状态与控制电路的实际状态不匹配——排气凸轮轴位置执行器控制电路电压过高 ＊故障灯点亮	排气凸轮轴位置执行器控制电路对电压短路

② 数据流读取与分析 在查询故障码后，往往还需要读取与故障码相关的数据流。VVT机油控制阀数据流的表达方式主要有：…mA；…％（占空比）等。

提示

在利用数据流对DVVT系统进行故障原因分析时，单独观察VVT机油控制阀的数据流是毫无意义的，必须要与发动机转速、负荷、温度等数据流协同分析，才能有效地分析和判断故障原因。

以长安福特汽车为例，可以通过模拟发动机上某些传感器出现故障来判断ECM对VVT机油控制阀的控制是否正常，比如可以人为设置水温传感器（ECT）、节气门位置传感器（TP）、空气流量计（MAF）或绝对压力传感器（MAP）、凸轮轴位置传感器（CMP）中的一个或几个传感器故障（断开其插接器），此时正时处于延迟位置，VVT机油制阀的控制电流应为100mA。

③ 作动测试 为了判断VVT机油控制阀的控制线路和作动情况是否正常，最简单的方法就是利用专用诊断仪中的"VVT主动测试"，具体操作步骤如下：

a. 关闭点火开关，将专用诊断仪连接到车辆的DLC端口。

b. 启动并运行发动机。

c. 打开专用诊断仪。

d. 打开空调开关。

e. 利用专用诊断仪执行"VVT主动测试"：分别对进气侧或排气侧VVT机油控制阀

进行占空比控制操作,在占空比0%和100%两种状态下,观察发动机转速的变化。正常情况下,在占空比为0%时,发动机应维持稳定的转速;在占空比为100%时,发动机会怠速不稳或失速。

(3) 仪器设备检测

① 电阻检测 如图4-6-8所示,利用万用表的电阻挡测量VVT机油控制阀的电阻值。不同车型VVT机油控制阀的电阻值各不相同,如丰田汽车规定的VVT机油控制阀电阻值为6.9~7.9Ω,日产汽车规定的VVT机油控制阀电阻值为7~7.5Ω,通用汽车规定的VVT机油控制阀电阻值为8~13Ω,大众汽车规定的VVT机油控制阀电阻值约为8Ω。

② 绝缘性检测 利用万用表的电阻挡测量VVT机油控制阀的线圈与外部壳体搭铁间的绝缘性。如图4-6-9所示,线圈的每个端子与搭铁间的阻值应为无穷大。

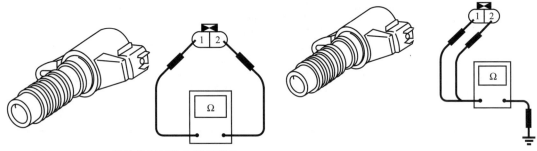

图4-6-8 VVT机油控制阀的电阻值测量　　图4-6-9 VVT机油控制阀的绝缘性测量

③ 控制电流测量 以长安福特汽车为例,利用电流钳测量VVT机油控制阀的控制电流,在怠速时应为100mA,轻加油时应为600mA左右。

4.7 EGR阀

尽管有很多车型利用连续可变DVVT系统实现了发动机内部的废气再循环功能,但目前仍然有些车型还在使用专门的废气再循环系统。废气再循环,简称EGR(Exhaust Gas Recirculation)。作为EGR系统的执行器,需要通过对EGR系统的整体认识来了解EGR阀的类型结构、工作原理和故障检测项目与方法。

4.7.1 EGR系统的作用与机理

(1) 作用

EGR是发动机排放控制系统之一,其主要功能就是减少氮氧化物(NO_x)的生成。

(2) 工作机理

当发动机达到正常工作温度时,燃烧室可以达到很高的温度。在温度接近1372℃时,氮气与氧气开始化合生成NO_x,燃烧温度越高,NO_x生成就越多。为了减少NO_x生成,必须降低燃烧温度。由于废气内所含的氧气很少,不能参与燃烧或助燃,但废气中的CO_2却能吸收一部分燃烧过程中产生的热能,所以用少量废气(按体积计算的6%~10%)来稀释空气/燃油混合气,就可降低燃烧室温度。EGR系统正是基于这一机理,将不能参与燃烧的废气，顶替部分空气/燃油混合气，重新导入气缸内，来降低燃烧温度，从而减少 NO_x 的排放。

4.7.2　EGR 系统的基本组成

按照 EGR 阀的类型不同 EGR 系统可分为真空控制式和电子式两种。真空控制式 EGR 系统不仅有膜片式 EGR 阀，还要有用于控制 EGR 阀的电磁阀和相关的真空管路，结构复杂，故障点多，目前已基本被电子式 EGR 系统所取代。电子式 EGR 系统取消了真空控制式 EGR 阀和真空管路，不受进气歧管真空的影响，结构简单，可靠性好，能够更为准确地控制废气再循环的流量。

如图 4-7-1 所示，电子式 EGR 系统主要由发动机控制模块（ECM）、电子式 EGR 阀、进排气管路和相关传感器（如曲轴位置传感器 CKP、进气歧管绝对压力传感器 MAP、空气流量计 MAF、节气门位置传感器 TPS、冷却液温度传感器 ECT 等）组成。电子式 EGR 阀的安装位置如图 4-7-2 所示，通常位于气缸盖的侧面或尾端。

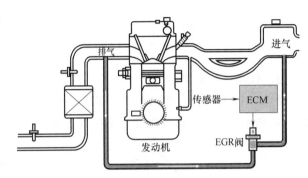

图 4-7-1　电子式 EGR 系统的基本组成

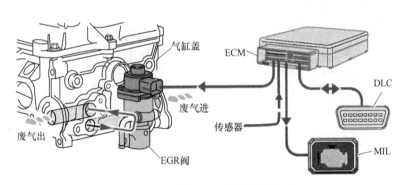

图 4-7-2　电子式 EGR 阀的安装位置

4.7.3　电子式 EGR 阀的类型与工作原理

电子式 EGR 阀主要有数字式 EGR 阀、脉冲式 EGR 阀和步进电机式 EGR 阀三种类型。

(1) 数字式 EGR 阀

如图 4-7-3 所示，数字式 EGR 阀由三个数字式电磁阀组成，共有 4 个接线端子，其中 1 个为供电电源端子（图中 D 端子），另外 3 个端子（图中 A、B、C 端子）分别与 ECM 相连，由 ECM 分别对 3 个电磁阀进行搭铁控制。每个电磁阀控制一个不同直径的量孔，分别为大、中、小 3 个量孔。ECM 通过对 3 个电磁阀进行不同的通断控制，可以形成 7 种（关闭、大、中、小、大+中、大+小、中+小）不同的废气流量组合模式，因此，对废气流量控制更为精确，也不易受到积炭的影响。

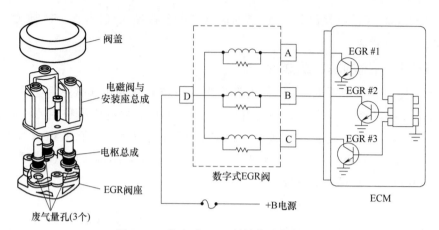

图 4-7-3 数字式 EGR 阀结构及控制电路

(2) 脉冲式 EGR 阀

脉冲式 EGR 阀是一种线性控制阀，通常应用于可变比率式 EGR 系统中。其结构如图 4-7-4 所示，由一个电磁阀和一个位置传感器组成。

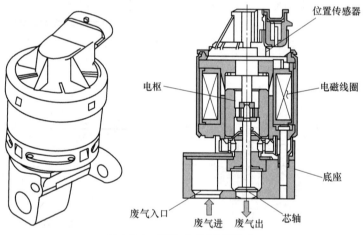

图 4-7-4 脉冲式 EGR 阀结构

如图 4-7-5 所示，脉冲式 EGR 阀总成有 5 端子：电磁阀 2 个端子，位置传感器 3 个端子。其控制电路如下：

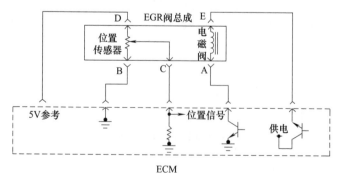

图 4-7-5 脉冲式 EGR 阀控制电路

① 一个为废气再循环阀线圈提供 12V 电压的供电电源电路。

② 一个为废气再循环阀线圈接地的控制电路，该控制电路是由 ECM 内部低电平侧驱动器产生的脉宽调制（PWM）接地电路。

③ 一个从 ECM 提供至废气再循环阀内部位置传感器的 5V 参考电压电路。

④ 一个将来自废气再循环阀内部位置传感器的反馈电压发送到 ECM 的信号电路，该电压根据废气再循环阀芯轴的位置而变化，ECM 将此电压转换成废气再循环阀芯轴的位置。

⑤ 一个从 ECM 提供至废气再循环阀内部位置传感器的低参考电压电路（即搭铁电路）。

ECM 利用上述电路，根据 EGR 阀位置传感器信号来调整 EGR 阀控制信号的占空比，从而控制 EGR 阀的开度，实现不同的循环量。

(3) 步进电机式 EGR 阀

步进电机式 EGR 阀直接利用步进电机来控制 EGR 阀的开度，从而调节废气再循环的流量。如图 4-7-6 所示为长安福特车型所采用的步进电机式 EGR 阀的结构，它由一个步进电机（52 步）、阀芯、阀门和弹簧等组成。

由于没有流量传感器，步进电机式 EGR 系统只能是一个"开环"工作系统。虽然没有再循环废气量的反馈，但是

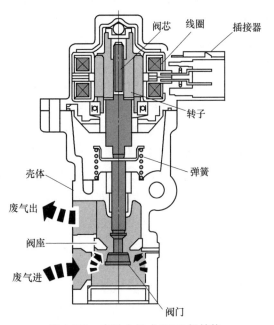

图 4-7-6　步进电机式 EGR 阀结构

ECM 可以算出自发动机启动一刻直至其关闭时废气再循环阀阀芯的位置，然后向步进电机发送脉冲信号，并不断对其（计算的信号）进行增减调整。为此，ECM 必须计算（打开或关闭该阀）所需的步数，以便得出废气再循环率。这些步数的脉冲信号数量是根据发动机负荷与转速等信号计算出来的，ECM 计算出步进电机所需的步数，然后输出指令控制步进电机的工作。步进电机直接操纵 EGR 阀芯，使废气通过 EGR 阀进入进气歧管。其控制电路如图 4-7-7 所示。

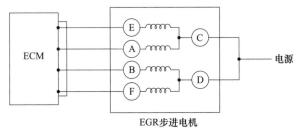

图 4-7-7　步进电机式 EGR 阀控制电路

4.7.4　电子式 EGR 系统的控制策略

EGR 在实现减少 NO_x 生成目标的同时，其负面影响也是非常明显的，会造成发动机功率和性能下降。为了将负面影响降至最小，ECM 控制 EGR 阀只在不会明显影响发动机性能的情况下向发动机导入废气，亦即：只有当发动机达到正常工作温度且处于中小负

荷时，EGR 系统才会工作；换言之，在发动机处于启动、冷机、怠速、重负荷或急加速等工况时，EGR 不会起作用，以避免影响发动机性能。另外，由于废气再循环的流量对发动机的性能影响较大，所以在 EGR 起作用时，ECM 对废气再循环的流量也必须加以限制。

从上述 ECM 对 EGR 的控制要求可以看出，EGR 系统只能在特定的发动机转速、负荷、温度等条件下工作，因此，ECM 必须要根据相关传感器的输入信号计算所需的废气再循环量，以实现对 EGR 的精确控制。用于 EGR 控制和流量修正的传感器主要包括：曲轴位置传感器（CKP）、进气歧管绝对压力传感器（MAP）、空气流量计（MAF）、冷却液温度传感器（ECT）、进气温度传感器（IAT）、节气门位置传感器（TPS）、加速踏板位置传感器（APP）、大气压力传感器（BARO）、车速传感器（VSS）等。车型不同，ECM 用于 EGR 控制和流量修正所采用的传感器也有所不同。

以长安福特车型为例，其 EGR 系统控制策略如下：

① ECM 根据发动机转速（CKP 信号）和发动机负荷（MAF、TPS 信号）控制 EGR 阀的旋转量从而达到控制 EGR 流量的目的。

② ECM 利用 ECT、IAT、APP、VSS、IMSC（Intake Manifold Swirl Control——进气歧管涡旋控制）等信号修正 EGR 流量。

③ 为提高操纵性能并保证废气排放性能，EGR 阀在以下情况下关闭：

- 发动机启动时；
- 怠速；
- 发动机转速小于 1187r/min 或者大于 4200r/min；
- 发动机冷却液温度低于 65℃；
- 充气效率≤12.5%，或≥75%；
- 急加速时；
- IMSC 起作用时；
- 进气温度低于 -5℃。

对于通用（GM）公司的汽车，则多使用进气歧管绝对压力传感器（MAP）来监测 EGR 的工作。当满足工作条件时，EGR 系统被激活，ECM 在发出打开 EGR 阀指令的同时监测 MAP 传感器的反馈信号。由于 MAP 传感器信号电压随着进气歧管压力的变化而变化，如果反馈信号超出阈值（例如进入进气歧管的废气量过多，造成歧管压力增大超过限定范围），就会设置故障码；如果 EGR 系统在连续两次测试中都失败，将会点亮故障指示灯。

4.7.5 故障类型与症状

电子式 EGR 阀的常见故障类型及故障症状如表 4-7-1 所示。

表 4-7-1　电子式 EGR 阀的故障类型与症状

故障类型	故障原因	故障症状
自身故障	内部线圈断路、短路或驱动电路损坏	①EGR 系统不工作 ②NO_x 排放增加 ③发动机加速或匀速行驶时爆震 ④故障指示灯点亮

续表

故障类型	故障原因	故障症状
自身故障	阀门卡滞开启(积炭颗粒)	①发动机怠速抖动甚至熄火 ②发动机加速不良 ③故障指示灯点亮
拆装故障	插接器虚接	①EGR系统不工作 ②NO_x排放增加 ③发动机加速或匀速行驶时爆震 ④故障指示灯点亮
	阀座安装不到位、漏气	①发动机进、排气异响 ②发动机怠速抖动甚至熄火
电路故障	控制线或信号线等线路断路或短路	①EGR系统不工作 ②NO_x排放增加 ③故障指示灯点亮

4.7.6 故障诊断

(1) 人工经验检查

① 目视检查电子式EGR阀是否安装到位、密封良好，线束插头是否插接牢固完好、线束是否破损/断裂，必要时可以动手操作予以验证。

② 拆卸电子式EGR阀，检查阀座与阀门间是否有积炭卡滞，如果有积炭，应及时进行清洗，确保阀门动作自如，且阀座与阀门在非工作状态下密封良好。

(2) 车载诊断系统诊断故障

① 故障码查询　当电子式EGR阀及控制电路出现故障时，ECM中会存储相应的故障信息，具体如表4-7-2所示。

表 4-7-2　与 EGR 系统相关的故障码

故障码	含　义	故障码设置说明	可能的故障原因
P0401	EGR废气再循环系统流量控制太低(阻塞)	ECM检测到废气再循环系统流量不足 ＊故障灯点亮	①EGR阀阀芯堵塞 ②EGR阀与进气管间有真空泄漏 ③排气系统泄漏 ④MAP传感器堵塞或泄漏
P0402	EGR废气再循环系统流量控制太大(泄漏)	ECM检测到废气再循环系统流量过大 ＊故障灯点亮	①EGR阀阀芯卡滞常开 ②EGR阀控制电路对地短路 ③ECM
P0403	EGR废气再循环电磁阀线路不良	ECM检测到废气再循环控制电路存在故障 ＊故障灯点亮	①插接器接触不良、松脱或损坏 ②线束损坏 ③EGR电磁阀线圈损坏
P0404	EGR废气再循环开度性能	ECM检测到实际废气再循环位置与目标废气再循环位置的差异超过限值。 ＊故障灯点亮	EGR位置传感器电路(电源、信号、搭铁)故障
P0405	EGR废气再循环感知器A电压太低	ECM检测到废气再循环位置传感器A反馈电压小于限值(如小于0.2V) ＊故障灯点亮	①EGR位置传感器A电路(电源、信号、搭铁)故障 ②插接器接触不良、松脱或损坏 ③线束损坏

续表

故障码	含 义	故障码设置说明	可能的故障原因
P0406	EGR废气再循环感知器A电压太高	ECM检测到废气再循环位置传感器A反馈电压高于限值(如大于4.9V) *故障灯点亮	EGR位置传感器A信号电路对电压故障
P0407	EGR废气再循环感知器B电压太低	ECM检测到废气再循环位置传感器B反馈电压小于限值(如小于0.2V) *故障灯点亮	①EGR位置传感器B电路(电源、信号、搭铁)故障 ②插接器接触不良、松脱或损坏 ③线束损坏
P0408	EGR废气再循环感知器B电压太高	ECM检测到废气再循环位置传感器B反馈电压高于限值(如大于4.9V) *故障灯点亮	EGR位置传感器B信号电路对电压故障

② 数据流读取与分析　电子式EGR阀的数据流通常以…％（占空比）等方式表达。根据电子式EGR系统的控制策略，在查看电子式EGR阀的数据流时，通常要结合发动机转速、进气压力、空气流量、冷却液温度、进气温度、节气门位置、加速踏板位置等数据流来分析和判断EGR系统的工作状态是否正常。

③ 作动测试　利用专用诊断仪中的"EGR主动测试"功能，是判断电子式EGR阀的控制线路和作动情况是否正常的最简单方法。具体操作步骤如下：

a. 关闭点火开关，将专用诊断仪连接到车辆的DLC端口。

b. 启动并运行发动机至正常怠速。

c. 打开专用诊断仪。

d. 利用专用诊断仪执行"EGR主动测试"：人工实施占空比控制操作，将占空比从0％→100％逐渐加大，观察发动机转速的变化。正常情况下，随着占空比的增加，发动机运行越来越加抖动直至熄火。

(3) 仪器设备检测

① 电阻检测　依据电路图的端子指引，利用万用表的电阻挡测量电子式EGR阀线圈的电阻值。不同类型、不同车型采用的电子式EGR阀的电阻值各不相同，具体标准参见各车型维修手册。

② 绝缘性检测　利用万用表的电阻挡测量电子式EGR阀的线圈与外部壳体搭铁间的绝缘性。线圈的每个端子与搭铁间的阻值应为无穷大。

4.8　EVAP吹洗电磁阀

EVAP吹洗电磁阀，也称炭罐吹洗电磁阀、去污阀，是燃油蒸发排放控制（Evaporative Emission Control，EVAP）系统重要的执行元件。本节通过对EVAP系统的整体介绍来了解EVAP吹洗电磁阀的工作原理和故障检测项目与方法。

4.8.1　EVAP系统的作用

汽油非常容易挥发，存储在燃油箱内的汽油随时都在蒸发，尤其汽车在行驶过程中，蒸发还会加剧；另外，如果燃油供给系统带有回油管路（无论是短回油还是长回油），那么汽油蒸气量则会越发增加。

燃油箱中的汽油蒸气如果不及时排出，将导致燃油箱内压力异常、供油管路发生气阻等故障；如果将汽油蒸气直接排放到大气中，又会导致大气层中的臭氧层减少和光化学烟雾，对环境造成污染，同时也是造成火灾的不安全因素。

为此，在现代汽车中都配置有 EVAP 系统，其作用就是：收集和控制燃油箱内的蒸气，并将燃油蒸气存储起来，在合适的时机提供给发动机燃烧，防止燃油蒸气泄漏到大气中去。

4.8.2 EVAP 系统的类型

按照功能强度分类，EVAP 系统可分为普通型和增强型两种，如图 4-8-1、图 4-8-2 所示。二者在结构和功能上稍有不同，增强型 EVAP 系统在普通型 EVAP 系统的结构基础上增加了油箱压力传感器、炭罐通风电磁阀和检修口。普通型和增强型 EVAP 系统的部件组成、安装位置、作用和相关说明等具体如表 4-8-1 所示。

表 4-8-1 EVAP 系统的类型与部件组成

系统类型		组成部件	位置	作用	说明
增强型	普通型	燃油箱盖	油箱加注口	用于释放油箱压力或真空，防止燃油箱因内外压差过大而损坏	有 1 个压力阀和 1 个真空阀
		翻滚阀	蒸发排放蒸气管入口	将燃油蒸气导出油箱并防止液态汽油进入炭罐；也是空气进入油箱的通道，用于释放油箱内的真空	水平时导通；翻滚时关闭
		活性炭罐	靠近油箱或位于发动机舱内	吸收并储存来自油箱的汽油蒸气	内部充满活性炭；有 3 条管路，分别连接：油箱、进气歧管（连接 EVAP 吹洗电磁阀）、通风管（通大气）
		EVAP 吹洗电磁阀	位于炭罐与进气歧管之间，在发动机附近	打开或关闭炭罐中的汽油蒸气进入进气歧管的通道，控制汽油蒸气的流量	是常闭两通阀，由 ECM 以占空比方式控制
	增强型增加的部件	炭罐通风电磁阀	炭罐通风软管入口处	用于控制新鲜空气进入活性炭罐	是常开两通阀，只有在进行 EVAP 系统泄漏测试时，ECM 才会控制该阀关闭
		油箱压力传感器	燃油箱顶部	用来测量油箱内压力与大气压力的差值，便于 ECM 调节油箱内部压力	3 线式压力传感器，信号电压越高，表示油箱压力越低
		检修口	位于炭罐与吹洗电磁阀之间	维修人员可以利用检修口对 EVAP 系统故障进行快速诊断	为测试管路泄漏而专门设计

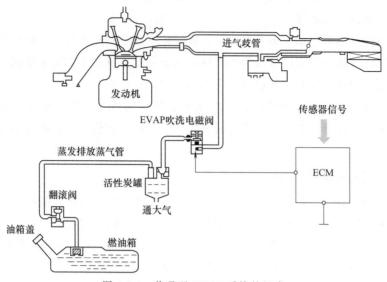

图 4-8-1 普通型 EVAP 系统的组成

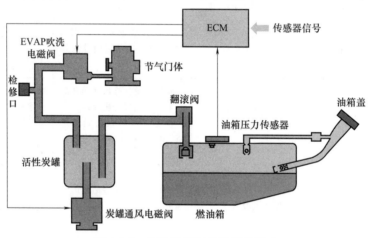

图 4-8-2 增强型 EVAP 系统的组成

4.8.3 EVAP 系统工作原理

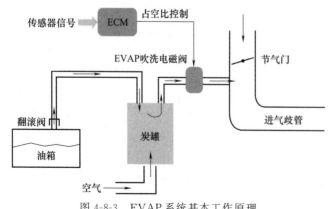

图 4-8-3 EVAP 系统基本工作原理

EVAP 系统的基本工作原理如图 4-8-3 所示：燃油蒸气上升到燃油箱顶部，经管路到翻滚阀，在此处燃油与蒸气分离，燃油流回燃油箱，蒸气沿管路到活性炭罐，被收集存储起来。

ECM 根据节气门位置传感器（TPS）、冷却液温度传感器（ECT）等信号确定 EVAP 系统是否运行。当 EVAP 系统工作时，ECM 采用占空比精确控制 EVAP 吹洗电磁阀开启，进气歧管内的真空施加到 EVAP 系统，新鲜空气被吸入活性炭罐，活性炭罐中储存的燃油蒸气被吹洗出来并与吸入的新鲜空气形成混合气，混合气在真空吸力的作用下进入到进气歧管，然后被送入燃烧室参与燃烧。

> **提示**
>
> 活性炭罐之所以要有与大气相通的通风管路，主要考虑以下两个因素：一是在 EVAP 系统工作时，可与炭罐中的汽油蒸气混合成混合气，避免单纯的汽油蒸气进入进气歧管造成混合气突然过浓，影响发动机性能；二是如果没有通风管路，会导致油箱和炭罐形成真空而损坏。

由于 EVAP 系统的运行会对发动机的混合气浓度造成影响，因此，只有当发动机处于闭环控制状态时 EVAP 系统才可能工作。在节气门全开或冷却液温度低于设定值时，EVAP 系统不工作。

如图 4-8-4 所示为增强型 EVAP 系统的控制电路。EVAP 吹洗电磁阀（即吹洗电磁阀）和通风电磁阀都是 2 条接线端子，其中一条为电源线路，另一条由 ECM 控制搭铁。所不同的是，ECM 对 EVAP 吹洗电磁阀进行占空比控制，对通风电磁阀只进行关闭控制。油箱压力传感器通常有 3 条接线端子，分别为 5V 参考电压、信号端子、搭铁端子，信号电压在

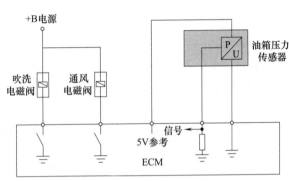

图 4-8-4 增强型 EVAP 系统控制电路

0.1~4.9V 之间，电压越高，表示油箱压力越低。

对于普通型 EVAP 系统，其控制电路中只有 EVAP 吹洗电磁阀，而没有通风电磁阀和油箱压力传感器。

4.8.4 EVAP 系统的监测策略

ECM 对 EVAP 系统进行周期性监测，以防止相关部件损坏。

(1) 普通型 EVAP 系统的监测策略

普通型 EVAP 系统的监测策略是：ECM 利用前氧传感器监测炭罐吹洗流量，从而判断 EVAP 系统工作是否正常。具体监测原理如表 4-8-2 所示。

表 4-8-2 普通型 EVAP 系统监测原理

EVAP 状态	EVAP 条件	对混合气的影响	前氧传感器监测结果	
ECM 控制炭罐吹洗阀开启(%)	炭罐中充满燃油蒸气	混合气变浓	前 HO_2S1 监测到混合气浓度变化，ECM 判定 EVAP 正常	前 HO_2S1 监测到混合气浓度无变化，ECM 判定 EVAP 异常，设置故障码
	炭罐中无燃油蒸气	混合气变稀		

(2) 增强型 EVAP 系统的监测策略

增强型 EVAP 系统的监测策略是：ECM 利用油箱压力传感器检测真空，从而判断 EVAP 系统工作是否正常。具体监测原理如表 4-8-3 所示。

表 4-8-3 增强型 EVAP 系统监测原理

EVAP 及车辆状态	监测内容	监测结果
ECM 控制炭罐吹洗阀开启(%)	燃油箱压力传感器检测到真空	系统正常
	燃油箱压力传感器未检测到真空	吹洗电磁阀不工作或堵塞；设置故障码
ECM 未控制炭罐吹洗阀	燃油箱压力传感器检测到真空	吹洗电磁阀卡滞开启；设置故障码
	燃油箱压力传感器未检测到真空	系统正常
匀速行驶时	ECM 关闭通风电磁阀，打开吹洗电磁阀	油箱压力传感器监测两次连续测试的真空变化是否超过预设值
	ECM 关闭通风电磁阀，关闭吹洗电磁阀	否：正常 是：设置故障码
发动机关闭(KOEO)	ECM 关闭通风电磁阀和吹洗电磁阀	能保持特定的真空度，无泄漏；系统正常
		检测到泄漏；设置故障码

增强型 EVAP 系统通常包括 4 种典型测试，如表 4-8-4 所示，当测试未通过时，ECM 会设置相应的故障码。

表 4-8-4 增强型 EVAP 系统的典型测试

测试项目	测试内容
真空测试	用于监测较大的泄漏：关闭通风阀，打开吹洗阀，油箱压力传感器应监测到 1.5~2.5kPa 的真空
小泄漏测试	大泄漏测试后，ECM 将关闭通风阀和吹洗阀，系统被封闭。ECM 通过油箱压力传感器来监测压力变化
通风测试	用于检测通风阀及管路是否堵塞：通风阀和吹洗阀都打开，系统应不会产生过大真空，真空度一般在 1.2~1.5kPa
吹洗阀测试	再将通风阀和吹洗阀都关闭，系统将不再会产生真空。如果此时存在真空，说明吹洗阀泄漏

4.8.5 故障类型与症状

EVAP 吹洗电磁阀的常见故障类型及故障症状如表 4-8-5 所示。

表 4-8-5 EVAP 吹洗电磁阀的故障类型与症状

故障类型	故障原因	故障症状
自身故障	内部线圈断路、短路或驱动电路损坏	①EVAP 系统不工作 ②增强型 EVAP 系统显示油箱压力异常 ③故障指示灯可能点亮
	电磁阀卡滞常开	①燃油消耗量增加 ②增强型 EVAP 系统显示油箱压力异常 ③故障指示灯可能点亮

续表

故障类型	故障原因	故障症状
拆装故障	插接器虚接	①EVAP 系统不工作 ②增强型 EVAP 系统显示油箱压力异常 ③故障指示灯可能点亮
	连接进气歧管的蒸发排放管路漏气	发动机运行不稳定
电路故障	电路断路或短路	①EVAP 系统不工作 ②增强型 EVAP 系统显示油箱压力异常 ③故障指示灯可能点亮

4.8.6 故障诊断

(1) 人工经验检查

① 目视检查 EVAP 吹洗电磁阀与管路是否连接、密封良好，线束插头是否插接牢固完好、线束是否破损/断裂，必要时可以动手操作予以验证。

② 将车辆放置到相对密封的空间停放一段时间，看是否能够闻到汽油蒸气的味道。如果有明显的汽油气味，应检查 EVAP 系统和燃油供油管路是否存在泄漏。

(2) 车载诊断系统诊断故障

① 故障码查询　当 EVAP 系统出现故障时，ECM 中会存储相应的故障信息，具体如表 4-8-6 所示。

表 4-8-6　与 EVAP 系统相关的故障码

故障码	含义	故障码设置说明	可能的故障原因
P0440	EVAP 系统故障	ECM 检测到 EVAP 系统异常 *故障灯点亮	①燃油蒸发排放管路 ②EVAP 吹洗电磁阀 ③活性炭罐 ④ECM
P0441	EVAP 系统油气流量值不正确	ECM 检测到 EVAP 系统吹洗流量异常 *故障灯点亮	①活性炭罐(空气滤清器)堵塞 ②EVAP 吹洗电磁阀 ③燃油蒸发排放管路 ④ECM
P0442	EVAP 系统检测出少量油气泄漏	ECM 检测到 EVAP 系统有少量泄漏 *故障灯点亮	①燃油蒸发排放管路 ②EVAP 吹洗电磁阀 ③活性炭罐 ④ECM
P0443	EVAP 吹洗电磁阀控制电路故障	ECM 检测到 EVAP 吹洗电磁阀电路异常 *故障灯点亮	①EVAP 吹洗电磁阀电路 ②EVAP 吹洗电磁阀 ③ECM
P0444	EVAP 吹洗电磁阀线路断路	ECM 检测到 EVAP 吹洗电磁阀电路开路 *故障灯点亮	①EVAP 吹洗电磁阀供电电路开路或对地短路 ②EVAP 吹洗电磁阀控制电路开路 ③EVAP 吹洗电磁阀线圈损坏 ④ECM

续表

故障码	含义	故障码设置说明	可能的故障原因
P0445	EVAP 吹洗电磁阀线路短路	ECM 检测到 EVAP 吹洗电磁阀电路短路 ＊故障灯点亮	①EVAP 吹洗电磁阀控制电路对地短路 ②ECM
P0446	EVAP 系统通风控制电路故障	ECM 检测到通风控制电路电压超出正常校准范围 ＊故障灯点亮	①EVAP 通风控制电路 ②ECM
P0447	EVAP 系统通风电磁阀线路断路	ECM 检测到 EVAP 通风电磁阀电路开路 ＊故障灯点亮	①EVAP 通风电磁阀供电电路开路或对地短路 ②EVAP 吹洗电磁阀控制电路开路 ③EVAP 通风电磁阀线圈损坏 ④ECM
P0448	EVAP 系统通风电磁阀线路短路	ECM 检测到 EVAP 通风电磁阀电路短路 ＊故障灯点亮	①EVAP 通风电磁阀控制电路对地短路 ②ECM
P0449	EVAP 系统通风电磁阀线路故障	ECM 检测到 EVAP 通风电磁阀故障 ＊故障灯点亮	①EVAP 通风电磁阀 ②EVAP 通风电磁阀线路 ③ECM
P0450	EVAP 系统压力传感器	ECM 检测到油箱压力在规定时间内的压力变化超过限值(如：在 0.1s 之内变化超过 36cm 水柱) ＊故障灯点亮	①油箱压力传感器及线路 ②ECM
P0451	EVAP 系统压力传感器电压值不正确	ECM 检测到油箱压力传感器电压值不正确 ＊故障灯点亮	①油箱压力传感器 ②传感器线路 ③ECM
P0452	EVAP 系统压力传感器电压太低	ECM 检测到油箱压力传感器的输入信号低于最低校准值(如：0.22V) ＊故障灯点亮	①油箱压力传感器 ②传感器线路 ③系统堵塞 ④ECM
P0453	EVAP 系统压力传感器电压太高	ECM 检测到油箱压力传感器的输入信号高于最高校准值(如：4.5V) ＊故障灯点亮	①油箱压力传感器 ②传感器电路断路或短路，插接器松动 ③ECM
P0454	EVAP 系统压力传感器间歇故障	ECM 检测到油箱压力在规定时间内的压力变化超过限值(如：在 0.1s 之内变化超过 36 厘米水柱) ＊故障灯点亮	①油箱压力传感器 ②传感器插头或线路接触不良 ③ECM
P0455	EVAP 系统检测出大量泄漏	ECM 检测到 EVAP 系统没有吹洗流量 ＊故障灯点亮	①燃油蒸发排放管路 ②活性炭罐

续表

故障码	含 义	故障码设置说明	可能的故障原因
P0458	EVAP吹洗电磁阀控制电路电压过低	ECM在规定时间内（如：0.25s内）检测到EVAP吹洗电磁阀控制电路对搭铁短路 *故障灯点亮	EVAP吹洗电磁阀控制电路对搭铁短路
P0459	EVAP吹洗电磁阀控制电路电压过高	ECM在规定时间内（如：0.25s内）检测到EVAP吹洗电磁阀控制电路对电压短路 *故障灯点亮	EVAP吹洗电磁阀控制电路对电压短路

注：1厘米水柱=98Pa。

② 数据流读取与分析　EVAP吹洗电磁阀的数据流通常以…%（占空比）方式表达。根据EVAP系统的工作原理，在读取EVAP吹洗电磁阀的数据流时，通常要同时读取发动机开/闭环状态、喷油脉宽（ms）、前氧传感器、长/短期燃油修正（%）等数据流，通过观察这些数据流的动态变化来分析和判断EVAP系统的工作状态是否正常。

③ 作动测试　利用专用诊断仪中的"EVAP系统主动测试"功能，可以快速判断EVAP吹洗电磁阀是否正常。具体操作是：将点火开关置于ON位置，发动机不启动（KOEO状态），使用专用诊断仪将EVAP吹洗电磁阀的控制占空比设置为50%，电磁阀会发出连续的"哒哒哒……"的声音，说明EVAP吹洗电磁阀及控制电路工作正常。

(3) 仪器设备检测

① 电阻检测　利用万用表的电阻挡测量EVAP吹洗电磁阀两端子间的线圈的电阻值，标准阻值在10~30Ω之间。具体标准参见各车型维修手册。

② 绝缘性检测　利用万用表的电阻挡测量EVAP吹洗电磁阀每个端子与壳体之间的阻值，应为无穷大。

③ 泄漏检测　烟雾测试是检查EVAP系统泄漏点的最有效的方法，如图4-8-5所示，使用专用烟雾测试器通过油箱加注口向EVAP系统内充入低压烟雾。在泄漏处会有烟雾冒出。

图4-8-5　EVAP系统烟雾测试

4.9　三元催化器

三元催化器，也称催化转换器，英文缩写分别为TWC（Three Way Catalytic）和CAT（Catalytic Converter）。从严格意义上来说，三元催化器不受ECM控制，不属于发动机电控系统的执行器，但由于其自身的工作起到了类似于执行器的作用，因此纳入到本章节予以介绍。

4.9.1　作用

汽油发动机的尾气成分对人类和环境有很大的危害，其中影响最为严重的有害物质是

HC、CO 和 NO$_x$。为了满足日益严格的排放法规标准，现代汽油发动机上都安装有三元催化器，其主要作用就是有效处理尾气，将尾气中三种主要的有害物质 HC、CO 和 NO$_x$ 转换为无害的 H$_2$O、CO$_2$、N$_2$、O$_2$，所以催化转换器也称为"三元"催化器。

4.9.2 位置与结构

(1) 位置

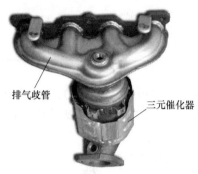

图 4-9-1 现代汽车三元催化器的安装位置

三元催化器位于发动机排气歧管与消音器之间。为了防止磕碰造成三元催化器破碎，现代汽车的三元催化器都与排气歧管直接相连或与排气歧管集成为一体，如图 4-9-1 所示，使之位于发动机侧面；而以往车辆所采用的将三元催化器置于车辆底盘下的做法目前已很少采用（如图 4-9-2 所示）。

(2) 结构

三元催化器的结构如图 4-9-3 所示，其外壳通常由两个焊接在一起的不锈钢材料制成。紧贴外壳内侧的是隔热垫，它不仅用于保护三元催化器的陶瓷载

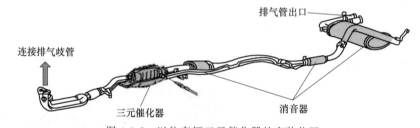

图 4-9-2 以往车辆三元催化器的安装位置

体，还同安装在三元催化器外壳外面的隔热罩共同来阻止三元催化器内部的热量向外辐射，防止外部温度过高引发火灾事故。隔热垫里面包裹着由陶瓷材料制成的催化剂载体，载体内部是细长的蜂窝状空洞，空洞内壁上敷有多孔铝涂层，铝涂层表面敷有一层催化材料，主要为铑、铂、钯、铈等稀有金属。

4.9.3 工作原理

图 4-9-4 所示为三元催化器的工作原理：当尾气中 HC、CO 和 NO$_x$ 通过三元

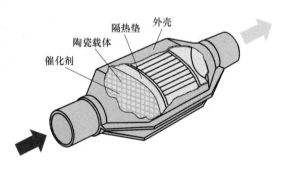

图 4-9-3 三元催化器结构

催化器内部蜂巢状的陶瓷载体时，温度较高的 HC 和 CO 在催化剂铂和钯的作用下与 O$_2$ 发生氧化-还原反应，生成无害的 H$_2$O 和 CO$_2$；而 NO$_x$ 在催化剂铑的作用下被还原成无害的 N$_2$ 和 O$_2$；金属铈用于存储和释放 O$_2$，当稀混合气通过载体时，铈吸附多余的氧气，当浓混合气通过载体时，铈释放吸附的氧气，从而帮助三元催化器完成催化转换作用。

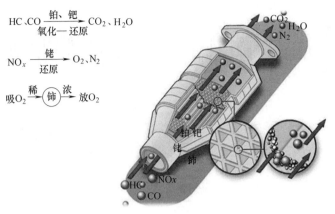

图 4-9-4 三元催化器工作原理

如图 4-9-5 所示,只有当空燃比在 14.7:1 上下 0.3% 的区间内连续浓、稀交替变化时,才能使三元催化器发挥最好的催化效果,转换效率可达到 90% 以上。当混合气浓时,HC、CO 含量将增多,使转换效率降低;当混合气稀时,NO_x 排量会增加,亦使转换效率下降。

三元催化器要发挥其催化转换效能,温度是重要的工作条件。三元催化器开始起作用的温度是 260℃ 左右,在此温

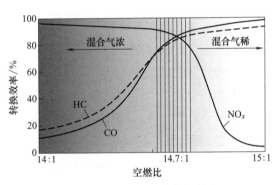

图 4-9-5 三元催化器转换效率

度下所能发挥出的催化能力约为 50%,通常将转换效率超过 50% 时的温度称为催化器起燃温度,大多数催化器这一温度在 246~301℃ 范围内。随着温度升高,催化转换效率迅速提高,当温度在 480~870℃ 之间时,三元催化器将完全发挥作用。如果温度过高(超过 950℃),会加快三元催化器催化剂的老化,使催化作用减弱,寿命缩短。

4.9.4 效能监测

(1) 监测策略

ECM 对三元催化器的催化转换效能监测是通过前氧传感器和后氧传感器的信号对比来实现的。由于三元催化器在工作过程中能够吸附和释放氧气,所以其输出端的氧气含量相对其输入端明显平稳,因此,正常状态下,反映到前氧传感器和后氧传感器的信号分别是:前氧传感器信号电压在 0~1V 之间交替变化、频率明显,而后氧传感器信号电压相对稳定,在 0.65V 左右波动,如图 4-9-6 所示。

如果三元催化器失效或催化转换效率下降,催化器将不能释放储存的氧气,HC、CO、NO_x 等有害物质在三元催化器中不能完全被催化转换,剩余的有害物质通过后氧传感器时,将会引起后氧传感器信号电压的明显变化,而前氧传感器信号依旧,如图 4-9-6 所示。

(2) 监测条件

ECM 对三元催化器进行效能监测的前提条件是发动机必须满足如下条件:

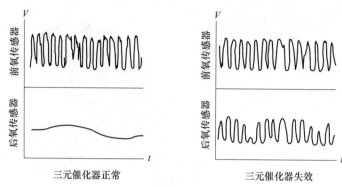

图 4-9-6　前、后氧传感器的信号波形

① 发动机处于闭环控制状态；
② 进气温度传感器读数大于 0℃；
③ 冷却液温度传感器读数大于 18℃；
④ 空气流量计读数在 15～32g/s 之间；
⑤ 发动机转速低于 4000r/min；
⑥ 发动机负荷小于 65%；
⑦ 上述条件同时满足且持续 4min 以上。

4.9.5　故障原因及影响因素

三元催化器常见的故障原因及影响因素如表 4-9-1 所示。

表 4-9-1　三元催化器的故障原因及影响因素

故障原因	损坏状况	影响因素
温度过高	造成内部涂层的催化剂脱落	点火过迟、点火错乱、断火等，使未燃烧的混合气进入 TWC 二次燃烧
慢性中毒	催化剂与废气隔绝，无法催化	汽油中的硫、铅和机油中的磷、锌及其氧化物颗粒吸附在 TWC 催化剂表面，使催化剂无法与废气接触
表面积炭	炭烟附着在催化剂表面，无法与 CO 和 HC 接触	长期低温工作，使 TWC 无法启动，积累的炭烟堵塞 TWC 空隙，影响其转化效能
排气恶化	三元催化器转换效率降低甚至损坏	废气浓度过高，TWC 转换效率下降；过度的氧化反应会使 TWC 温度过高而损坏

4.9.6　故障诊断

当怀疑三元催化器存在故障时，可以先利用专用诊断仪读取 ECM 中存储的相关故障信息，以明确故障原因，引导故障检修。与三元催化器相关的故障码如表 4-9-2 所示。

三元催化器的故障类型主要包括：失效、堵塞、破碎。

(1) 失效故障的诊断

三元催化器失效的故障症状表现为尾气排放超标。用于诊断三元催化器失效的方法主要有如下三种。

① 前/后氧传感器信号比较法　前/后氧传感器信号比较法，就是利用专用诊断仪或专用示波器，通过比较前、后氧传感器的信号电压来判断三元催化器是否失效的常用方

法。具体参见 4.9.4 效能监测。

表 4-9-2 与三元催化器相关的故障码

故障码	含义	故障码设置说明	可能的故障原因
P0420	催化转换器系统效率太低——右侧(B1)	ECM 检测到催化转换器系统效率低于可以接受的最低值 *故障灯点亮	
P0430	催化转换器系统效能低于阈值——左侧(B2)		
P0421	催化转换器暖机时系统效率太低——右侧(B1)	ECM 确定未达工作温度以前催化转换器效能低于设定的最低极限 *故障灯点亮	①三元催化器 ②发动机缺火 ③机油/冷却液消耗过多 ④点火正时延迟 ⑤火花弱 ⑥混合气过稀或过浓 ⑦氧传感器或线束损坏
P0431	催化转换器暖机时系统效率太低——左侧(B2)		
P0422	主催化转换器效能低于阈值——右侧(B1)	ECM 确定主催化转换器的效能低于设定的最低极限 *故障灯点亮	
P0432	主催化转换器效能低于阈值——左侧(B2)		
P0423	催化转换器达到温度时效能低于阈值——右侧(B1)	ECM 确定预热以后的催化转换器的效能低于设定的最低极限 *故障灯点亮	
P0433	催化转换器达到温度时效能低于阈值——左侧(B2)		
P0424	催化转换器工作温度太低——右侧(B1)	ECM 确定预热以后的催化转换器的温度低于设定的最低极限 *故障灯点亮	①三元催化器 ②氧传感器或线束损坏
P0434	催化转换器工作温度太低——左侧(B2)		

② 进/出口温度比较法 如图 4-9-7 所示，在工作温度下，用红外线测温仪分别测量三元催化器的进、出口温度，出口温度应高于进口温度至少 10%。

③ 尾气分析仪效率测试法

a. 反复加油测试 在发动机暖机进入闭环控制后，空挡时连续突然将节气门全开，利用尾气分析仪观察氧气读数：氧气读数保持低于 1.2%，表明三元催化器工作正常；氧气读数达到 1.2%，表明三元催化器效率低；氧气读数如果超过 1.2%，说明三元催化器不工作。

b. 氧气含量测试 在发动机暖机进入闭环控制后，利用尾气分析仪检查 O_2 和 CO 排放量：如果 O_2 为零，应进行反复加油测试；如果 O_2 大于零，则检查 CO 的排放量；如果 CO 排放量大于零，表明三元催化器工作不正常。

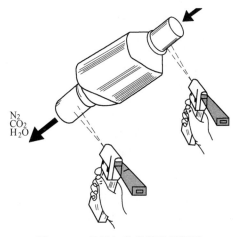

图 4-9-7 使用红外线测温仪测量三元催化器进/出口温度

(2) 堵塞故障的诊断

图 4-9-8 所示为三元催化器的堵塞状态。当三元催化器堵塞时，其呈现的故障症状主要表现为：

① 堵塞严重时，发动机启动不着；
② 发动机缺火时，尾气较均匀，无"突突"的缺火声；

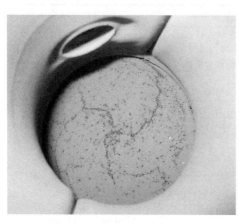

③ 加速无力，发动机转速和车速提升困难；
④ 油耗增加；
⑤ 自动变速器汽车强制降挡频繁等。

用于诊断三元催化器堵塞的方法主要有如下三种。

① 验证故障现象　利用人工经验，观察和试验车辆是否存在三元催化器堵塞的明显症状。具体参见三元催化器的故障症状。

② 用真空表检查排气背压

a. 将真空表与发动机进气歧管连接；

图 4-9-8　堵塞的三元催化器

b. 运行发动机，转速稳定在 2000~2500r/min 区间；

c. 保持发动机转速恒定，观察真空表读数；

d. 如果真空度逐渐下降（绝对压力增加），说明排气堵塞。

③ 用压力表检查排气背压

a. 拆卸前氧传感器，将压力表连接到前氧传感器的座孔位置，确保连接处密封良好；

b. 启动并运行发动机；

c. 发动机在正常怠速时，排气背压应低于 10kPa；转速在 2500r/min 时，排气背压应低于 15kPa。

(3) 破碎故障的诊断

破碎的三元催化器如图 4-9-9 所示。当三元催化器堵塞时，其呈现的故障症状主要表现为：

① 外壳凹陷变形；

② 敲击外壳或加减速发动机时内部发出"哗啦哗啦"的声音；

③ 与堵塞相类似的症状。

三元催化器破碎故障的诊断主要有观

图 4-9-9　破碎的三元催化器

察和倾听两种方法。通过观察，确认三元催化器是否发生碰撞变形；通过敲击外壳或加减速发动机时倾听三元催化器内部是否发出"哗啦哗啦"的声音来判断其是否破碎。

注意：三元催化器通常在车辆行驶 80000km 后进行更换；三元催化器应以总成的形式更换；必须更换与原车相同的原厂部件。

4.10　涡轮增压器

涡轮增压器并非严格意义上的发动机电控系统执行器，但涡轮增压器上用于控制废气旁通和进气旁通的电磁阀则是由 ECM 直接控制的执行器。本节通过对涡轮增压器的整体介绍来了解各执行元件的工作原理和故障检测项目与方法。

4.10.1 作用

为了适应发动机"小排量、大功率"的发展趋势，涡轮增压器在汽车上得到了广泛采用。涡轮增压器对于发动机的直接作用，就是显著提高了发动机的充气效率（超过100%），因此，大大提高了发动机的动力输出。具体而言，发动机采用涡轮增压器的优点主要体现为：

① 可以根据发动机的需要提供增压压力，或减小、不提供增压压力；
② 即使在高海拔地区也可以使发动机获得足够的充气效率。

4.10.2 组成

如图 4-10-1 所示，涡轮增压器主要由涡轮机和压气机等部分组成。涡轮机的进气口与发动机排气歧管相连，涡轮机的排气口则接在排气管上；压气机的进气口与空气滤清器相连，压气机的排气口则接在进气歧管上。

从发动机排气歧管排出的是高温高压的废气，具有一定的能量。在自然吸气发动机中，这部分能量往往随着废气的排放而白白浪费，而涡轮增压器的动力来源恰恰就是这些废气。涡轮机涡轮与压气机泵轮通过增压器轴刚性连接，这部分称作增压器转子。

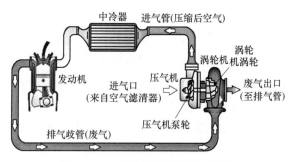

图 4-10-1 涡轮增压器的基本组成

增压器转子通过浮动轴承（转子高速旋转时可保证摩擦阻力矩较小）固定在增压器中。发动机工作时，排出的废气以一定角度高速冲击涡轮，使增压器转子高速旋转，于是，压气机泵轮以同样的高速挤压进气空气。受压后的空气温度会升高，影响其密度，因此，在压缩空气通向进气歧管的中间通路上增设了一个空气冷却器（简称中冷器）以冷却增压后的空气，最终使更多、密度更大的空气进入气缸，从而实现进气增压的目的。

为了使涡轮增压器能够更好地发挥其效能，除了涡轮机和压气机两个最主要的组成部件外，涡轮增压器上还设置了其他辅助控制元件。如图 4-10-2 所示，在涡轮增压器涡轮机的出口处设有一个废气旁通阀，废气旁通阀由一个真空执行器在真空的作用下通过杠杆机构驱动其开、关及开关的幅度大小，而真空的施加与否、施加大小则由 ECM 通过控制一个废气旁通控制电磁阀对真空管路实施控制来实现。在压气机侧面有一旁通管路，连接其进气口与排气口，在这一旁通管路上设有一个进气旁通阀，由 ECM 通过对进气旁通电磁阀的控制实现对进气旁通阀开、关的间接控制。

4.10.3 工作原理

(1) 基本工作原理

驱动涡轮增压器的动力来源于发动机排出的废气。在发动机低速运转时，排气压力和温度都较低，涡轮转速亦较低（约为 1000r/min），因此，压气机泵轮不能产生进气增压

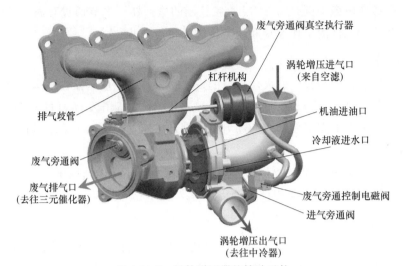

图 4-10-2　涡轮增压器的辅助元件

压力,在此状态下,发动机的进气效果与自然吸气发动机没有明显差异;随着发动机转速和负荷增加,排气压力和温度都大幅升高,涡轮的转速也随之加快,当涡轮达到一定转速时增压开始(现代发动机最低在 1500r/min 左右就可以进入增压状态),当发动机全负荷运转时,涡轮转速可以达到 $(10\sim15)\times10^4$ r/min。

(2) **废气旁通控制**

废气旁通控制的主要目的是有效控制和调节增压压力,防止增压压力过高而损坏发动机,同时,也可以使涡轮增压在较宽的发动机转速区间内(如 1500~4500r/min 范围内)保持持续有效。

如图 4-10-3 所示,涡轮增压器利用废气旁通控制电磁阀、废气旁通执行器和废气旁通阀对增压压力进行控制。

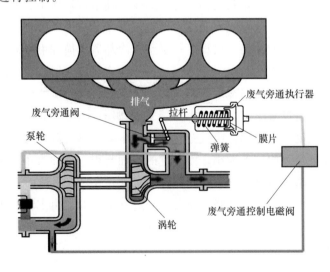

图 4-10-3　废气旁通控制原理图

废气旁通控制电磁阀是一个三通电磁阀,其三个接口分别与增压前的空气、增压后的空气、废气旁通执行器的膜盒相通，由 ECM 对其实施占空比控制，其控制电路如图 4-10-4 所示。增压前空气来自与进气管，增压后的空气来自于压气机泵轮排气口之后的气道。与废气旁通执行器膜盒连接的电磁阀接口在 ECM 的控制下，可以分别与另外两个接口（增压前空气接口、增压后空气接口）相通。

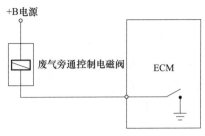

图 4-10-4　废气旁通控制电磁阀控制电路图

废气旁通执行器是一个膜盒控制装置，膜盒内部有一个膜片，膜片顶端是一个空腔，通过管路与废气旁通控制电磁阀连接；膜片下端由弹簧支撑并与拉杆做成一体，拉杆通过一个杠杆机构控制废气旁通阀开启或关闭。图 4-10-3 中的废气旁通阀为常闭式，即在发动机停机状态下废气旁通阀处于关闭状态，目前大部分发动机的涡轮增压器都采用常闭式废气旁通阀。

表 4-10-1 展示了常闭式废气旁通阀的控制过程。在发动机低速运转时，废气旁通控制电磁阀关闭增压前的进气通道，同时打开增压后的空气通道，此时增压后的空气进入执行器膜盒。但由于增压压力很小，施加在执行器膜片上的空气压力不足以推动膜片下方的弹簧，因此，废气旁通阀在弹簧力的作用保持关闭，废气全部流经涡轮。此时涡轮转速较低，没有增压效果。

随着发动机转速不断升高，涡轮转速也随之增加，当压气机泵轮转速达到一定值时，涡轮增压器开始进入增压状态。涡轮增压器工作时，废气旁通阀一直关闭。当增压压力升高到一定值时，增压后的空气压力足以推动旁通执行器膜片弹簧下移，在杠杆机构的作用下打开废气旁通阀，大部分废气将不经过涡轮而通过旁通气道直接排入排气管，使得涡轮增压器泄压。为了获取更高的增压压力，发动机必须在涡轮增压器泄压前控制废气旁通阀继续保持关闭，为此，ECM 以占空比控制方式控制废气旁通控制电磁阀关闭增压后的空气通道，同时打开增压前的进气通道。此时滞留在执行器膜盒的增压空气通过增压前的进气通道进入进气管，于是，执行器膜盒内的高压气体泄压，使废气旁通阀依然保持关闭，增压压力持续上升。

当增压压力超过目标值时，ECM 以占空比形式控制废气旁通控制电磁阀打开增压后的空气通道，同时关闭增压前的进气通道。此时增压后的空气进入执行器膜盒，在杠杆机构的作用下，旁通气道打开，涡轮增压器泄压。

表 4-10-1　常闭式废气旁通阀的控制过程

工况	废气旁通控制电磁阀:3 个接口管路			废气旁通阀	ECM 控制
	增压前	废气旁通执行器	增压后		
无增压（低速）	×（关闭）	←→（相通）		关	—
增压 ↑（转速升高）	←→（相通）		×（关闭）	关	占空比
增压达到目标值	×（关闭）	←→（相通）		开	占空比

提示

作用于废气旁通执行器膜盒上的压力大小取决于增压压力和废气旁通控制电磁阀通电电压的占空比。当占空比达到80％～90％时，废气旁通阀完全开启；当占空比小于20％时，废气旁通阀完全关闭。

ECM通过发动机转速、进气门开度、进气歧管压力、发动机温度等参数计算目标增压压力值，通过进气增压压力传感器检测实际增压压力值并反馈给ECM，ECM通过控制废气旁通控制电磁阀以保证实际增压压力与目标增压压力的一致。

提示

有些发动机的涡轮增压器采用常开式废气旁通阀，即在发动机停机状态下废气旁通阀处于开启状态，为此，废气旁通执行器的内部结构及ECM对废气旁通控制电磁阀的控制都要进行必要的调整，以满足对涡轮增压控制的要求。

(3) 进气旁通控制

涡轮增压发动机在运行过程中如果突然关闭节气门会导致节气门和压气机泵轮之间的空间内产生背压，致使涡轮增压器被强烈制动，被制动的涡轮增压器会导致大量的增压压力损失，并且也损失了在下一次需要产生增压效果时所需要的动力。进气旁通控制的主要目的就是为了防止上述情况的发生。

图4-10-5所示为真空式进气旁通控制装置，主要由真空罐、进气旁通电磁阀、进气旁通阀和真空管路等组成。

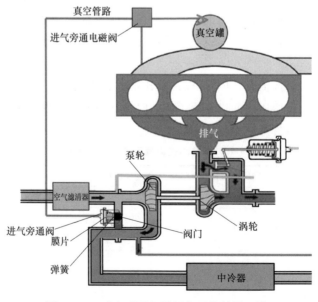

图4-10-5　真空式进气增压旁通控制原理图

进气旁通阀是一个真空控制阀，位于压气机侧面的旁通管路上，在发动机停机状态下，进气旁通阀关闭旁通管路。

进气旁通电磁阀是一个三通阀，其三个接口通过真空软管分别与真空罐、进气歧管和进气旁通阀相连。通过ECM对进气旁通电磁阀的通电、断电控制，进气旁通阀的接口可以分别与真空罐和进气歧管相通。进气旁通电磁阀的控制电路与废气旁通控制电磁阀相似，参见图4-10-4。

表4-10-2 进气旁通阀的控制过程

工况	进气旁通电磁阀：3个接口管路			进气旁通阀	ECM控制进气旁通电磁阀
	真空罐	进气旁通阀	进气歧管		
停机、增压器工作时	×（关闭）	←→（相通）		关	断电
节气门突然关闭	←→（相通）		×（关闭）	开	通电

如表4-10-2所示，在发动机停机和涡轮增压器工作时，进气旁通电磁阀始终断电，此时，真空罐接口关闭，进气旁通阀接口与进气歧管相通，进气歧管中的空气进入进气旁通阀。在进气歧管空气压力与弹簧力的共同作用下，进气旁通阀关闭进气旁通道，压气机泵轮后端的增压空气全部通过中冷器进入到发动机进气歧管。

当车辆在行驶过程中突然关闭节气门时，ECM控制进气旁通电磁阀关闭通向进气歧管的接口，同时打开真空罐通向进气旁通阀的通道。在真空负压的作用下，进气旁通阀迅速打开进气旁通道，压气机泵轮后端的增压空气通过旁通气道进入到泵轮的前端（即空气滤清器的进气端），使节气门和压气机泵轮之间的空间压力得以释放，从而保证了泵轮只承受很小的阻力而依然保持较高的转速，避免了再次增压而产生迟滞现象，同时增压后的空气进入到泵轮前端更有助于提升增压效果。

注意：进气旁通电磁阀和废气旁通控制电磁阀都是一个三通阀，所不同的是，进气旁通电磁阀是开关式，只有开、关两种状态，而废气旁通控制电磁阀则是一个占空比控制电磁阀，由ECM通过占空比形式的控制，实现对废气旁通控制电磁阀不同开度的调节。

提示

在有些车辆的进气旁通控制系统中，取消了进气旁通电磁阀，进气旁通阀直接通过一个真空管连接到进气歧管中。如果节气门突然关闭，进气旁通阀会因为进气歧管中的真空突然增加而打开，增压后的部分空气会通过进气旁通阀打开所提供的通道又进入到增压器的进气侧，从而使涡轮增压器的转速得以保持。福特轿车就采用这种控制方式，其进气旁通阀在增压压力和进气歧管的两侧压力差异超过0.24bar（24kPa）的时候将会打开。

(4) 温度控制

① 增压空气温度控制　空气经过压缩，温度会升高，又由于涡轮增压器处于排气歧管附近，较高的环境温度使得压缩后的空气温度进一步升高。高温的空气密度减小，会降低充气效率，另外，高温高压的空气会使燃烧温度提升，容易使发动机产生爆震。

为此，需要对压缩后的空气进气冷却。如图 4-10-1 所示，涡轮增压发动机通常采用中冷器对压缩空气进行冷却。中冷器的形状结构与发动机冷却系统散热器相似，其冷却方式有风冷和水冷两种。

② 涡轮增压器温度控制　高温环境和高转速造成了涡轮增压器的很高的工作温度。如图 4-10-2 所示，涡轮增压器的高速运转会使其轴承产生大量的热量，该热量由位于涡轮增压器上的冷却液管路将热量带走，输送到冷却系统进行散热。这样可以大大降低涡轮增压器温度，在发动机突然关机时也会减小机油结焦的可能性。

4.10.4　故障类型与症状

涡轮增压器的常见故障主要是：轴承损坏，烧机油，排气冒蓝烟。而废气旁通控制电磁阀和进气旁通电磁阀则较少出现故障，其故障类型、原因及故障症状如表 4-10-3 所示。

表 4-10-3　废气旁通控制电磁阀的故障类型与症状

故障类型	故障原因	废气旁通控制电磁阀故障症状	进气旁通电磁阀故障症状
自身故障	内部线圈断路、短路或驱动电路损坏	废气旁通阀控制失效	进气旁通阀控制失效
拆装故障	插接器虚接		
电路故障	电路断路或短路		

4.10.5　故障诊断

(1) 人工经验检查

① 目视检查废气旁通控制电磁阀（或进气旁通电磁阀）与管路连接、密封是否良好，线束插头是否插接牢固完好、线束是否破损/断裂，必要时可以动手操作予以验证。

② 人工为废气旁通控制电磁阀（或进气旁通电磁阀）的两个接线端子送电测试：正极端子接 12V 电源，另一端子通、断搭铁，正常情况下，会听到电磁阀"咔嗒"的动作声音，并且通电或断电时，电磁阀三通管路的接通情况应符合标准。

(2) 车载诊断系统诊断故障

故障码查询：废气旁通控制电磁阀和进气旁通电磁阀作为涡轮增压器的执行器，当其自身或相关电路、管路等出现故障时，ECM 中会存储相应的故障信息，具体如表 4-10-4 和表 4-10-5 所示。

表 4-10-4　与废气旁通控制电磁阀相关的故障码

故障码	含　义	故障码设置说明	可能的故障原因
P0243	涡轮增压器废气旁通控制电磁阀 A 控制线路失效	ECM 检测到涡轮增压器废气旁通控制电磁阀控制电路开路并持续一定时间（如 2s 以上） ＊故障灯点亮	①电源电路阻值过大或开路 ②电磁阀线圈电阻过大或断路 ③控制电路阻值过大或断路 ④电磁阀信号性能故障
P0247	涡轮增压器废气旁通控制电磁阀 B 控制线路失效		
P0244	涡轮增压器废气旁通控制电磁阀 A 范围/性能	ECM 检测到涡轮增压器废气旁通控制电磁阀异常 ＊故障灯点亮	①废气旁通控制电磁阀 ②废气旁通控制管路泄漏 ③废气旁通执行器 ④废气旁通阀
P0248	涡轮增压器废气旁通控制电磁阀 B 范围/性能		

续表

故障码	含义	故障码设置说明	可能的故障原因
P0245	涡轮增压器废气旁通控制电磁阀 A 信号电压太低	ECM 检测到涡轮增压器废气旁通控制电磁阀控制电路对搭铁短路并持续一定时间（如 2s 以上） *故障灯点亮	控制电路对搭铁短路
P0249	涡轮增压器废气旁通控制电磁阀 B 信号电压太低		
P0246	涡轮增压器废气旁通控制电磁阀 A 信号电压太高	ECM 检测到涡轮增压器废气旁通控制电磁阀控制电路对电压短路并持续一定时间（如 2s 以上） *故障灯点亮	控制电路对电压短路
P0250	涡轮增压器废气旁通控制电磁阀 B 信号电压太高		

表 4-10-5　与进气旁通电磁阀相关的故障码

故障码	含义	故障码设置说明	可能的故障原因
P0033	涡轮增压器进气旁通电磁阀控制电路	ECM 检测到涡轮增压器进气旁通电磁阀控制电路开路并持续一定时间（如 10s 以上） *故障灯点亮	①电源电路电阻过大或开路 ②电磁阀线圈电阻过大或断路 ③控制电路阻值过大或断路 ④电磁阀信号性能故障
P0034	涡轮增压器进气旁通电磁阀控制电路电压过低	ECM 检测到涡轮增压器进气旁通电磁阀控制电路对搭铁短路并持续一定时间（如 10s 以上） *故障灯点亮	控制电路对搭铁短路
P0035	涡轮增压器进气旁通电磁阀控制电路电压过高	ECM 检测到涡轮增压器进气旁通电磁阀控制电路对电压短路并持续一定时间（如 10s 以上） *故障灯点亮	控制电路对电压短路

故障码指明了故障方向和故障范围，结合维修手册，将会大大提高故障排除的质量和效率。

(3) 仪器设备检测

① 电阻检测　利用万用表的电阻挡测量废气旁通控制电磁阀（或进气旁通电磁阀）两个端子间的线圈电阻值，标准阻值通常在十几到几十欧姆之间。具体标准参见各车型维修手册。

② 绝缘性检测　利用万用表的电阻挡测量废气旁通控制电磁阀（或进气旁通电磁阀）每个端子与壳体之间的阻值，应为无穷大。

第 5 章

电控发动机典型故障诊断

本章在基于前面章节知识、技术的基础上,结合真实案例对电控汽油发动机典型故障的诊断思路和方法进行解析。由于不同的技师有不同的思维和故障诊断方法,因此,本章所介绍的故障诊断思路和方法仅供参考,并不是一定之规。

5.1 发动机无法启动

发动机无法启动通常有两种故障表现形式:一种是启动无反应;另一种是启动机能够正常运转,但发动机不着火运行。

5.1.1 启动无反应

故障现象

该类故障所呈现的故障现象是:将点火开关置于启动"START"挡时,启动机无反应。

原因分析

故障现象体现在启动机没有反应,那么能够导致启动机没有反应的相关因素就是可能的故障原因,具体如表 5-1-1 所示。该表实际上是运用了故障树的分析方法。

表 5-1-1 启动无反应故障原因

故障现象	可能的故障原因	
启动机无反应	(1)蓄电池严重亏电	
	(2)启动机故障	
	(3)启动电路故障	①点火开关故障
		②启动继电器故障
		③挡位开关/离合器开关故障
		④连接线路故障
	(4)车辆进入防盗状态(老式车辆通过控制启动机实施防盗)	

诊断思路

> 汽车发动机的故障诊断通常遵循"由主至次,由简至繁"的原则。这两条原则既彼此平等,又相互矛盾。当所怀疑的故障原因没有主次之分的时候,应遵循"由简至繁"的原则;在已明确首要故障因素的情况下,即使排查该故障因素很繁琐,也应遵循"由主至次"的原则先行排查。

在本故障中,各种可能的故障原因没有主次之分,就应按照"由简至繁"的原则依次排查:①蓄电池电量检查→②防盗检查→③启动机测试(直接送电试验)→④启动电路检查,具体故障诊断流程如表 5-1-2 所示。

表 5-1-2 发动机启动无反应的故障诊断流程

步骤	操 作	是	否
1	蓄电池电量检查 ①经验法:喇叭声音、大灯亮度是否正常? ②万用表电压测试:电压≥12.4V? ③蓄电池性能测试仪:测试性能是否正常? (注:视具体工作条件运用上述检测方法)	至步骤 3	至步骤 2
2	蓄电池充电或更换,确保电量充足 启动车辆,启动机运转吗?	修理完毕	至步骤 3
3	防盗检查 遥控解锁,观察仪表板,防盗系统解除防盗了吗?	至步骤 5	至步骤 4
4	查找防盗问题,确认解除防盗 启动车辆,启动机运转吗?	修理完毕	至步骤 5
5	启动机测试 对启动机直接供电,启动机运转吗?	至步骤 7	至步骤 6
6	更换性能正常的启动机,启动时启动机运转吗?	修理完毕	至步骤 7
7	启动电路检查 建议检查顺序: 启动继电器→挡位开关/离合器开关→连接线路→点火开关 正常了吗?	修理完毕	—

※举案说法

故障现象:

一辆 2004 年的丰田卡罗拉自动挡轿车,行驶里程 187000km,车主报修车辆无法启动,发动机不运转。

故障诊断与排除:

首先进行故障验证:自动变速器挡位置于驻车挡"P"位置,将点火开关拧至启动挡"START",启动机没有任何反应。初步检查,确认蓄电池正常,无亏电情况。

查阅车辆维修记录发现,该车为返修车辆,之前由于无法启动更换过启动机总成,此次车辆又出现相同的故障,根据初检情况,并对照电路图(如图 5-1-1 所示),判断可能的故障原因有:点火开关、自动变速器挡位开关、启动继电器及相关配线等。

将变速杆置于"N"位,车辆能够正常启动,由此说明故障是由于自动变速器挡位开关损坏或是挡位开关调整位置不当而造成的。

首先对挡位开关位置进行调整，无论如何调整，在"P"挡位置都无法启动发动机，于是更换一个新的自动变速器挡位开关总成，在"P"和"N"挡位置都能正常启动发动机，故障彻底排除。

案例启示：

本案例故障的成功排除，一方面得益于修理人员能够正确分析故障原因，最大限度缩小了故障范围（如：通过初检将蓄电池的故障可能排除在外；通过维修记录，了解启动机总成已经更换过，所以将启动机也排除在故障原因之外）；另一方面在于修理人员能够将电路图的指导与实车试验（挡位开关"N""P"挡的变换试验）有机地结合起来。因此，科学的故障分析和合理的诊断排查，使得本案例的故障修理任务得以顺利完成。

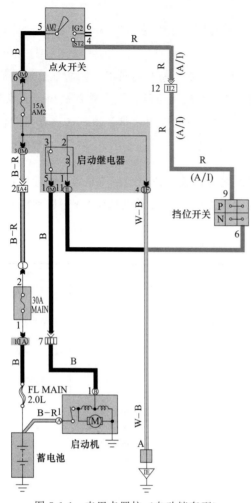

图 5-1-1　丰田卡罗拉（自动挡车型）启动控制电路图

5.1.2　启动转速正常，发动机不着火运行

电控汽油机正常启动必须要具备四个要素，即：正常的气缸压缩压力、恰当的混合气空燃比、足够的点火高压与能量、正确的点火正时。如果某一要素工作异常，便会引起发动机不能启动或启动困难。

故障现象

该类故障所呈现的故障现象通常有两种，一种现象是：将点火开关置于启动"START"挡时，启动机能够带动发动机正常转动，发动机有着火迹象，但仍无法正常运行；另一种现象是：将点火开关置于启动"START"挡时，启动机能够带动发动机正常转动，但发动机丝毫没有着火迹象。

原因分析

电控汽油机正常启动必备的四个要素，其实就包含了发动机无法启动的诸多原因，具体的故障要素和可能的故障原因如表 5-1-3 所示。

表 5-1-3　发动机无法启动的故障原因

故障现象	故障要素	可能的故障原因
启动转速正常,但发动机不着火运行	(1)气缸压力过低或没有	①活塞、活塞环与缸体配合间隙过大
		②气门开启或关闭异常(气门卡滞、气门弯曲、挺柱泄压、凸轮磨损等)
		③进气堵塞(多为空气滤清器堵塞)
		④配气相位错误(正时皮带、链条跳齿或断裂)

续表

故障现象	故障要素	可能的故障原因
启动转速正常,但发动机不着火运行	(2)混合气过浓或过稀	①进气严重泄漏或堵塞
		②燃油压力过高、过低或无油压(燃油泵及控制电路、燃油滤清器、油压调节器等故障)
		③ECM控制或传感器信号故障
	(3)无高压电	①点火线圈或电路故障
		②曲轴/凸轮轴位置传感器或其电路故障
		③ECM故障
	(4)点火过弱	①点火线圈故障
		②火花塞故障
		③高压线故障
	(5)点火正时错误	曲轴或凸轮轴位置传感器安装位置不正确
	(6)排气堵塞	①三元催化器堵塞
		②排气管结冰堵塞
	(7)车辆进入防盗状态	现代车辆通过中断点火或喷油实现发动机防盗

诊断思路

尽管发动机无法启动的故障原因纷繁复杂,但在实际的故障诊断排查过程中,还是应遵循"由主至次,由简至繁"的原则,具体情况具体分析。图5-1-2展示了一种可供参考的发动机无法启动的故障诊断流程。

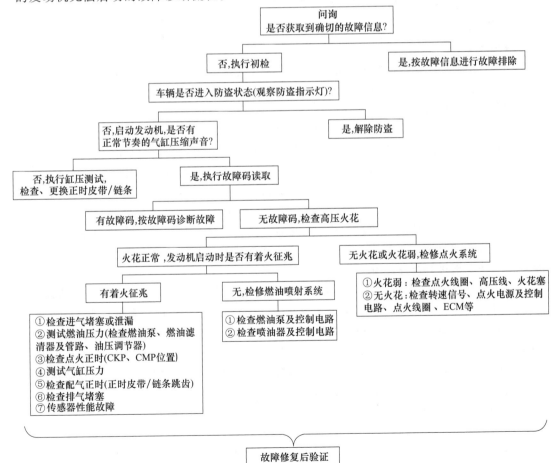

图5-1-2 发动机无法启动的故障诊断流程

提示

无论何时，故障诊断的第一步一定是"问询"，通过从车主处获取足够多的关于车辆状况的一手信息，对于分析故障原因和确定诊断方案将会起到莫大的帮助。除非通过"问询"获取了确切的故障信息，否则，还是应该按照建议的流程进行必要的初检。

发动机工作条件和实践工作经验告诉我们：

① 在启动过程中，发动机有着火迹象，说明发动机是有点火和喷油的，这表明ECM接收到了发动机的转速信号（因为没有转速信号就不会有点火和喷油），也间接说明了发动机转速传感器（曲轴位置传感器CKP或凸轮轴位置传感器CMP）是工作的（但信号是否正确则不能判定）。

② 在启动过程中，发动机如果没有一丝着火迹象，首先倾听发动机的运转声音是否正常，如果运转轻快、没有正常的气缸压缩节奏，基本可以判断为正时皮带/链条断裂或脱齿了，应第一时间检查发动机正时皮带/链条；如果有正常节奏的气缸压缩声音，则说明发动机的点火系统和燃油喷射系统至少有一项是不工作的，这时可以通过观察发动机转速表是否动作、诊断仪数据流中的发动机转速是否为零（正常情况下应为启动转速）来判断发动机转速传感器（CKP、CMP）是否工作。

※ **举案说法**

故障现象：

一辆2002款的大宇主席（Chairman）轿车搭载E32（M162）发动机，在高速公路行驶过程中突然熄火，之后再也启动不了。

故障诊断与排除：

车主打电话求救，在电话中首先向车主了解了故障发生的经过。据车主介绍，该车在行驶过程中一直很正常，后来不知什么时候踩油门踏板加速时发现车辆没有反应，这时才注意到转速表的指针已经归零（发动机熄火）了，在路边停车后多次启动发动机，只是启动机运转，发动机就是无法着火。由于高速公路上无法进行车辆维修，只能联系施救车辆将车拖至修配厂。

根据电话中车主陈述的信息和对车辆进行的初步检查，可以确定汽油箱中汽油充足，因此可以排除因缺少燃油而使汽车无法启动的可能性。于是按照由简单到复杂、由主要到次要的检修原则进行故障排查。

首先，利用大宇/双龙专用检测仪SCAN-100进行发动机电控系统诊断，结果出人意料——"检测仪与发动机ECM之间没有通讯"。我们知道，对于现代高级轿车，通过检测仪读取电控系统的故障码和数据流，是快速、正确判定故障的最有效手段，如果无法与发动机ECM建立通讯，将给排除故障造成很大的障碍，所以，查找检测仪与发动机ECM之间无法通讯的故障原因成了首要解决的问题。在查找故障点之前，首先分析和总结了导致检测仪和发动机ECM无法通讯的可能原因，主要有以下几个方面：

① SCAN-100检测仪自身故障；

② 发动机ECM故障；

③ 发动机ECM线路（如电源、搭铁等）故障；

④ 通讯线路（检测端子线路）故障。

为对上述各种可能的原因有效地进行排除，再次将SCAN-100连接到检测插座上，这次进入"Chairman ABS（主席ABS项目模块）"，结果检测仪与ABS电脑能够正常通讯；进入"SRS（气囊项目模块）"，同样可以实现正常通讯，由此，可以确定，SCAN-100检测仪性能正常，通讯诊断插座（如图5-1-3所示，位于发动机室右减振器后侧靠近前挡风玻璃处）中除发动机ECM通讯线路还不能确定是否正常外，其他通讯线路均可以确定正常。利用万用表Ω挡对发动机ECM与诊断插座间的线路进行测量——导通，从而可以排除通讯线路故障的可能性。至此，可以将故障原因范围锁定在发动机ECM及控制线路上。而这两个原因恰恰与发动机无法启动有着不可分割的关系。

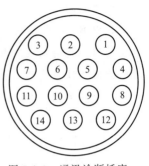

图 5-1-3　通讯诊断插座

发动机电脑检查和控制线路检查相比较而言，线路检查更为容易一些。通过查阅维修手册发现，影响发动机电脑通讯的一个关键部件是过压保护继电器，如图5-1-4所示（位

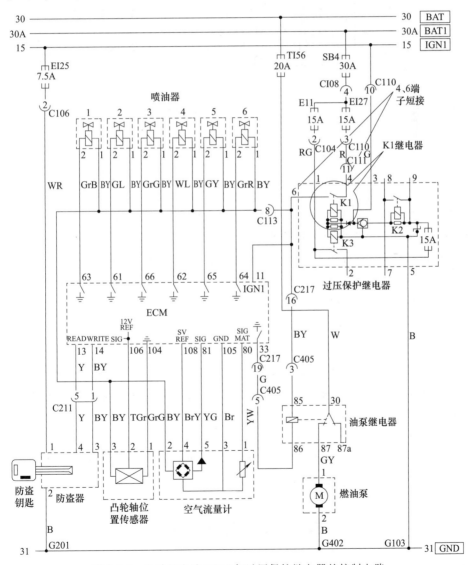

图 5-1-4　发动机电脑ECM与过压保护继电器的控制电路

于发动机室的通讯诊断插座附近）。在过压保护继电器中，包含 K1、K2、K3 三个继电器，其中 K1 继电器用于给发动机电脑 IGN1 端子、燃油泵继电器供电，如果 K1 继电器出现故障，将会使发动机电脑失去点火挡电源供给，从而导致无法与检测仪建立通讯，同时也会使燃油泵由于失去电源而无法运转。

于是，如图 5-1-5 所示，将点火开关拧至"ON"挡，利用电压表测量发动机电脑 ECM（位于发动机室右减振器后侧靠近前挡风玻璃处）的 11 号端子电压，为 0V，这说明 K1 继电器未将电源供给 ECM 的 11 号端子，接下来测量过压保护继电器 6 号端子与发动机电脑 ECM11 号端子间的线路导通性——导通，再分别测量过压保护继电器 3 号、4 号端子与 5 号端子（搭铁端子）间的电压，均为 12V，说明线路没有断路情况，电源、搭铁也均正常，由此可以断定过压保护继电器中的 K1 继电器损坏。

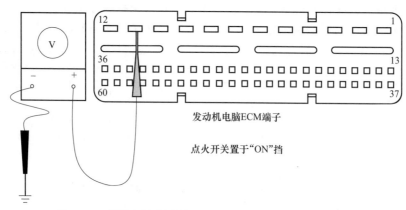

图 5-1-5　利用电压表测量 ECM 11 号端子"IGN1"的电压

为证实故障，将过压保护继电器的 4 号、6 号端子短接（模拟 K1 继电器触点闭合），再进入 SCAN-100 检测仪中的大宇主席"发动机控制模块"，结果通讯正常，启动发动机，发动机也顺利启动，由此更加确定过压保护继电器中的 K1 继电器损坏，拆开继电器外壳，发现 K1 继电器中的线圈烧蚀断路，原因应当是长时间使用疲劳所致。由于 K1、K2、K3 继电器集成于过压保护继电器中，不便于单独更换 K1 继电器，最终更换了过压保护继电器总成，使故障彻底排除。

案例启示：

这起故障之所以能够顺利排除，未走弯路，关键在于在整个故障的排查过程中，维修人员紧紧抓住了"检测仪无法与发动机 ECM 建立通讯"这个故障表象，并进而顺藤摸瓜，找到了故障的罪魁祸首——过压保护继电器。对于汽车维修而言，维修思路和方法可以说没有一定之规，排查一个故障，每个人都有自己的思路和方法，但最终都是殊途同归，因此，如何通过故障现象看出问题的本质，缜密思维，不放过任何的蛛丝马迹，进而制定一套科学合理的检修方案是快速、简捷排除故障的关键。

5.2　发动机启动困难

发动机启动困难的故障一般有冷车启动困难、热车启动困难和始终启动困难三种症状。

5.2.1 冷车启动困难

故障现象

冷车启动困难通常是指当车辆停放较长时间后，发动机恢复到与环境相同的温度，在此状态下，需要多次启动车辆才能着车，而在热车状态下启动表现相对正常的现象。该类故障一般多发生在较冷的季节或地区。

原因分析

由发动机正常起动的四要素（正常的气缸压缩压力、恰当的混合气空燃比、足够的点火高压与能量、正确的点火正时）可知，当某一要素工作异常时，会引起发动机不能启动或启动困难。

发动机冷车启动困难而热车启动正常的故障现象表明：在热车时，四要素全部具备，满足了发动机正常启动的要求；在冷车时，四要素不完备，从而导致冷车启动困难。由此分析，四要素中的哪些要素会因为冷车、热车的变化而改变，那么这些因素就是造成该故障的原因：

① 气缸压缩压力的影响。由于热胀冷缩的影响，如果发动机的活塞、活塞环与气缸壁的配合间隙过大（如活塞环因疲劳或高温而失去弹性等），就会出现冷车气缸压缩压力过低而热车气缸压缩压力增加的情况，从而导致冷车因气缸压缩压力过低而启动困难，但在热车后由于气缸压缩压力增加而容易启动的现象。

② 混合气浓度的影响。冷车启动需要比热车启动更浓的混合气，如果混合气浓度偏稀，就会出现冷车启动困难而热车启动容易的现象。

③ 点火高压与能量的影响。在冷车温度较低、混合气较浓的条件下，需要充足的点火高压与能量才能可靠点燃混合气；而在热车温度较高、混合气偏稀的条件下，即使点火高压与能量偏低也能点燃混合气，所以，如果点火高压与能量降低，就会造成冷车启动困难而热车启动容易的现象。

④ 正确的点火正时。无论冷车还是热车，在启动过程中的点火正时都只采用由曲轴位置传感器 CKP 和凸轮轴位置传感器 CMP 位置确定的基本点火提前角，所以，点火正时不在冷车启动困难而热车启动正常的故障原因之列。

通过上述分析，发动机冷车启动困难而热车启动正常的故障原因主要涉及气缸压缩压力较低、混合气浓度偏稀、点火高压与能量不足三大方面，具体故障原因如表 5-2-1 所示。

表 5-2-1 冷车启动困难故障原因

故障现象	故障要素	可能的故障原因
冷车启动困难，热车启动相对容易	(1)气缸压缩压力较低	①发动机高温过热，活塞环失去弹性，密封不良
		②活塞、活塞环与气缸壁配合间隙过大
	(2)混合气浓度偏稀	①进气漏气(一定程度的漏气)
		②进气量控制故障(电子节气门、急速阀等)，无法实现冷车高怠速而使冷车启动熄火
		③燃油压力低(燃油泵、燃油滤清器及管路、油压调节器等故障)
		④喷油器堵塞，喷油量不够
		⑤传感器故障(如冷却液温度传感器、空气流量计、进气歧管绝对压力传感器等)

续表

故障现象	故障要素	可能的故障原因
冷车启动困难,热车启动相对容易	(3)点火高压与能量不足	①点火线圈故障 ②火花塞故障 ③初级电路电源压降较大

诊断思路

结合故障原因，按照故障诊断基本流程，编制了如图5-2-1所示的发动机冷车启动困难的故障诊断流程。

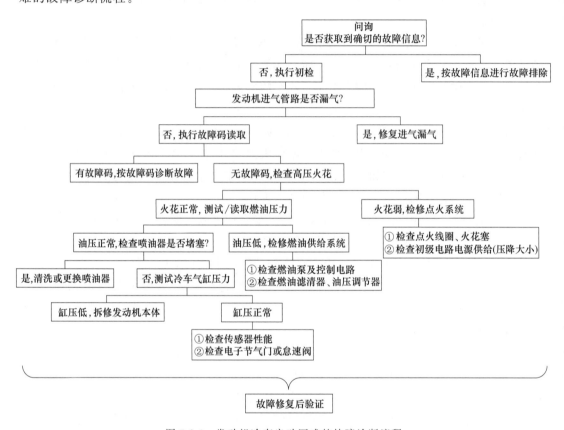

图 5-2-1　发动机冷车启动困难的故障诊断流程

※ 举案说法

故障现象：

一辆2004款的上海通用别克凯越轿车，搭载1.6L发动机，已行驶138600km，车主反映近几天特别是早上冷车启动时非常困难，需要启动五六次后发动机才能勉强启动。

故障验证：

问询车主得知，该车以前从未发生过这种故障，除了例行的维护保养之外，发动机没有进行过任何修理。随后，进行故障现象验证：启动车辆，此时发动机为热车状态，各工况性能均显示正常，发动机怠速稳定，加速性能良好，仪表显示正常。为了再现车主描述的故障现象，在征得车主同意后，将车辆在店里停放一夜。第二天早晨，再次进行启动测试，确如车主所言，需要数次启动后才能着车。

故障诊断与排除：

在启动测试过程中未发现有进气漏气的情况。于是，利用SGM（上汽通用）专用诊断仪TECH-2对发动机电控系统进行诊断，结果显示没有任何故障码；在读取数据流的过程中发现，冷却液温度竟然显示为91℃，该显示值表面上看起来并无异常，但是在北方冬季寒冷的早晨，且在冷车状态下，这个值就明显有问题了（正常情况下，此时的温度显示值应接近于环境温度）。

看来问题的根源找到了：在冷车状态下，冷却液温度传感器为ECM提供了较高的发动机温度信号，ECM因此认为发动机处于正常的工作温度，所以在启动过程中的喷油量远少于实际低温状态下所需要的喷油量，致使混合气过稀，造成冷车启动困难；而在热车状态下，冷却液温度传感器为ECM提供的发动机温度信号接近于发动机正常的工作温度，所以对热车启动没有明显影响。

参考维修手册，断开冷却液温度传感器插头，将点火开关置于"ON"挡，选择万用表的20V直流电压挡，将万用表的红、黑表笔分别接至冷却液温度传感器线束端插头的B、A插脚（参见图5-2-2），测得电压约为5V，说明冷却液温度传感器的信号线路和搭铁线路均正常，ECM提供的信号参考电压也正常。

至此，问题指向了冷却液温度传感器自身。利用万用表电阻挡测量冷却液温度传感器的电阻，为234Ω，查阅维修手册的相关标准，如表5-2-2所示，对应温度在91℃附近，按照此时零下5℃的环境温度，所测的阻值应为12300Ω左右。可见，本故障是由于冷却液温度传感器自身可变电阻的性能异常而引发的。

更换已知良好的冷却液温度传感器，冷车启动发动机，车辆顺利启动，故障确认得以排除。

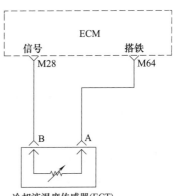

图 5-2-2　别克凯越冷却液温度传感器控制电路图

表 5-2-2　温度与冷却液温度传感器电阻值对照表

温度与电阻值的关系（近似值）	
℃	发动机冷却液温度传感器
	Ω
100	177
90	241
80	332
70	467
60	667
50	973
45	1188
40	1459

续表

温度与电阻值的关系（近似值）	
℃	发动机冷却液温度传感器
	Ω
35	1802
30	2238
25	2796
20	3520
15	4450
10	5670
5	7280
0	9420
−5	12300
−10	16180
−15	21450
−20	28680
−30	52700

案例启示：

本案例故障的顺利排除，一方面得益于修理人员遵循了故障排查的基本流程，另一方面在于维修手册和数据流的有效利用和科学分析。本案例中，冷却液温度传感器的信号不准确但还在其测得范围内，因而ECM无法判别其信号的正确性，所以，不会设置故障码，而且还根据这个不正确的冷却液温度信号控制启动喷油量，以至于导致启动困难。这也给了我们一个重要启示：通过诊断仪器即使没有读到任何故障信息，也不能轻易相信所有的传感器、执行器都是正常的，还要通过读取和分析相关数据流来发现故障的蛛丝马迹。

5.2.2 热车启动困难

故障现象

热车启动困难通常是指冷车启动正常，在发动机运行较长时间已经达到正常工作温度后，将车辆熄火后停放较短时间（如15～30min），当再次启动车辆时，需要多次启动才能着车的故障现象。该类故障一般多发生在夏季或温度较高地区。

原因分析

发动机冷车启动正常而热车启动困难的故障现象表明：在冷车时，发动机正常启动的四要素全部具备，满足了发动机正常启动的要求；在热车时，四要素不完备，从而导致热车启动困难。

在发动机正常启动的四要素中，"气缸压缩压力、点火高压与能量、点火正时"三个要素只要能够满足冷车启动的要求，就必然会满足热车启动的要求，因此，这三个要素不会造成"冷车启动正常，热车启动困难"的故障，如此，只有"混合气浓度"一个要素会引启热车启动困难。具体故障原因如表5-2-3所示。

表 5-2-3　热车启动困难故障原因

故障现象	故障要素	可能的故障原因
冷车启动正常,热车启动困难	混合气浓度不当	①过浓:喷油器滴漏
		②过稀:进气歧管、进气门等处有过炽热的积炭
		③传感器故障(如冷却液温度传感器、空气流量计、进气歧管绝对压力传感器等)

诊断思路

发动机热车启动困难的故障诊断流程如图 5-2-3 所示。

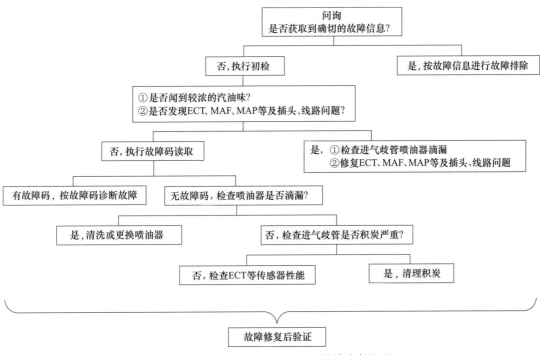

图 5-2-3　发动机热车启动困难的故障诊断流程

※ 举案说法

故障现象：

一辆 2002 年出厂的红旗世纪星 V6 轿车,搭载日产 VG20 发动机,已经行驶 212000km,在夏季频繁出现热车难启动状况。

故障诊断与排除：

据车主反映,该车以前运行都很正常,只是在今年夏天出现了一个奇怪的故障现象：冷车启动很顺利,行驶过程也很正常,但是在热车情况下将车辆熄火,大约半个小时左右再启动车辆,车辆启动会很困难。

受温度影响较大的车辆启动困难故障,多与混合气浓度不合适有关。这样的故障现象大都是由于车况较老,喷油器密封不严造成的。在热车熄火情况下,喷油器滴漏的汽油积聚在进气歧管中,当发动机热车启动时,由于混合气过浓导致启动困难,并且在刚刚启动之后,由于燃烧不完全,排气管可能会出现冒黑烟的现象(在喷油器滴漏燃油较重的情况下)。

为确认车主描述属实，首先进行了故障验证，实际情况表明，在此条件下，需要启动车辆好几次才有可能使发动机运转起来，看来车主所述情况不假。另外，在试车过程中，也注意观察了排出的尾气，没有冒黑烟的症状。如此看来，喷油器燃油滴漏造成启动困难的可能性不大。

按照常规的故障检修流程，先利用X-431检测仪读取车辆的故障信息，结果显示无任何故障存在。又考虑到车辆运行起来之后一切正常，说明发动机本体、进气、排气、燃油供给及点火等诸系统的性能都正常，因此，可以初步判断发动机电控系统中ECM、传感器和执行元件的功能基本都是正常的，故先不纳入检查范围之内。

故障排查是基于对故障原因分析的基础之上的，为能使故障排查有效地进行下去，根据上述对故障现象的观察和初步检查结果，认为：该故障现象还是由混合气问题引起的，其可能的原因主要有如下两个方面：

① 喷油器滴漏；

② 进气歧管积炭。

前面已经提到，喷油器滴漏会造成进气歧管内积聚的燃油或燃油蒸气过多，当热车启动时，由于混合气过浓而导致启动困难。而进气歧管积炭的影响则恰恰相反，在发动机热态时，进气歧管管壁上所附着的积炭温度也较高，高温的积炭会吸附喷油器所喷射的一部分燃油，于是造成进入燃烧室的混合气过稀，从而引起发动机启动困难。

由于在热车状态下，发动机启动所要求的混合气相对较稀，因此，鉴于对以上故障原因的分析，虽然喷油器滴漏的可能性不大，但还是应当首先对喷油器是否滴漏进行排查。

按照"由简至繁"的检修原则，对喷油器是否滴漏先后进行了以下检测：

(1) 残余油压测试

之所以在发动机熄火情况下，针阀密封不严的喷油器会把燃油滴漏到进气歧管中，其原因是汽油发动机电子燃油喷射系统在设计时考虑到为使发动机便于启动而使供油管路中保存一定的残余油压。在发动机熄火后，供油管路中的系统油压（即残余油压）在正常情况下会在一定时间段内保持相对稳定，不会有大幅度下降，因此，如果残余油压下降过快，就意味着管路中有泄压之处，而残余油压下降的原因主要有四个方面：一是喷油器滴漏，二是燃油压力调节器渗漏，三是电动燃油泵的单向止回阀卡滞，四是供油管路泄漏。由于发动机运行时各工况均正常，所以可以排除燃油压力调节器渗漏和供油管路泄漏的可能。通过安装燃油压力表进行测试，结果发现油压有一定幅度的下降，但不是在点火开关关闭后马上降至零，这表明电动燃油泵的单向止回阀功能正常（如果阀卡滞，系统油压在油泵停止运转后会立刻降至零），如此看来，喷油器滴漏还是有可能的。但本项测试还无法确定喷油器的滴漏情况。

(2) 通过在发动机熄火时泄放掉残余油压，以消除燃油滴漏的前提条件

为此，在发动机运转的情况下拔掉燃油泵继电器，让发动机自行熄火以消耗掉供油管路中的燃油，然后，关闭点火开关，恢复燃油泵继电器。等待半小时左右，开启点火开关至"ON"挡并等待5s，直至燃油泵动作（建立初始油压）完毕为止，启动发动机，观察启动是否顺利。然而，试验结果表明，发动机启动依然困难。

通过以上两项测试，可以初步确定喷油器滴漏的判断是不成立的。接下来就应该检查

进气歧管的积炭情况，而 VG20DE 发动机的进气歧管拆卸是比较复杂的，需要对油轨（含喷油器）进行拆卸，所以，在拆卸进气歧管的过程中，趁机对喷油器滴漏情况进行了验证性试验，在发动机熄火状态下为电动燃油泵供电，建立系统油压。然后观察喷油器的喷孔情况，未发现有泄漏，这也证实了前期通过测试得出的推断。同时，通过喷油器位于进气歧管的安装座孔，观察到管壁上的确附着了厚厚的黑色积炭，看来问题已经找到了，于是，对进气歧管进行了彻底拆卸和分解，拆解后发现，不仅进气歧管中存有大量的积炭，而且在进气门背面也积聚了厚厚的积炭。将积炭清理干净，恢复安装，试车，故障消除。

案例启示：

针对发动机启动困难这一故障，该案例提供了如下几点值得学习和借鉴的思路和方法。

(1) 对故障原因正确的分析

① 受温度影响较大的车辆启动困难故障，多与混合气浓度不合适有关，主要包括喷油器滴漏、进气歧管积炭两个方面。喷油器滴漏会造成进气歧管内积聚的燃油或燃油蒸气过多，当热车启动时，由于混合气过浓而导致启动困难；而进气歧管积炭的影响则恰恰相反，在发动机热态时，进气歧管管壁上所附着的积炭温度也较高，高温的积炭会吸附喷油器所喷射的一部分燃油，于是造成进入燃烧室的混合气过稀，从而引起发动机启动困难。

② 车辆运行起来之后一切正常，说明发动机本体、进气、排气、燃油供给及点火等诸系统的性能都正常，因此，可以初步判断发动机电控系统中 ECM、传感器和执行元件的功能基本都是正常的，看来故障现象还是由混合气问题引起的。

③ 残余油压下降的原因主要有四个方面：喷油器滴漏、燃油压力调节器渗漏、电动燃油泵单向止回阀卡滞、供油管路泄漏。由于发动机运行时各工况均正常，所以可以排除燃油压力调节器渗漏和供油管路泄漏的可能。通过安装燃油压力表进行测试，结果发现油压有一定幅度的下降，但不是在点火开关关闭后马上降至零，这表明电动燃油泵的单向止回阀功能正常（如果阀卡滞，系统油压在油泵停止运转后会立刻降至零），如此看来，喷油器滴漏还是有可能的。

(2) 恰当好用的诊断方法

① 如果由于混合气过浓导致启动困难，那么在刚刚启动之后，由于燃烧不完全，排气管可能会出现冒黑烟的现象（在喷油器滴漏燃油较重的情况下）。

② 通过在发动机熄火时泄放掉残余油压，消除燃油滴漏的前提条件——在发动机运转的情况下拔掉燃油泵继电器，让发动机自行熄火以消耗掉供油管路中的燃油，然后，关闭点火开关，恢复燃油泵继电器。等待半小时左右，开启点火开关至"ON"挡并等待 5s，直至燃油泵动作（建立初始油压）完毕为止，启动发动机，观察启动是否顺利。如果顺利启动，说明喷油器确有滴漏。

5.2.3 始终启动困难

故障现象

始终启动困难是指无论何时（冷车或热车）启动车辆，都需要启动机长时间运转或多次启动才能着车的故障。该故障通常有两种不同的故障现象：一种是启动困难，但启动后发动机运行正常；另一种是启动困难，启动后运行也不平稳。

原因分析

(1)"启动困难，但启动后发动机运行正常"的故障原因分析

"启动困难，但启动后发动机运行正常"这一故障现象，表明发动机启动后的"气缸压缩压力、点火高压与能量、混合气浓度、点火正时"四要素都能满足发动机正常运行的要求，在这四要素中唯一能在启动过程中出现问题、而在发动机运行后变得正常的就是"点火正时"。我们都知道，发动机判缸信号的正确与否直接关系到点火正时的对与错，而判缸信号来自于曲轴位置传感器 CKP 和凸轮轴位置传感器 CMP（究竟判缸信号取决于 CKP、CMP，还是 CKP 与 CMP 的配合，应视具体车型而定），如果曲轴位置传感器或凸轮轴位置传感器出现问题，ECM 就无法正确判断和计算各缸的压缩上止点，在这种情况下，有的发动机电控系统的 ECM 只能盲目试验性地进行点火，如果点火恰好与气缸的压缩冲程吻合，则发动机就会点火、做功并正常运行起来，否则，ECM 只能在启动过程中继续点火试探以至于发动机无法启动。

 提示

由于受到控制机理差异的影响，当曲轴位置传感器 CKP 或凸轮轴位置传感器 CMP 发生故障时，某些发动机是没有点火输出的，因此，发动机就无法启动。譬如，对于分组点火控制系统，如果发动机电控系统只有曲轴位置传感器 CKP 而没有凸轮轴位置传感器 CMP，当曲轴位置传感器 CKP 损坏时，发动机将不会点火。

可见，导致"启动困难，但启动后发动机运行正常"这一故障的根本原因就是启动过程中判缸信号的丢失或错误，但转速信号正常（多为凸轮轴位置传感器 CMP 故障），因此，在启动过程中一旦恰巧在压缩冲程末了点火，发动机就会启动，并以此点火启动的时刻作为基准，计算出后续各缸的点火时刻，从而保证发动机正常运转。

(2)"启动困难，启动后运行也不平稳"的故障原因分析

对于"启动困难，启动后运行也不平稳"的故障，"气缸压缩压力、点火高压与能量、混合气浓度、点火正时"四要素中的任一要素出现问题，都可能导致该故障的发生。具体故障原因如表 5-2-4 所示。

表 5-2-4 "启动困难，启动后运行也不平稳"的故障原因

故障现象	故障要素	可能的故障原因
启动困难,启动后运行也不平稳	(1)气缸压缩压力较低	①气门密封不严（卡滞、弯曲、积炭等）
		②气门升程过小（凸轮磨损、挺柱泄压等）
		③活塞、活塞环与气缸壁配合间隙过大
		④配气相位错误
	(2)混合气浓度	①进气漏气或堵塞
		②燃油压力过低或过高（燃油泵、燃油滤清器及管路、油压调节器等故障）
		③喷油器堵塞
	(3)点火高压与能量低	①点火线圈故障
		②火花塞故障
		③初级电路电源压降较大
	(4)点火正时	错误的配气相位导致 CKP 与 CMP 相对位置错误,造成点火正时错误或无法确定
	(5)排气	排气堵塞较为严重,但未完全堵死

诊断思路

① "启动困难，但启动后发动机运行正常"的故障诊断流程，如图5-2-4所示。

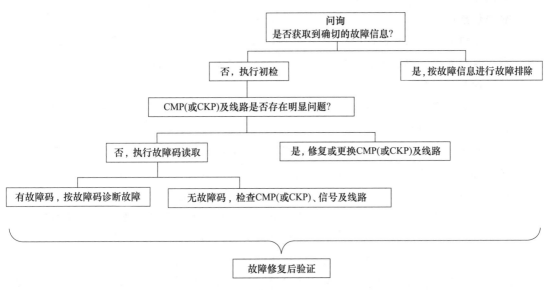

图5-2-4 "启动困难，但启动后发动机运行正常"的故障诊断流程

② "启动困难，启动后运行也不平稳"的故障诊断流程，如图5-2-5所示。

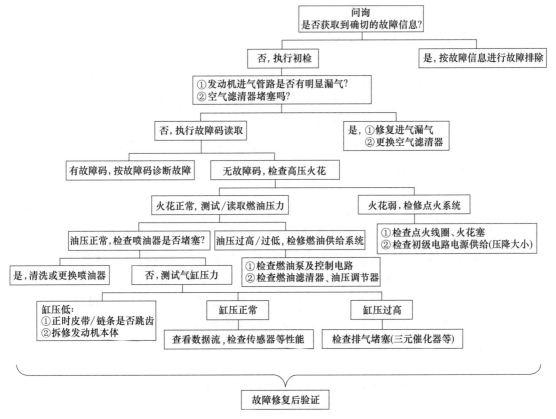

图5-2-5 "启动困难，启动后运行也不平稳"的故障诊断流程

※ 举案说法

案例1

故障现象：

一辆丰田亚洲龙（AVALON）3.0轿车，搭载1MZ发动机，车主报修：不论冷车热车，每次启动发动机都需要较长时间，很不顺利，但着车之后就正常了。

故障诊断与排除：

与车主交流得知，该车原本很容易启动，最近在家附近的修配厂更换了发电机皮带，之后就出现了启动困难的问题。

根据车主提供的信息，进行了实车检查：①读取故障信息，无任何故障代码存在，数据流显示也正常；②发电机皮带确为新换。但更换发动机外围的皮带从原理上讲不会对发动机的启动造成任何影响，而按照车主的说法，故障肯定是在更换发电机皮带之后产生的，因此猜测：是否可能修理人员在更换发电机皮带的过程中影响或触及到了某些部位或部件，而导致了该故障的发生？于是，对发动机前端的发电机皮带周围进行了重点排查，结果发现凸轮轴传感器靠近插接器的线束位置用绝缘胶带重新包过，随即打开绝缘胶带，发现凸轮轴位置传感器的两条线路由于高温老化塑料外皮已经完全脱落，裸露的铜线也是断裂后重新接上的。"会不会是凸轮轴位置传感器线路接反而造成了发动机启动困难的故障呢？"抱着这个想法，将凸轮轴位置传感器的两条线路进行了调换连接，然后进行启动试验，结果发动机顺利启动。多次测试，每次都能顺利启动。看来，问题确实出在凸轮轴位置传感器的线路错接上。

为了能够使车主信服，又将线路恢复原状，发动机随即出现了启动困难的症状。在此情况下，利用车用示波器对该车和另一辆同型号、性能正常的轿车分别进行了凸轮轴位置传感器波形的测试，结果发现该车凸轮轴位置传感器发出的波形与正常车辆的波形在同一时刻的波峰相反，由此可以推断：修理人员在更换发电机皮带的过程中碰断了已经老化的凸轮轴位置传感器的线束，由于线束的塑料外皮已经脱离，无法判断两条线的接脚位置，所以修理人员随意将两条线路进行了连接，从而导致凸轮轴位置传感器信号出现了偏差，最终呈现出"发动机启动困难，但启动后一切正常"的故障现象。

案例启示：

本案例故障的顺利排除，关键在于以下几个方面：一是对车主信息的关注和分析；二是仔细地观察；三是对凸轮轴位置传感器类型及原理的熟练掌握和灵活应用。在本案例中，作者利用示波器进行凸轮轴位置传感器波形的测试，非常直观地展现了由于线路反接而使磁脉冲式凸轮轴位置传感器信号波形相差180°的图像，从根本上阐释了故障的本因。这种科学、灵活选择和运用检测仪器设备的能力值得学习与借鉴。

案例2

（注：转引《2008款迈腾起动故障》，黑启勇，汽车维修与保养杂志，2013年第2期）

故障现象：

一辆2008款一汽大众迈腾轿车，搭载1.8L TSI发动机，已行驶164000km。车主报修说该车在启动时启动机要运转很长时间才能着车,并且着车后怠速有轻微抖动。

故障诊断与排除:

通过与车主交谈得知,该车故障发生的时间不长,几天前曾因发动机抖动而更换了全部点火线圈和火花塞,但并未见好转。

根据车主的描述进行实车查验。试车时第一次没有打着车,第二次启动机工作较长时间才着车,要比正常车辆长好几秒,启动后发动机有轻微抖动,加速性能尚可。

针对这一故障现象,首先连接VAS 5054A专用检测仪读取发动机电控系统的故障信息,显示出的故障码很多,大多是缺火性偶发故障,但其中存在一个"P0016——曲轴位置与凸轮轴位置相关性,气缸列1传感器A"的当前故障码。试删除故障码,多次启动后再次读取故障信息,发现P0016仍为当前故障。以该故障码为线索,查看数据流第91组的第3区、第4区数据(第3区代表进气凸轮轴的目标正时角度,第4区代表进气凸轮轴的实际正时角度),显示数据一样,证明可变正时部分无故障。

查看维修资料,了解故障码P0016的设置条件:曲轴位置传感器信号与凸轮轴位置传感器信号偏差超限;故障范围为机械系统(正时链条跳齿或链条变形)和ECU。

根据所获取的故障信息,试断开凸轮轴和曲轴位置传感器,ECU中产生了相应的故障码,证明ECU对传感器的检测和执行器控制没有问题,于是重点检查发动机正时部分。折下正时链上部盖板,转动曲轴找到链条上的正时记号,凸轮轴记号中间链节为9个,接着转动曲轴到上止点,两凸轮轴记号点间的链节为10个,确定正时链条出了故障。折下下部盖板,发现正时胀紧器活塞已经到了最大行程,但链条仍未压紧。折下涨紧器和正时链条,分解胀紧器,发现内部齿条已经损坏,对比新旧链条,旧链条已经变形。更换损坏的零件,重新按正确的正时安装,清除故障码后试车,该车启动迅速,发动机工作平稳。再次检查电控系统无故障记录,确认故障已经排除。

案例启示:

该车故障是由于正时链条磨损变形,引起胀紧器在其有效行程内不能给导轨一个足够的胀紧力,从而使链条松弛引起跳齿而导致的。正时的错误造成了曲轴和凸轮轴位置出现偏差,这一偏差ECU会通过比较曲轴和凸轮轴信号得以确认,并记录故障码,同时启动"回家模式"。有该故障码后发动机启动性能变差,如果不删除故障码,发动机在一定的循环内将始终故障依旧。这种故障在多气门发动机上表现尤为明显。

5.3 发动机怠速运转异常

发动机怠速是指在正常工作温度下,发动机不对外做功所能维持的最低的稳定转速。发动机的怠速范围一般在750~850r/min之间。发动机怠速运转异常的故障多为无冷车高怠速、怠速过高、怠速不稳三种类型。

5.3.1 发动机无冷车高怠速

为了使发动机能够快速暖机升温,无论是老式车辆还是现代汽车都设置了冷车高怠速的机构或控制功能。以现代电控汽油发动机为例，ECM 根据冷却液温度传感器 ECT 信号（或者通过冷却液温度传感器 ECT 和进气温度传感器 IAT 的信号比较）来判定发动机是否处于冷车状态，如果确定为冷车状态，ECM 会控制发动机在启动后通过调节急速控制阀或电子节气门增加进气量，ECM 根据空气流量计 MAF、进气歧管绝对压力传感器 MAP 或节气门位置传感器 TPS 等发送的进气量（或负荷）信息计算喷油量，并通过冷却液温度传感器 ECT 等修正喷油量，形成较浓的混合气，以满足发动机高急速的需要。

 提示

冷车高急速，虽然转速高于正常急速，但仍为急速，大多发动机的冷车高急速一般不超过 2000r/min，如果超过 2000r/min，ECM 会进行断油控制，从而出现发动机急速喘振（游车）的现象。这种现象多发生在急速控制阀卡滞或进气歧管漏气的情况下。

故障现象

发动机无冷车高急速通常是指在车辆冷车启动后，发动机急速没有保持较高的转速状态。

原因分析

通过电控汽油发动机冷车高急速的控制原理可知，在发动机本体机能正常（正常的气缸压缩压力、正确的配气相位等）和点火性能正常（足够的点火高压与能量、正确的点火正时等）的前提下，ECM 根据冷车程度调节急速控制阀或电子节气门的开度，恰当增加进气量，并通过空气流量计 MAF、冷却液温度传感器 ECT 等传感器发送的进气量和温度信息计算和修正喷油量，形成较浓的混合气，以满足发动机冷车高急速的需要。

注意：我们通常所提到的发动机无冷车高急速的故障，一般是指在冷车状态下发动机转速没有提升，而其他工况性能均正常的情况。以此为前提，依据电控汽油发动机冷车高急速的控制原理，造成冷车无高急速的原因主要集中在混合气的控制方面，具体如表 5-3-1 所示。

表 5-3-1 发动机无冷车高急速的故障原因

故障现象	故障要素	可能的故障原因
冷车状态下发动机无急速，其他工况性能都正常	(1)执行器故障	①急速控制阀卡滞/积炭、线路及控制故障
		②电子节气门积炭
	(2)传感器故障	冷却液温度 ECT 等传感器及线路故障
	(3)ECM 故障	—

诊断思路

发动机无冷车高急速的故障诊断流程如图 5-3-1 所示。

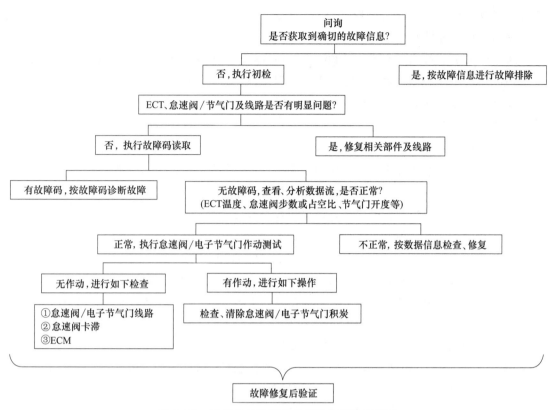

图 5-3-1 发动机无冷车高怠速的故障诊断流程

※ 举案说法

（注：此案例转引《瑞风商务车发动机无冷车高怠速》，赵宝平、张爱琴，汽车维护与修理杂志，2012 年第 9 期）

故障现象：

一辆 2004 年产的瑞风商务车，搭载现代 G4JS 2.4 L 发动机和手动变速器，行驶里程超过 500000km，该车因发动机无冷车高怠速而进厂维修。

故障诊断：

据驾驶人反映，该车发动机无冷车高怠速的情况已经有 2 年多了，为此曾经检修过多次，但故障现象仍然存在，为排除此故障，已对节气门、进气道和喷油器进行过多次清洗，近期又对发动机进行了大修。此外，车辆已更换过很多元件，如火花塞、点火线圈、分缸线、冷却液温度传感器、曲轴位置传感器、凸轮轴位置传感器、燃油泵、节气门总成及三元催化转化器等，但故障依旧。

仔细询问驾驶人后得知，该车的故障具体表现为：在冬季，冷车启动时若不踩下加速踏板，发动机虽有着车迹象但难以启动，即使着车发动机也会自动熄火，必须稳住加速踏板，待发动机达到一定温度后，发动机才能保持正常怠速运行；而在夏季，冷车启动时则不需要踩下加速踏板也能一次性启动着车，但是在发动机启动着车后，最高转速达不到 1000r/min，即没有高怠速。

试车验证故障，发现在发动机启动后，转速最高只能达到 800r/min，发动机着车后怠速运行较平稳（发动机刚大修完毕），加速顺畅；接通空调开关，空调系统能够工作。但发动机转速没有提升。

正常情况下，瑞风商务车发动机冷车启动后转速应达到1500～1800r/min。随着发动机冷却液温度的升高，发动机怠速会慢慢下降，直到约750r/min的标准转速。而冷车启动后高怠速运转的目的是使发动机尽快达到暖机状态。通常情况下，电控汽油发动机在冷车启动着车后，都会高怠速运转一段时间（通常为1～3min），环境温度不同，发动机高怠速运行的时间也有所不同。当发动机温度达标后，发动机将进入正常怠速运行状态。而所谓的发动机冷车高怠速实际上是发动机ECU控制喷油器增大喷油脉宽，并通过怠速控制阀使节气门开度加大，增加进气量，从而使发动机高怠速运转。

分析可知，造成发动机无冷车高怠速的原因可能是发动机节气门位置传感器信号线断路、节气门位置传感器损坏、节气门脏堵、怠速控制阀故障、怠速控制阀与发动机ECU之间线路通讯不良、发动机ECU的连接器插接不牢固及发动机ECU自身故障等。

连接检测仪读取故障代码，无故障代码存储。读取发动机怠速时数据流（热车），其结果为：前氧传感器信号电压在0～900mV不断变化（正常）；空气流量传感器的信号电压为256.1 mV（略低）；进气温度为38℃（正常）；节气门位置传感器的信号电压为332mV（正常）；蓄电池电压为13.8V（正常）；冷却液温度为96℃（正常）；发动机转速749.9r/min（正常），发动机负荷为17.5%；喷油器喷油脉宽为2.0ms（偏低）；点火正时为8.5°（在正常范围内）；怠速控制阀占空比为33.5%（偏低），长期燃油修正值为－4.7%（不变化），短期燃油修正值为0.8%（不变化）。

通过分析上述检测结果，基本可以判断发动机本身没有问题，故障原因主要还是在怠速控制方面，而怠速控制主要取决于节气门总成及其线路、发动机ECU工作的好坏。通过数据流可以看出节气门位置传感器信号电压在正常值范围内，唯有怠速控制阀占空比数值偏低，而影响怠速控制阀占空比的可能因素只有怠速控制阀线圈的电阻、蓄电池电压、怠速控制阀供电线路及发动机ECU。

为了检查与验证怠速控制阀工作的好坏及其线路情况，对怠速控制阀及其控制线路用万用表进行了仔细检测。经检测，怠速控制阀端子1与端子3之间的电阻为33.7Ω（正常）；端子1与端子2及端子2与端子3之间的电阻均约为16.8Ω（正常）；怠速控制阀3P连接器的端子1与端子2之间的电压为12.23 V（正常）；端子2与端子3之间的电压为12.21V（正常）。这说明怠速控制阀及其控制线路均正常，看来故障出在发动机ECU。

为了确保一次性排除故障，在更换发动机ECU之前，又对发动机线束进行了仔细检查与确认，确认发动机线束无故障后，更换发动机ECU。

故障排除：

更换发动机ECU后，发动机在起动着车后转速达到1500～1800r/min（高怠速运转），随后缓慢恢复至正常怠速（约750r/min），且在接通空调开关后，发动机能够自动提速至1000r/min左右。再次读取发动机怠速时的数据流，各项数据流均恢复正常值：前氧传感器信号电压在0～900mV不停变化，空气流量传感器信号电压为273mV，进气温度为38.5℃，节气门位置传感器信号电压为331 mV，蓄电池电压为13.8V，冷却液温度为93℃，发动机转速为749.9r/min，发动机负荷为17.8%，喷油器喷油脉宽在2.3～

2.6ms跳变,点火正时在6.5～9.5℃跳变且能够自动修正,怠速控制阀占空比为37.8%(接通空调开关后怠速控制阀占空比为48%～52%),长期燃油修正值及短期燃油修正值均能在±11%以内自由修正,至此故障排除。

案例启示：

本案例作者之所以较为顺利地完成了故障检修任务,与其遵循了"问询→初检→读取故障码→分析数据流→判断→部件检测→修复后验证"这一较为完整的故障排查思路是分不开的；而之前的维修作业则没有任何思路和章法,浪费了大量的时间和费用不说,最终也没能解决问题。通过前后两次截然不同的维修经历比较,可以看出：正确的故障排查思路是多么重要！

5.3.2 发动机怠速过高

故障现象

发动机怠速过高是指当发动机达到正常工作温度后,仍然保持较高怠速（超过正常怠速较多）的故障现象。

原因分析

发动机怠速过高是由怠速时进气量过多或发动机控制信号错误引起的。怠速时进气量过多,既与机械故障（如节气门卡滞、真空漏气等）有关,也与系统控制（如怠速控制阀、电子节气门控制等）有关；发动机控制信号错误则多与冷却液温度ECT等传感器和开关信号（如空调开关信号）等相关。造成发动机怠速过高的具体原因如表5-3-2所示。

注意：我们所提到的发动机怠速过高的故障,通常是指发动机除怠速转速过高外,其他工况性能均正常的情况。

表5-3-2 发动机怠速过高的故障原因

故障现象	故障要素	可能的故障原因
正常工作温度下,发动机仍保持高于正常怠速较高的转速	(1)机械故障	①机械拉索式节气门卡滞,关闭不严 ②真空漏气(适用于MAP计量进气量),包括曲轴箱强制通风故障
	(2)执行器故障	①怠速控制阀卡滞、线路及控制故障 ②怠速阀、电子节气门清洗后未正确复位
	(3)传感器等信号故障	①冷却液温度ECT等传感器性能故障 ②空调开关等信号故障
	(4)充电系统故障	发电机充电电压低
	(5)ECM故障	—

提示

(1) 冷却液温度传感器对怠速过高的影响

如果冷却液温度传感器性能出现问题,其向ECM提供的发动机温度信号就会出现偏差,错误的温度信号会使ECM对发动机怠速实施错误的控制。譬如,在正常工作温度下，冷却液温度传感器却向ECM输送了较低（如15℃）的温度信号，ECM会据此信号对怠速控制阀或电子节气门进行调整，同时对喷油量和点火正时进行修正（与正常温度信号下的修正相比，喷油量增浓、点火提前角增大），这些因素都最终造成了发动机怠速过高。

性能出现问题的冷却液温度传感器，虽然其提供的信号出现了偏差，但由于该信号仍在冷却液温度传感器检测的范围之内，所以ECM无法识别其偏差错误，也不会设置故障信息。针对这种故障，首先要认真分析数据流，进而进行必要的排查，具体方法是：拔掉冷却液温度传感器线束插头，如果发动机怠速转速恢复正常，则说明冷却液温度传感器有故障，向ECM输入了过低的冷却液温度信号。之所以会有这种现象，是因为：在拔掉冷却液温度传感器插头后，ECM的失效保护功能开始起作用，ECM自动将冷却液温度设定为80℃（尽管此时数据流显示为－40℃），且冷却风扇会高速运转。

(2) 真空漏气对怠速过高的影响

真空漏气也会造成发动机怠速过高。这种情况多出现在以进气歧管绝对压力传感器MAP为进气计量传感器的发动机电控系统中（如果是采用空气流量计MAF的发动机电控系统，当真空漏气时通常会出现怠速不稳的现象）。这是因为即使进气歧管漏气，MAP也能真实地监测到进气压力，为ECM提供正确的进气量信号。在正常怠速工况下，由于发动机额外多进了空气，而且多进的空气信息也被ECM获取，所以，ECM会以实际的进气量信息为依据增大喷油量，使混合气增加，进而造成了怠速的提高。需要注意的是：真空漏气的程度是能否造成怠速过高的重要因素，如果漏气过大，可能会出现发动机喘振甚至熄火。

一个常常被忽略的真空漏气原因是曲轴箱强制通风系统（即PCV系统）。如果PCV阀卡滞常开，就会使节气门前的新鲜空气与曲轴箱内的窜气所形成的混合气大量进入进气歧管，从而使进气量增加，怠速升高。其检测方法是：将通往PCV阀的软管夹紧或堵住与PCV阀连接的进气歧管接口，如果发动机转速随之下降，则说明PCV阀在怠速时漏气，应清洗或更换PCV阀。

(3) 怠速位置复位对怠速过高的影响

发动机运行一段时间后，在怠速控制阀或电子节气门处不断形成的积炭会引起怠速过低或怠速不稳，为此，应定期对怠速控制阀或电子节气门进行清洗，但清洗后的怠速控制阀或电子节气门必须要进行复位操作（或初始化操作），以使ECM能够正确控制怠速控制阀或电子节气门使发动机处于正常的怠速。如果怠速控制阀或电子节气门在清洗完成后没有进行复位操作，则会造成发动机怠速居高不下，需要经过若干个点火循环之后才能逐渐趋于正常的怠速转速。

(4) 充电电压过低对怠速过高的影响

在发动机运行过程中，ECM会时刻监控系统充电电压的高低，如果蓄电池电压长时间过低，ECM会试图通过提高发动机转速（即提高发电机转速）来提高发电机的发电量。因此，如果发动机怠速一直过高，应测量发电机充电电压，若低于12V，应检修充电系统。

诊断思路

发动机怠速过高的故障诊断流程如图 5-3-2 所示。

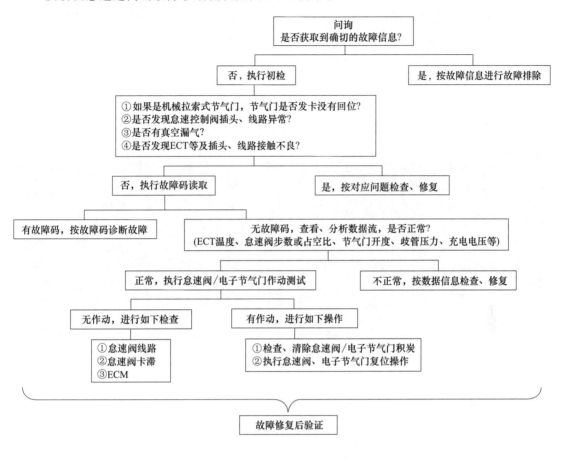

图 5-3-2　发动机怠速过高的故障诊断流程

※ 举案说法

故障现象：

一辆本田 Stream（时韵）MPV 汽车，搭载 2.0L DOHC i-VTEC 发动机，已行驶 169000KM，车辆出现怠速居高不下的故障。

故障诊断与排除：

与车主交流得知，该车发动机以前运行一直很正常，最近一段时间发现油耗增加明显，仔细观察发现，发动机从冷车启动开始就一直居高不下，多数情况下都维持在 1500r/min 左右，行车一段时间后停车怠速，发动机转速偶尔可以降至 1000r/min。

根据车主介绍的情况，决定先行验证该故障现象。接上诊断设备，首先执行故障诊断，无任何故障码存在。接下来，在环境温度为 7℃ 的条件下，对车辆进行冷车状态启动，仪表盘的转速表显示发动机转速约为 1700r/min，稍后，又通过诊断设备对发动机运行的数据流进行观察，发现冷却液温度上升到 38℃，发动机转速为 1679r/min，此时怠速空气控制指令的步数为 92（如图 5-3-3 所示）。在运转了一段时间之后，再次观察诊断设备上的发动机运行数据流，发现水温已上升到 60℃，怠速稍有下降，为 1349r/min，而此时怠速空气控制指令的步数为17（如图5-3-4所示）。

本田Stream（时韵）MPV的发动机怠速控制系统采用的是旋转电磁阀式的怠速控制阀。发动机ECU为其提供的步数指令越大，怠速阀的开度就越大，相应的发动机怠速转速就越高。反之，发动机ECU为其提供的步数指令越小，怠速阀的开度就越小，相应的发动机怠速转速就越低。基于这种控制关系，通过分析这一区间的数据流可知，随着冷却液温度的持续升高，发动机ECU输出的怠速空气控制指令的步数快速减小，说明发动机ECU对怠速的控制是正常的，而转速下降很少，并没有达到预期的目标值，这表明是执行元件（即怠速控制阀）并没有按照ECU的指令减小怠速通道。

图5-3-3　数据流（一）

图5-3-4　数据流（二）

为了验证这一判断，在热车状态下，开启空调，如图5-3-5所示，发动机转速立刻下降至497r/min，而此时发动机ECU输出的怠速空气控制指令的步数为62。这一试验证实，ECU的控制是正常的，但发动机的怠速并没有因为空调系统的开启而提升，反倒下降了，这充分可以肯定故障点就是怠速控制阀本身。

于是，着手拆卸怠速控制阀。在先期拆下进气软管的过程中，发现进气软管已经破碎裂口（如图5-3-6所示），而这个裂口就使得空气滤清器形同虚设，未被过滤的脏空气直接进入怠速控制阀，势必会造成其脏污、卡滞，无法执行ECU的指令。看来，破裂的进气软管才是真正的罪魁祸首。

图5-3-5　数据流（三）

图5-3-6　进气软管

根据上述的判断，从节气门体上拆下怠速控制阀，其阀门上被厚厚的泥土所包覆，已经到了几乎无法转动的程度，如图 5-3-7 所示。

利用清洗剂对怠速控制阀进行了彻底清洗，重新安装，并更换了新的进气软管，再次进行试车。如图 5-3-8 所示，在水温为 81℃ 的热车条件下，发动机 ECU 输出的怠速空气控制指令的步数减小至 5，发动机怠速也明显降至 670r/min，达到了正常范围。此时，再次开启空调，如图 5-3-9 所示，发动机 ECU 输出的怠速空气控制指令的步数上升到 29，发动机怠速也升高至 770r/min，清晰地体现出了空调怠速提升的效果。

图 5-3-7　怠速控制阀

图 5-3-8　数据流（四）

案例启示：

如同本案例的故障一样，汽车的很多故障并没有故障代码的提示，失去了故障信息的指引，维修人员往往不知从何入手。针对这种情况，维修人员所能够用以考量的信息主要来自于两个方面：一个是对故障现象的了解，另一个就是对数据流的分析。通过确认故障现象，可以对可能的故障原因进行初步归纳，通过读取数据流，可以对所怀疑的系统或部件运行状况的合理性和正确性进行分析，必要时还可以通过作动测试（如本案例通过开启空调，观察发动机转速的变化和怠速控制阀步数的变化）对所怀疑部分的数据信息进行进一步解读，这对快速、准确地锁定真正的故障原因是非常有帮助的。当然，对故障现象的正确洞察和对数据信息的科学分析，均是以扎实的专业理论知识和丰富的实战经验作为前提和基础的。

图 5-3-9　数据流（五）

5.3.3　发动机怠速不稳

故障现象

发动机怠速不稳是指在正常工作温度下，发动机不能维持正常稳定的怠速转速。较为典型的故障现象有：发动机怠速均匀（缺缸）抖动、发动机怠速不规律抖动、发动机怠速喘振（游车）等。

原因分析

能够导致发动机怠速不稳的因素有很多，几乎涵盖了发动机机械、混合气配比、电控等方方面面。具体如表 5-3-3 所示。

表 5-3-3　发动机怠速不稳的故障原因

故障现象	故障要素	可能的故障原因
发动机怠速均匀（缺缸）抖动	(1)机械故障	①一个或若干气缸缸压过低(气门、活塞密封不严) ②真空漏气(某一缸进气歧管)
	(2)供油故障	一个或若干气缸喷油器不工作
	(3)点火故障	一个或若干气缸未点火(火花塞、点火线圈、高压线等问题)
发动机怠速不规律抖动	(1)机械故障	①配气相位偏差 ②缸压偏低(气门、活塞密封不良，气门升程不够等) ③节气门、怠速阀积炭 ④进气漏气
	(2)供油故障	①供油压力过高或过低 ②喷油器堵塞或磨损(喷油量偏少或偏多)
	(3)点火故障	高压火花弱、间歇断火(火花塞、点火线圈、高压线等问题)
	(4)传感器故障	①空气流量计 MAF、歧管压力传感器 MAP、节气门位置传感器 TPS 等提供的进气量或发动机负荷信号错误，造成混合气配比不合适 ②冷却液温度传感器 ECT 等信号错误，造成混合气浓度修正和点火正时修正不正确 ③氧传感器反馈信号不正确，影响混合气浓度调整 ④爆震传感器反馈信号不正确，影响点火正时修正
	(5)辅助系统故障	①EGR 系统通道怠速开启 ②VVT 系统故障 ③PCV 阀堵塞等
发动机怠速喘振（游车）	(1)机械故障	①进气漏气 ②怠速阀卡滞(大开度)
	(2)电控故障	ECM 接收到错误的传感器信号用以控制和修正混合气空燃比，造成混合气浓度在不断地错误调整，致使发动机怠速游车

诊断思路

发动机怠速不稳的故障诊断流程如图 5-3-10 所示。

※ 举案说法

（注：此案例转引《金杯 4G6G 发动机怠速不稳、易熄火、动力不足》，王锦俞，汽车

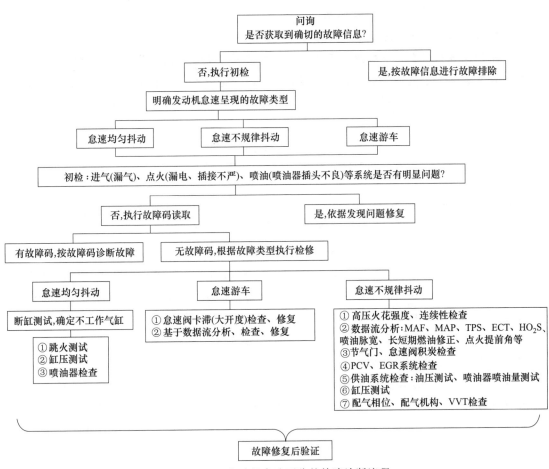

图 5-3-10 发动机怠速不稳的故障诊断流程

维修与保养杂志，2009 年第 6 期)

故障现象：

一辆 2005 款金杯汽车，装备 4G6G 发动机，该车怠速不稳、排气口排气声沉重并有油味、加速不良、动力不足、行驶中易熄火，有时会回火，故障现象多而明显，可以说一般发动机性能不良的故障现象，它基本上都有。但该车的发动机故障指示灯始终未亮。

该车已经在其他修理厂检修过，并且还去过一个金杯特约维修站检修，但据驾驶人讲，故障不仅没有好转，而且越来越严重了。

故障诊断和排除：

该车行驶了 6.83×10^4 km，据驾驶人讲，故障出现仅 7～8 天，只是越来越严重了。前几次维修时，除了未将发动机分解外，一般检查都做了：检查高压火花、更换火花塞、清洗节气门、清洗喷油器、检查传感器、更换 ECU 试验，还测量了燃油压力和气缸压力等，但都正常。

首先用金德 K81 故障诊断仪检测，但未查到故障码。发动车后，发动机转速在 850～950r/min 间不规律变化，原地空车加速基本正常。排气管口排气声沉重，有油未烧完味道，但没有冒黑烟。怀疑是有缸不工作，试验结果 1 缸工作不好，4 缸也差一点，其他缸工作正常。甚至当拔去 1、4 缸后发动机怠速更稳。上路试车，动力不足、急加速反应慢，行驶中一松油门就熄火，偶尔发动机还会回火。回厂后先检查4个缸高压火花，跳火良好。拆检火花塞，4个火花塞电极和瓷芯都发黑，显示为混合气浓或燃烧不良所致。

该车故障现象很多，从哪里下手呢？决定先查一下混合气浓的问题，因为根据经验和发动机控制策略，若进气歧管压力传感器损坏最有可能产生上述现象，而且用数据流来核查既快捷、核查面又大。于是用数据流来核查是否真浓，并查找导致混合气浓的原因。该车原地怠速时数据流如表5-3-4所示。

表5-3-4 原地怠速时数据流

发动机转速	850~950r/min(变化)	怠速电机步数	22step(步)
喷油脉宽	6.5~6.8ms	氧传感器电压	无规律变化
进气歧管绝对压力	97.2kPa	其他数据	都基本正常

虽然想到进气歧管压力可能会高，但这样高的进气歧管压力还是令人吃惊，因为它几乎是一个大气压了，1个大气压是101.4 kPa。这样高的进气歧管压力引起这样大的喷油量应算小的了。不过数据流中进气歧管绝对压力高，也可能是压力正常，而是进气歧管压力传感器损坏或发动机ECU损坏造成的。所以接着就用真空表核实进气歧管压力，结果测得的真空度是0~5kPa之间，看来进气歧管压力传感器和发动机ECU都没有损坏，进气歧管压力确实是97kPa左右。

众所周知，正常发动机的进气歧管压力在27~37kPa。那么，导致进气歧管压力过高的原因是什么呢？初步分析，有以下几个原因：进气歧管（节气门后）有严重漏气；气门不密封，使发动机在压缩、排气或燃烧时的气体漏入进气歧管；三元催化转化器堵塞；配气正时错误。

认真检查了节气门到气缸盖间的进气歧管及各连接管，未发现任何漏气。为检查气门是否密封，测量了气缸压力，结果4个缸都在1.08~1.30MPa之间，属正常。气缸压力正常的发动机不可能有气门严重不密封的情况。

检查三元催化转换器，原地加速时加速良好，排气管口冒气强有力而敏捷，看来没有堵塞。根据以往遇到三元催化器严重堵塞的检测经验，只要原地加速良好，是不会有严重堵塞的，更不会有进气歧管压力有97kPa的现象。

前三个可能导致进气歧管压力高的原因在本车上都未找到。估计其他修理厂和特约维修站也检查过这些项目。

第四个原因"配气正时错误"在该机上检查很费时，因为该机的正时链条室和气门室盖用了70多个螺栓（螺母），拆卸十分麻烦。

我们分析：气门密封良好并不说明发动机在进气或排气时的气体不会进入进气歧管。例如气门虽密封，但若排气门关闭过迟也会使排气漏入到进气气缸。倘若配气传动机构正时记号不当、正时链条松动、凸轮轴及凸轮磨损等都可能造成排气门关闭过迟这种配气正时错误。

根据上述分析，于是决定检查上述部件。拆开正时链条盖后可看到，凸轮轴正时链轮是用螺栓固定在凸轮轴上的。检查链条上正时记号正确无误，用手检查正时链轮在凸轮轴上的固定，未发现松动，链条张紧器也工作正常。

拆下排气凸轮轴链轮后，发现此链轮与凸轮轴间的连接销已被扭弯，圆形销孔已变为椭圆形。进一步拆下排气凸轮轴，发现排气凸轮轴前轴颈严重磨损、凸轮轴上轴承盖及气缸盖凸轮轴轴颈支撑孔和凸轮轴前轴颈相结合处严重磨损。这说明4G6G发动机进、排气凸轮轴是用一个整体式的上轴承盖。同时还观察到气缸上第一道凸轮轴支撑座的润滑油孔被污垢堵塞。

原因找到后，由于配件供应原因，就更换了一个带进、排气凸轮轴的缸盖总成，并更换了机油和机油滤清器，故障完全排除。

案例启示：

众所周知，电子燃油喷射系统的工作机理，其实就是ECM围绕进气量的值，来实施喷油量及点火提前角的控制。基本燃油喷射量，取决于发动机转速信号及进气量的信号，金杯4G6G发动机采用的是进气歧管压力传感器。通过对进气歧管压力数据流的检测，维修者发现了异常，结合前面提到的火花塞电极发黑，做出判断，问题出在了进气量的不正常上。我相信，对于一般技术人员来讲，肯定都会看到这个异常点。但是该车历经了几家修理厂，为什么始终没有解决问题呢！关键问题还是出在了理论知识欠缺这一点上。

而本文维修者抓住了进气歧管压力异常这一线索，有条不紊地对故障原因进行了分析，最终围绕"配气正时"这一点，对故障形成的机理进行了深入地分析，反映了维修者具备扎实的理论功底，严谨的故障分析思路，这也是值得广大技术人员学习借鉴的地方。

最后，再补充两点，第一点：对于一线技术人员来说，还应该加强对发动机基础理论的学习，上面的问题，其本质，其实就是一个关于发动机充气效率（系数）的作用机理，吃透了这一原理，再难的问题也可以迎刃而解。第二点：加强对发动机工作原理的学习，不要只重电控，而轻视机械基础，牢记发动机机械部分是发动机电控系统正常工作的基础和前提条件。

5.4 发动机动力不足/加速不良

发动机动力不足/加速不良的故障通常在车辆运行到一定里程之后才会出现。

故障现象

发动机动力不足/加速不良的故障现象一般表现为：

① 踩下加速踏板后，发动机转速不能马上升高，有迟滞现象，加速反应迟缓；

② 在加速过程中，发动机转速有轻微的波动，或出现"回火""放炮"等现象；

③ 急加速时，发动机转速不能及时升高，反而下降甚至熄火，并且伴有爆燃声、排气管"突突"声或回火声。

发动机动力不足/加速不良的故障通常会与发动机怠速不稳的故障并存。

原因分析

发动机动力不足/加速不良的故障原因比较复杂，涉及发动机的进气、供油、点火、排气、机械和控制等多个系统，具体如表5-4-1所示。

表 5-4-1　发动机动力不足/加速无力的故障原因

故障现象	故障要素	可能的故障原因
发动机动力不足、加速无力	(1)机械故障	①配气相位偏差(正时皮带/链条跳齿)
		②气缸压力偏低(气门、活塞密封不良,气门升程不够等)
		③进、排气堵塞
	(2)供油故障	①油压过高或过低
		②喷油器堵塞
	(3)点火故障	①高压火花弱
		②高压漏电、断火
	(4)电控故障	①爆震传感器信号错误,导致点火正时严重滞后
		②MAF、MAP、TPS等传感器信号错误,导致油气混合气浓度的错误调整和修正
	(5)辅助控制故障	EGR系统非正常工作,如卡滞常开等

 提示

①在加速过程中,如果发动机的转速只是发生一次短暂的顿挫,而后马上可以提升至高速,且能较长时间维持高速运转,这说明在加速过程中瞬间出现了高压点火的断火现象,应重点检查点火系统中的高压线、点火线圈和火花塞。

②如果踩下加速踏板后,发动机转速不能迅速上升,反而下降甚至熄火,这种情况可能是由于混合气过稀、高压火花过弱、进排气堵塞所致。其中以混合气过稀较为常见,此时,可以向进气管路中喷入清洗剂,同时迅速开启节气门,如果发动机转速能够迅速提高,说明混合气过稀。

③如果发动机怠速运行平稳,但在加速时回火、放炮,这通常是由于高压火花弱或断火引起的。

诊断思路

发动机动力不足/加速无力的故障诊断流程如图 5-4-1 所示。

※ 举案说法

故障现象:

一辆现代 H100 面包车,搭载 2.4L 4G64 发动机,已行驶 386000km,车辆出现加速无力且急加速熄火的现象。

故障诊断与维修:

据车主介绍,该车加速动力不足已经有很长一段时间了,已经在别的汽车修理厂维修过,先后检查过正时皮带、更换了怠速阀、火花塞、高压线及电动燃油泵,但症状并没有得到明显的改善。

在获取了车辆故障的第一手信息之后,决定首先进行实车试验,以验证车主描述的故

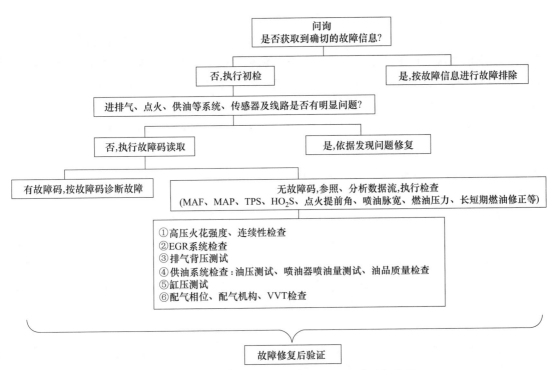

图 5-4-1　发动机动力不足/加速无力的故障诊断流程

障现象。将点火开关旋至"ON"挡,观察发动机故障指示灯,正常点亮;启动车辆,发动机能够正常启动并怠速运行,此时,仪表中的发动机故障指示灯熄灭,意味着发动机控制系统没有故障存在;原地急踩油门踏板,发动机转速不升反降,如果保持油门踏板位置不动,发动机转速持续下降,直至熄火;原地缓慢踩踏油门踏板,起初发动机转速随油门踏板的踩踏深度线性上升,当转速达到2500r/min后,继续踩踏油门踏板,发动机转速开始下降,并伴随着抖动。以上试验表明,车主陈述的故障确实存在,先期的修理项目也没能解决这一问题。

通过实车试验可以看出,发动机能够顺利启动且怠速比较平稳,所以可以初步判断发动机的正时应该没有问题,气缸压力也应该正常。不过尽管该车已经更换了燃油泵,但从试车感觉来看,依然有供油不足的端倪。经询问得知,该车虽然换了燃油泵,但由于修配厂条件有限,没有进行燃油压力测试,因此,决定以此为突破口进行检查。测试结果表明,怠速情况下,燃油压力为290kPa,急加速时为340kPa,对于双管路(带有回油管路)燃油系统来说,这个压力值有些偏高,但不会导致该故障的发生。那么能否是喷油器堵塞而造成供油不足呢?由于该车型太老,无法读取其数据流,也就无法从喷油脉宽、燃油修正、氧传感器电压数值及喷油器平衡测试值等方面判断喷油器的工作状态,拆卸喷油器检测又比较繁琐,最终采取了"间接判断法"对喷油器的喷油量进行了粗略的判断——拆卸火花塞,观察火花塞电极的颜色,发现侧电极呈浅黑色,并且通过嗅闻,能略微闻到汽油的气味,以上两点可以初步说明,燃油供给应该是够的。

检查至此,发动机本体、电控系统、燃油和点火系统(先前修理厂已经更换过部件)都没有发现明显的异常。"那么进排气管路是否存在堵塞的问题呢?"带着这样的疑问,按照先易后难的顺序,先检查了进气管路,未发现异常。接下来检查排气管路的堵塞情况。

排气管路的堵塞主要发生在三元催化器部位,三元催化器堵塞的原因主要有两个方面:一是催化器内芯由于外界碰撞或与内壳体脱落而破碎造成管路堵塞;二是由于发动机燃烧物存在胶质堵塞了催化器的孔隙。一般说来,如果催化器内芯破碎,当急加速时或敲击催化器外壳体时会听到"哗啦哗啦"的声音,但实际情况是,急加速发动机时并没有听到这样的声音。"也许是发动机噪声掩盖了这个声音"。抱着这个怀疑,将车辆举升起来,观察三元催化器的外表,没有发现磕碰的痕迹,用手敲打三元催化器的外壳,仍然没有声音。但这并不代表三元催化器就一定没有堵塞,那就需要对三元催化器是否堵塞进行进一步的检测。

在采取哪种检测方案上,大家出现了分歧:①有的要直接拆下催化器检查;②有的要拆下催化器之前的氧传感器,漏出其安装孔,看发动机是否能够加上速;③有的建议通过测试进气歧管压力来进行间接检测。虽然前两种方案能够直接看到结果,但工作的繁杂程度毋庸置疑,第三种方案虽然是间接测试,但操作简单,测试结果也能够客观分析出三元催化器是否堵塞,因此,最终选择第三种检测方案。

将真空压力表的管路连接在发动机进气歧管上,在发动机怠速状态下,表针指示的真空度约为54kPa,略低一些,认为基本正常;逐渐加大油门踏板的深度,随着发动机转速的升高,真空压力表指示的真空度数值不断减小,当发动机逐渐加不上速时,表针剧烈抖动,压力已经指示在0kPa以上,表明此时进气歧管内的压力已经高出了标准大气压,这充分说明了排气管路堵塞情况的存在。

图 5-4-2 安装位置与外表

至此,故障原因已经十分明确,经过一番周折(拆卸锈蚀的紧固螺栓很费劲)终于拆下了三元催化器,其安装位置和完好的外表如图 5-4-2 所示。检查三元催化器内芯,如图 5-4-3 所示,内芯已经破碎,但是相互紧紧卡滞在一起,因此在敲击时没有听到"哗啦哗啦"的声音。

将排气管内的杂质清理干净,更换新的三元催化器及排气接口垫,再次试车,车辆加速顺畅,原地可加速至4000r/min以上,路试加速性能也非常良好。至此,该故障排除完毕。

 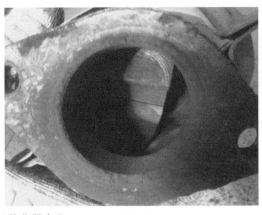

图 5-4-3　三元催化器内芯

案例启示：

本案例故障的成功排除，一方面在于维修团队对发动机加速不良故障原因全面的分析和科学的排查，另一方面在于该维修团队运用了灵活恰当的检测手段，体现了复杂问题排查的简单化。例如：

① 为了确定喷油器是否堵塞，该团队并没有采用拆卸喷油器检测这一繁琐的方式，而是采取了"间接判断法"对喷油器的喷油量进行了粗略的判断——拆卸火花塞，观察火花塞电极的颜色，发现侧电极呈浅黑色，并且通过嗅闻，能略微闻到汽油的气味，以上两点可以初步说明，燃油供给应该是够的。

② 在进行三元催化器是否堵塞的故障排查中，该团队依然采用了简单易行的"间接判断法"——通过测试进气歧管压力来间接检测三元催化器是否堵塞。

通过这篇案例，在故障诊断思路和故障排查手段等方面大家都应受到启发，并以此借鉴，学而致用。

参 考 文 献

［1］上汽通用汽车有限公司. 汽车发动机控制系统及检修［M］. 北京：高等教育出版社，2016.
［2］张钱斌. 汽车故障诊断技术［M］. 北京：人民邮电出版社，2011.
［3］冉广仁. 汽车检测与维修技术［M］. 北京：中国水利水电出版社，2010.
［4］黑启勇. 2008款迈腾起动故障［J］. 汽车维修与保养，2013（2）.
［5］赵宝平，张爱琴. 瑞风商务车发动机无冷车高怠速［J］. 汽车维护与修理，2012（9）.
［6］王锦俞. 金杯4G6G发动机怠速不稳、易熄火、动力不足［J］. 汽车维修与保养，2009（6）.